Uwe Rohland
Annegret Rohland

MIT DEM WOHNMOBIL NACH NORD-SCHWEDEN

Die Anleitung für einen Erlebnisurlaub

DER WOHNMOBIL-VERLAG
D-98634 Mittelsdorf/Rhön

Bibliografische Information der Deutschen Bibliothek

Die Deutsche Bibliothek verzeichnet diese Publikation in der Deutschen Nationalbibliografie.
Detaillierte bibliografische Daten sind im Internet über <http://dnb.ddb.de> abrufbar.

Titelbild: Rentiere am Sjöfallsudden (Tour 6)

4. komplett überarbeitete und erweiterte Auflage 2012

Druck:
Appel & Klinger, 96277 Schneckenlohe

Vertrieb:
GeoCenter ILH, 70565 Stuttgart

Herausgeber:
WOMO-Verlag, 98634 Mittelsdorf/Rhön
GPS: N 50° 36' 38.2" E 10° 07' 56.0"

Fon: 0049 (0) 36946-20691
Fax: 0049 (0) 36946-20692
eMail: verlag@womo.de
Internet: www.womo.de

Autoren-eMail: Rohland@womo.de

ISBN 978-3-86903-554-3

EINLADUNG

Nur mal angenommen, es gäbe wirklich jemanden, den man tatsächlich überzeugen müsste, mit dem Wohnmobil nach Nord-Schweden zu reisen. Wie würde man es anstellen, ihm dieses Urlaubs-Paradies schmackhaft zu machen?

Man könnte leidenschaftlich schwärmen

- von malerischen Kulturlandschaften mit munteren Städtchen, gepflegten Dörfern und schmucken Kirchen, lebendiger Traditionspflege und ausgesprochen gastfreundlichen Menschen,
- von der Vielfalt interessanter Sehenswürdigkeiten für Jung und Alt vom Sami-Museum bis zum Erzbergwerk,
- von der Schönheit intakter Natur mit geheimnisvollen Mooren, unendlich tiefen Wäldern, imposanten Gebirgen, schäumenden Stromschnellen, großen wie kleinen Seen und Sandstränden am Meer,
- von einsamen Wanderungen übers Fjäll mit frischem Wind, kristallklarer Luft und traumhafter Fernsicht,
- von leeren Straßen bis zum Horizont, diesem unglaublich weiten skandinavischen Himmel und dieser verwirrenden Mitternachtssonne,

oder einfach nur ganz bedeutungsvoll vom

Zauber des Nordens

sprechen, dem sich niemand zu entziehen vermag.

Da man diese Faszination nicht erklären kann, muss sie jeder selbst erleben!

Lassen Sie sich also verführen, lassen Sie es ruhig geschehen!

Ihr

Uwe Rolland

Sehr geehrter Leser, lieber WOMO-Freund!

Reiseführer sind für einen gelungenen Urlaub unverzichtbar – das beweisen Sie mit dem Kauf dieses Buches. Aber aktuelle Informationen altern schnell, und ein veralteter Reiseführer macht wenig Freude.
Sie können helfen, Aktualität und Qualität dieses Buches zu verbessern, indem Sie uns nach Ihrer Reise mitteilen, welchen unserer Empfehlungen Sie gefolgt sind (freie Stellplätze, Campingplätze, Wanderungen, Gaststätten usw.) und uns darüber berichten (auch wenn sich gegenüber unseren Beschreibungen nichts geändert hat).
Bitte füllen Sie schon während Ihrer Reise das Info-Blatt am Buchende aus und schreiben Sie evtl. Korrekturen auch in unser Forum unter: www.forum.womoverlag.de
Dafür gewähren wir Ihnen bei Buchbestellungen direkt beim Verlag (mit beigefügtem, vollständig ausgefülltem Info-Blatt oder entsprechender eMail) ein Info-Honorar von 10%.
Aktuelle Korrekturen finden Sie unter: www.forum.womoverlag.de

Um die freien Übernachtungs- und Campingplätze auf einen Blick erfassen zu können, haben wir diese im Text in einem Kasten nochmals farbig hervorgehoben und, wie auf den Karten, fortlaufend durchnummeriert. Wir nennen dabei wichtige Ausstattungsmerkmale und geben Ihnen eine kurze Zufahrtsbeschreibung. "Max. WOMOs" soll dabei andeuten, wie viele WOMOs dieser Platz maximal verträgt und nicht, wie viele auf ihn passen würden (schließlich gibt es auch Einwohner und andere Urlauber)!
Übernachtungsplätze mit **B**ademöglichkeit sind mit hellblauer Farbe unterlegt. **W**anderparkplätze sind grün gekennzeichnet. **P**icknickplätze erkennen Sie an der violetten Farbe. Auf Schlafplätzen, denen die gerade genannten Merkmale fehlen – also auf einfache **S**tellplätze – weist die Farbe Gelb hin.
Empfehlenswerte **C**ampingplätze haben olivgrüne Kästchen.
Wanderungen, die wir Ihnen besonders ans Herz legen möchten, haben wir ebenfalls grün unterlegt.

Und hier kommt das Kleingedruckte:
Jede Tour und jeder Stellplatz sind von uns meist mehrfach überprüft worden, wir können jedoch inhaltliche Fehler nie ganz ausschließen. Bitte achten Sie selbst auf Hochwasser, Brandgefahr, Steinschlag und Erdrutsch!
Verlag und Autoren übernehmen keine Verantwortung für die Legalität der veröffentlichten Stellplätze und aller anderen Angaben. Unsere Haftung ist, soweit ein Schaden nicht an Leben, Körper oder Gesundheit eingetreten ist, ausgeschlossen, es sei denn, unsere Verantwortung beruht auf Vorsatz oder grober Fahrlässigkeit.

INHALT

14 Touren durch Nord-Schweden

Zeichenerklärungen für die Tourenkarten

Touren / abseits der Touren

Autobahn
4-spurige Straße
Hauptstraße
Nebenstraße
Schotterstraße
Wanderweg

S W P B — WOMO-Stellplatz, Wander-, Picknick-, Badeplatz (nicht für freie Übernachtungen)

11 12 13 14 — WOMO-Stellplatz, Wander-, Picknick-, Badeplatz (geeignet für freie Übernachtungen)

Alle übernachtungsgeeigneten Plätze sind im Text und auf den Tourenkarten fortlaufend durchnummeriert.

Kirche, Kloster
Burg, Schloss, Ruine
1493 m Berggipfel
Ausgrabungsstätte
Sehenswürdigkeit
Aussicht, Rundsicht
Trinkwasser/Dusche
E Entsorgung
WC Trockenklo/Toilette
15 C Campingplatz

N 50° 36' 38.2"; E 10° 07' 12.5" GPS

Gebrauchsanweisung

Ein weiterer **WOMO**-Reiseführer von uns für ein Ziel am Rande der ***Europäischen Union*!** Nach ***Irland*** (1999/2004/2010), ***Schottland*** (2001/2009) und ***Finnland*** (2003/2009) nun also ***Nord-Schweden*** (2006/2009/2011/2012).

Dieses Buch versteht sich als Ergänzung von **Band 54** (und Klassiker der **WOMO**-Reihe) ***„Mit dem Wohnmobil nach Süd-Schweden“*** und beschreibt insgesamt **14 Touren** durch ***Nord-Schweden***. Die fast **8.000 Kilometer** lange Gesamtstrecke bietet Stoff für einige Urlaubsreisen, die vielen Vorschläge zu Besichtigungen, Wanderungen und Ausflügen werden Sie als Normalverbraucher mit 3 bis 4 Wochen Jahresurlaub einige Zeit beschäftigen. Es macht wenig Sinn, die Touren möglichst zügig abzuspulen, nehmen Sie sich also viel Zeit! Am besten, man sucht sich für jeden Urlaub eine spezielle Region aus und taucht dort richtig ein. Die Tour-Routen sind so konzipiert, dass man auch einmal diese und jene Schlaufe der Streckenführung auslassen kann und sich an anderer Stelle wieder einklinkt, je nach Belieben.

Dieses Buch begleitet Sie durch ein wunderbares Ferienparadies mit traumhaft schöner Natur, wir führen Sie durch die besten Ausstellungen und Museen, sehen uns viele Kirchen an, streifen gemeinsam durch die Städte mit ihrem pulsierenden

Leben und zeigen Ihnen eine Vielfalt von Bademöglichkeiten an Flüssen, Seen und am Meer. Wir machen Sie mit der kulturellen Vielfalt des Landes vertraut: Von **Mittsommer-Feiern** und **Traditions-Höfen** bis zur Geschichte der ***Sami***, der Urbevölkerung im Norden. Dort oben in

Lappland wird wohl jeder dem Zauber der hellen Nächte erliegen und sich dort auf dem ***Fjäll*** nach den ersten Frösten im August dem Farbenrausch des ***„Indian Summer“*** hingeben. Bemerkenswert ist die Kinderfreundlichkeit in ***Schweden***, es gibt reichlich Spielplätze, und auch die Museen sind ausgesprochen kindgerecht gestaltet, so dass keine Langeweile aufkommt.
Wandern Sie auch so gerne wie wir? Dann sind Sie in ***Nord-Schweden*** genau richtig und werden geradezu ideale Voraussetzungen für Ihr Hobby vorfinden: schier unendliche Weite, grandiose Landschaft und ganz wenig Menschen um Sie herum. Wir haben alles im Angebot: Vom Gebirgsblumen-Hang und Orchideen-Sumpf-Rundgang über Tages-Wanderungen in ***Nationalparks*** und ***Naturreservaten*** bis zur Krönung, einer bestimmt unvergesslichen **3-Tage-Tour zum *Kebnekaise***, dem höchsten Gipfel ***Schwedens***.
Dieses Buch ist vor allem geprägt durch unsere subjektiven Eindrücke und Vorlieben und hat trotz der Fülle an Hinweisen nicht jedes Ziel in ***Nord-Schweden*** berücksichtigt. Ihrem eigenen Entdeckerdrang stehen also alle Möglichkeiten offen. Vielleicht erleben Sie manches ganz anders, als bei uns geschildert, vielleicht sehen Sie es genauso wie wir? Lassen Sie sich überraschen!

Die allermeisten Routen sind für jede **WOMO**-Größe zu benutzen. Wenn es nach unserer Einschätzung für die großen Einheiten zu eng oder zu steil (oder beides) wird, sind entsprechende Hinweise vermerkt. Unseren ***„ADONIS“*** (Hat Ihr **WOMO** etwa keinen Namen?), ein ausgewachsenes Wohnmobil:

CARTHAGO C-Line T 3.8
Baujahr: 2010
Bauart: Teilintegriert
Basis: FIAT Ducato
2,3 JTD, 96 KW = 130 PS
Radstand: 340 cm
Zul. Ges.-Gew.: 3,5 t
Höhe: 2,85 m
Breite: 2,34 m
Länge: 6,35 m

haben wir seit 2010 neu, sind mit ihm schon zwei Sommerurlaube lang zu Recherche-Reisen in ***Schweden*** gewesen und präsentieren dieses Buch nunmehr komplett aktualisiert.

Dieser Reiseführer ist auf Basis persönlicher Erfahrungen entstanden. Wir haben ***Nord-Schweden*** schon mehrmals im Rahmen normaler Urlaubsreisen besucht, verstehen Sie dieses Buch deshalb als einen Erlebnisbericht und nicht nur als akribische Aneinanderreihung von Fakten. Bei der Beschreibung zur Lage der schönsten Stellplätze erhalten Sie hingegen sehr genaue Hinweise (sogar mit **GPS**-Daten), die Sie vor lästigen Irrfahrten auf der Suche nach einem Übernachtungsplatz bewahren sollen.

Wir zeigen Ihnen, wie Sie ohne Campingplatz durch ***Nord-Schweden*** reisen können, doch in unseren Touren werden auch **empfehlenswerte Campingplätze** beschrieben, auf denen man es sich bei einem etwas längeren Aufenthalt gemütlich machen kann.

Am Anfang jeder Tourenbeschreibung finden Sie eine Übersichtskarte mit der Streckenführung und den Picknick-, Bade-, Wander- und sonstigen Stellplätzen, von denen die farbig markierten als Übernachtungsplätze geeignet sind. Im Text wird mit entsprechend farbigen Kästchen dann unübersehbar noch einmal auf diese Plätze hingewiesen. Beachten Sie bitte dazu auch die Markierungs-Hinweise auf Seite 4 dieses Buches! Unter der Kategorie **„max. Womos“** ist meist nicht die Kapazität der Übernachtungsplätze gemeint, sondern die nach unserer Meinung vor Ort vertretbare Belegung, also die Toleranz-Schwelle, dass es keinen stört.

Natürlich brauchen Sie trotz unserer recht präzisen Tourenkarten und Beschreibungen noch Kartenmaterial. Lesen Sie dazu bitte die **Tipps von A bis Z** am Ende dieses Buches. Die Lektüre dieses Kapitels empfiehlt sich auch deshalb zu Beginn ganz besonders, da Sie dort nicht nur alle wichtige Informationen erhalten, sondern auch an die „Spielregeln“ zu den Themen **Übernachten** und **Entsorgen** herangeführt werden.

Die beinahe grenzenlose Freiheit für **WOMO**-Urlauber in den Weiten ***Nord-Schwedens*** gilt es auch für die Zukunft zu bewahren, deshalb sollte man als ***Homo WOMO*** einige prinzipielle Benimm-Regeln speziell bei der Wahl der Übernachtungsplätze beachten: Niemals die Privatsphäre der Einheimischen stören, niemals ins unbefestigte Gelände, niemals zu laut und niemals zu lange an einem Fleck. ***Schweden*** gehört zu den saubersten Urlaubs-Zielen, die wir kennen, und **Naturschutz** gehört zu den obersten Grundsätzen des Landes. Bitte tragen Sie mit Ihrem rücksichtsvollen, freundlichen und dezenten Auftreten mit dazu bei, dass uns allen der Spaß am **WOMO**-Urlaub in ***Nord-Schweden*** möglichst lange erhalten bleibt! Hinterlassen Sie keine Müllberge, bleiben Sie möglichst nicht länger als 2-3 Tage an einem Platz und entfalten Sie kein cam-

pingartiges Leben auf solchen Übernachtungsplätzen, die dafür nicht geeignet sind!
Für die 4. Auflage haben wir diesen **WOMO**-Führer vollständig nachrecherchiert, überarbeitet und nochmals erweitert.
Doch es wird vorkommen, dass Sie die von uns beschriebenen örtlichen Gegebenheiten verändert vorfinden. Bitte teilen Sie uns deshalb Ihre, möglicherweise abweichenden Erfahrungen zu den Stellplätzen mit.
Herzlichen Dank an alle Leser und Freunde, die uns mit ihren Berichten in den vergangegenen Jahren wertvolle Hinweise gegeben haben. Vielleicht kennen auch Sie noch weitere, viel schönere Plätzchen, die uns bislang verborgen blieben, dann schreiben Sie uns bitte:

Uwe und Annegret Rohland
PF 60 13 45
14413 Potsdam

Hier sei vorsichtshalber noch angemerkt, dass weder der Verlag noch wir als Autoren dafür garantieren können, dass das freie Übernachten auf den von uns besuchten Plätzen künftig auch jederzeit erlaubt und erwünscht ist. Die Toleranz gegenüber Wohnmobil-Gästen muss nicht von Dauer sein, deshalb sind alle Angaben in diesem Reiseführer ohne Gewähr.

Wenn Sie allen Touren dieses **WOMO**-Führers folgen, befahren Sie ein riesiges Gebiet: ungefähr 1.100 km lang, 300 km breit und dazu sehr dünn besiedelt. Also Platz genug für einen Aktiv-Urlaub für fast jeden Geschmack! Genießen Sie diese wunderbare Region im Norden ***Europas*** in aller Ruhe, Sie werden nicht alles in einem Jahr schaffen, doch wer einmal hier oben war, der kommt voller Sehnsucht sowieso immer wieder.

Wir wünschen Ihnen viele erholsame und spannende Reisen nach ***Nord-Schweden***!

Anreise

Es gibt eine ganze Reihe von Varianten, um mit dem **WOMO** nach ***Schweden*** zu gelangen. Unsere **Tour 1** beginnt in **Göteborg**, also treffen wir uns dort und jeder kann sich aus den nachfolgenden Angeboten etwas aussuchen. Wer zum ersten Mal nach ***Schweden*** fährt, wird seine Anreise vorwiegend nach dem kürzesten Weg und dem günstigsten Preis auswählen. Viele ***Schweden***-Fahrer folgen jedoch ihren traditionellen Fährten ins Traumland und zelebrieren ihren Urlaubsstart schon einmal auf einer (eigentlich unsinnigen) 14-Stunden-Mini-Kreuzfahrt (**Kiel-Göteborg**) , andere lieben den Transit-Rastplatz auf ***Farø*** (also durch ***Sjæland/Dänemark***), die nächsten wollen noch die Verwandtschaft in **Stralsund** besuchen (also Fähre ab **Sassnitz**) und Technik-Freaks möchten gerne die immer noch faszinierende **Brücke-Tunnel**-Variante (***Storebælt/Øresund***) ausprobieren, kommen dabei völlig ohne Fähre aus, müssen aber Tunnel-Fahrten mögen. Manch einer bevorzugt die Über-Nacht-Fähr-Passage mit angenehmer Kabine, andere die schnelle Tages-Anfahrt mit Inselspringen plus Kurzfähren. Nachfolgende Übersicht führt alle (sinnvollen) Varianten auf, nach Anbietern sortiert.

Fähren

Finnlines (www.finnlines.com)
Fon: +49(0)4511507443; Fax: +49(0)4511507444
Travemünde (D) - Malmö (S) (9 h, 2-3 x täglich)

Polferries (www.polferries.pl)
Fon: +48943552119 oder +48943552233
Swinemünde (PL) - Ystad (S) (7 h, 1 x täglich)

Scandlines (www.scandlines.de)
Hochhaus am Fährhafen, D-18119 Rostock
Fon: 0381-54350; Fax: 0381-5435678
Buchung + Reservierung Fon: 01805-116688
Sassnitz (D) - Trelleborg (S) (3 ¾ h, 5 x täglich)
Rostock (D) - Trelleborg (S) (5 ¾ / 7 ½ h, 3 x täglich)
Rostock (D) - Gedser (DK) (1 ¾ h, 9 x täglich)
Puttgarten (D) - Rødby (DK) (45 min, alle 30 min)
Helsingør (DK) - Helsingborg (S) (20 min, alle 20 min)

Stena Line (www.stenaline.de)
Schwedenkai 1, D-24103 Kiel Info-Fon: 01805-916666
Kiel (D) - Göteborg (S) (14 h, 1 x täglich)
Grenå (DK) - Varberg (S) (4 h, 4 x täglich)
Frederikshavn (DK) - Göteborg (S) (3 ¼ h, 4 x täglich)

Fährverbindungen nach Schweden

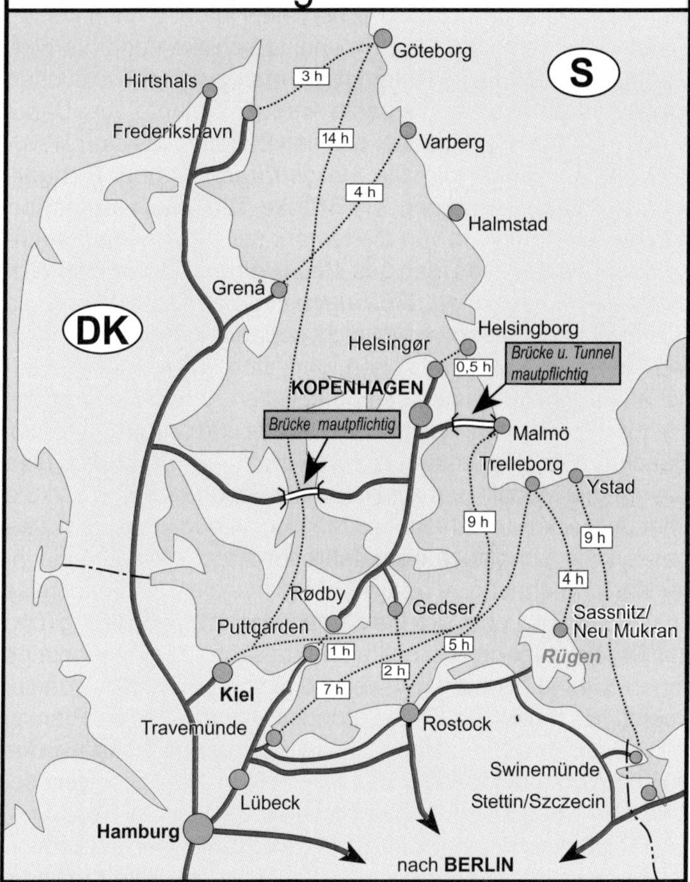

TT-Line (www.tt-line.de)
Mattenwiete 8, D-20457 Hamburg, Fon: 040-3601-0
Buchung: Fon: 040-3601-442, Fax: 040-3601-407
Rostock (D) – Trelleborg (S) (7 h, 3 x täglich)
Travemünde (D) – Trelleborg (S) (7 h, 5 x täglich)

Unity Line (www.unityline.pl)
Färjeterminalen, SE-27139 Ystad
Fon: 0046(0)411-556900, Fax: 0046(0)411-556953
Swinemünde (PL) - Ystad (S) (7 h, 3-4 x täglich)

Brücken/Tunnel

Storbælt-Brücke von **Nyborg (DK)** nach **Korsør (DK)** (www.storebaelt.dk)
Øresund-Brücke von **Kopenhagen (DK)** nach **Malmö (S)** (www.oeresundsbron.com
Einzeln oder als Kombination buchbar, auch mit Fähren.

Wie nun?

Wenn für Sie nicht sowieso schon alles klar ist, dann lassen Sie sich die aktuellen Fähr-Prospekte schicken oder vergleichen Sie die Anbieter im Internet (wo man gleich online buchen kann) und wählen Sie die beste Anreise-Variante aus. Dabei werden ***Schweden***-Urlauber aus den Ballungsgebieten ***Westdeutschlands*** eher die alte ***„Vogelfluglinie“*** über **Puttgarten/*Fehmarn*** bevorzugen, die **Brücke-Tunnel-Kombination** nutzen oder irgendwo von ***Dänemark*** nach ***Schweden*** wechseln, währenddessen man aus ***MeckPomm***, ***Berlin/Brandenburg***, ***Sachsen-Anhalt***, ***Thüringen*** und ***Sachsen*** sicherlich in **Rostock** oder **Sassnitz**, vielleicht sogar in **Swinemünde/*Polen*** startet. Preise vergleichen lohnt sich immer, alle Gesellschaften buhlen um **Sie**, den potentiellen Kunden, und bieten Fähr-Kombinationen, Frühbucher-Rabatte und Camper-Tarife an. Beachten Sie billigere und teurere Abfahrt-Termine und prüfen Sie ggf. die Modalitäten zur Haus-Tier-Beförderung! Wenn Sie über den vielen verschiedenen Möglichkeiten brüten, dann vergessen Sie nicht, auch die gefahrenen Anreisekilometer in Ihrer Kostenrechnung zu berücksichtigen und die Kabinenpreise zu vergleichen. Lohnt sich der Riesenumweg über **Kolding (DK)** zur Brücke wirklich und sollte man tatsächlich eine lärmende Innen-Kabine buchen, nur weil sie einige (T)EUROs weniger kostet? Es müssen auch die grundsätzlichen Anreise-Prämissen bedacht werden: Habe ich viel Zeit, um nach ***Schweden*** zu kommen, oder will ich mich beeilen, um möglichst viele der knappen Urlaubstage im Land meiner Sehnsucht zu verbringen? Nehme ich einen höheren Preis in Kauf, wenn ich komfortabler reise oder gerne nach üppigem Dinner-Büfett meinem Urlaubs-Paradies entgegenschlafe?
Sie werden für sich das Optimum an eleganter Streckenführung, Komfort und Preis finden, auch wir haben vieles probiert, eine schnurgerade, wie unterhaltsame und sogar preiswerte Variante gefunden und stellen vor:

Unsere Anreise

Das **WOMO** steht gepackt vor der Tür, Gas-Flaschen und Wasser-Tank sind voll, Schränke und Laderaum auch: Es kann losgehen! An einem sommerlichen Mittwoch-Abend sind die 230 bequemen Anfahrt-Kilometer auf **A10/A19/A24** von **Potsdam** zum Überseehafen **Rostock** in 3 Stunden vergessen, wir kommen beim letzten Abendrot dort an und suchen uns einen Schlafplatz im Hafen. Wir haben uns bei ***Scandlines*** für das klassische Fähr-Paket **Rostock-Gedser + Helsingør-Helsingborg** entschieden, das uns schnurgerade und auf guter Piste zum

Ziel nach **Göteborg** bringt und sogar gepflegte Fahrpausen enthält, während derer es auf den Fährschiffen Richtung ***Schweden*** weiter vorangeht. Wir verlassen **Rostock** am nächsten Morgen mit dem 9-Uhr-Schiff, bleiben noch bis **Warnemünde** zum Gucken draußen, nehmen dann an Bord ein zweites Frühstück, sitzen noch eine Weile auf dem Sonnendeck und sehen schon die Windräder vor **Gedser**, wo wir um 11 Uhr von Bord rollen. Nach 34 km geht es auf die Autobahn, dann immer Richtung **Kopenhagen** und von dort nach **Helsingør** weiter. Für die 194 km durch ***Dänemark*** braucht man 2 ½ Stunden, es sei denn, man hat unterwegs eine längere Pause beim **WOMO-Picknickplatz** auf ***Farø*** eingeplant (hinter der ersten Groß-Brücke übers weite Wasser, an der zweiten Autobahn-Abfahrt, mit Gastronomie und Ver-/Entsorgung [N 54° 56' 56.7" E 11° 59' 11.0"]). Auf der Fähre zum schwedischen **Helsingborg** hinüber schafft man kaum seinen Kaffee, schon öffnet sich das Bugvisier und Sie können sich entscheiden: Entweder Sie klinken sich in **WOMO-Band 54** ***„Mit dem Wohnmobil nach Süden-Schweden“*** ein, oder kommen mit auf die **E6** Richtung Norden und erreichen nach 210 Autobahn-Kilometern am Nachmittag **Göteborg**, wo unsere **Tour 1** beginnt.

Für die **Rückreise** nehmen wir die gleiche Route retour, denn schnell und preiswert ist man vor allem dann unterwegs, wenn man nur kurze Strecken Fähre und viel **WOMO** fährt, auch wenn's beim Tanken immer teurer wird.

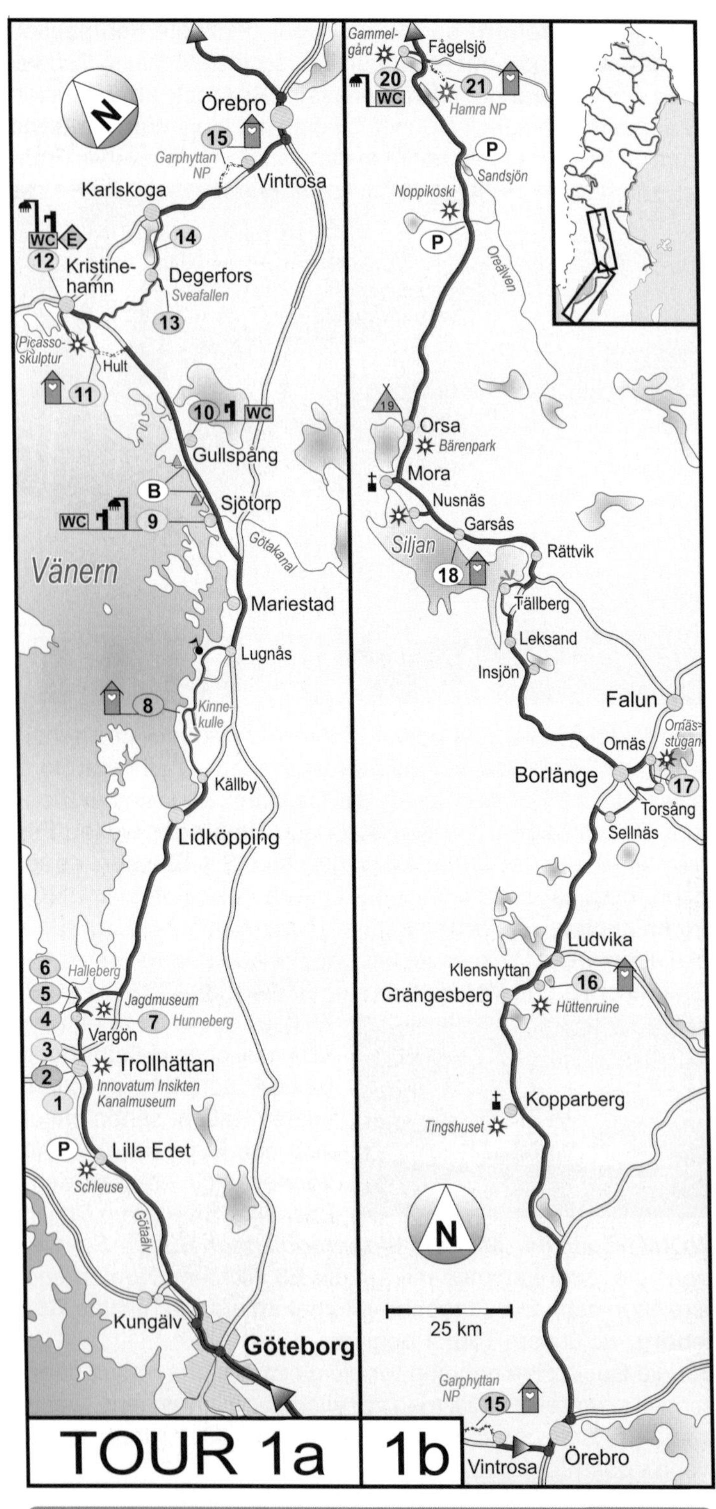
Örebro
15
Garphyttan NP
Vintrosa
Karlskoga
14
WC
E
12
Kristinehamn
Degerfors
Sveafallen
13
Picassoskulptur
Hult
11
10
WC
Gullspång
B
Sjötorp
WC
9
Götakanal
Vänern
Mariestad
Lugnås
8
Kinnekulle
Källby
Lidköpping
6
Halleberg
5
Jagdmuseum
4
7
Hunneberg
Vargön
3
Trollhättan
2
Innovatum Insikten
Kanalmuseum
1
P
Lilla Edet
Schleuse
Götaälv
Kungälv
Göteborg
TOUR 1a
Gammelgård
Fågelsjö
20
WC
21
Hamra NP
P
Sandsjön
Noppikoski
P
Oreälven
19
Orsa
Bärenpark
Mora
Nusnäs
Garsås
Siljan
Rättvik
18
Tällberg
Leksand
Insjön
Falun
Ornäs
Ornässtugan
Borlänge
17
Torsång
Sellnäs
Ludvika
Klenshyttan
16
Grängesberg
Hüttenruine
Kopparberg
Tingshuset
N
25 km
Garphyttan NP
15
Vintrosa
Örebro
1b

TOUR 1 (ca. 900 km / 5-7 Tage)

Göteborg – Trollhättan – Vänersborg – Vänern Ostküste – Kopparberg – Borlänge – Mora

Freie Übernachtung:	Trollhättan, Halleberg/Hunneberg, Kinnekulle, Gulspång, Hult, Kristinehamn, Sveafallen, Möckeln, Garphyttan, Klenshyttan, Uvbergsviken, Fågelsjö, Hamra Nationalpark.
Campingplätze:	Orsa.
Baden:	Hult, Möckeln, Klenshyttan, Uvbergsviken.
Besichtigen:	Lilla Edet (Erste Schleuse Schwedens), Trollhättan (Museen, Schleusenanlagen), Hunneberg (Königliches Jagdmuseum), Göta Kanal bei Sjötorp, Kristinehamn (Picassoskulptur), Kopparberg (Tinghaus, Kirche, Holzstadt), Borlänge (Ornässtugan), Klenshyttan (Hüttenruinen), Mora (Stadtbild).
Wandern:	Trollhättan (de Lavals promenad, Nils Ericsons promenad), Halleberg/Hunneberg, Kinnekulle mit Aussichtsturm, Naturreservat Sveafallen, Garphyttan Nationalpark, Hamra Nationalpark.

Wo beginnt eigentlich ***Nord-Schweden***? Auf keinen Fall in **Göteborg**, wo wir gerade auf der **E 6/Oslo** an der neuen Holz-Achterbahn vom Vergnügungspark ***Liseberg*** vorbei fliegen. Legt man es einmal dogmatisch aus, ist ***Nord-Schweden*** überall dort, wo seit 20 Jahren der Klassiker des ***WOMO-Verlages***, der seit 2005 ***„Mit dem Wohnmobil nach Süd-Schweden"*** heißt, nicht stattfindet. Rollen Sie also mit unserer „Geführten Anreise" zielstrebig aber ohne Hast gen Norden, bei der wir den ***„Schulz"*** nur hier in **Göteborg** und später in **Mora** am ***Siljan*** berühren und somit den südlichen Landesteil **WOMO**-gemäß ergänzen. Dabei eignet sich **Göteborg**, das wir gerade auf der **E 6 / Oslo** gen Norden verlassen und vor der strammen ***Bohus-Festung*** über die ***Götaälv***-Brücke zur **45/Karlstad**, dem ***Inlandsvägen***, wechseln, besonders gut. Hier kommen die nördlichsten und für die Schweden-Anfahrt aus dem deutschsprachigen Raum noch sinnvollen Fähren aus **Kiel** und **Frederikshavn** an, die ***Scandlines***-Inselspringer sind eh

schon bei uns, haben wie wir die kurzweilige und zudem nahezu der Luftlinie folgende Fähr-Kombi von **Rostock-Gedser + Helsingör-Helsingborg** genossen, und auf die Stammgäste der Vogelfluglinie von **Puttgarten** treffen wir schon auf der Autobahn in Dänemark. Manche **WOMO**-Crew ist von ***MeckPomm*** aus nach **Trelleborg** übergesetzt und nun von dort aus auf der Piste nach Norden und in **Malmö** sind auch die **Storebælt/ Öresund**-Brücken-/Tunnel-Nutzer in **Schweden** angekommen. Natürlich sind auch die treuen ***Schulz***-Leser des Süd-Schweden-Führers herzlich eingeladen, sich uns ab **Göteborg** auf neuer Route in den Norden anzuvertrauen und falls Sie, wie wir, gelegentlich den breiten ***Götaälv*** **links** der Straße sehen, dann haben Sie dies bereits getan. Am wasserreichsten Flusslauf Schwedens, auf dessen 93 km zwischen ***Vänern*** und ***Westküste*** vor fast 100 Jahren die ersten Wasserkraftwerke des Landes gebaut wurden, findet man reichlich Spuren von Industrie-Geschichte und Wasserbau. Nach genau 34 ***Inlandsvägen***-Kilometern verlassen wir jenen nach **links/ Lilla Edet/Centrum**, biegen nach 1000 m nach **links/167** (LKW-Verbot), 300 m danach **rechts/E 45** ab und folgen nach 140 m dem Hinweis ***Sveriges första sluss*** nach links. Nehmen Sie den Fahrweg links hinunter, passieren den Picknickplatz, fahren auf holprigem Weg unter der Brücke hindurch, parken entspannt auf unserem Pausenplatz (N 58° 08' 00.8" E 12° 07' 18.2"), auf dem man wohl auch übernachten könnte, und erkunden das Fluss-Gelände beim Kraftwerk zu Fuß. Wir erleben tatsächlich ***Lax hopping*** live, in der Nähe der Lachsleiter wird von Booten aus geduldig geangelt, und geht man wieder unter der Brücke hindurch, findet man rechts neben unserer Einfahrt neben alten Turbinen-Schaufeln ein kleines gemauertes Wasser-Becken: **die erste Schleuse Schwedens** mit kurzem Besichtigungs-Weg und Bänkchen.

Wir verlassen das Revier wieder an der Zufahrt, biegen nach links auf die Straße und gelangen schließlich wieder zur **45**, dem ***Inlandsvägen*** nach **Trollhättan**, wo man nach 19 km durch eine Landschaft aus Feldern, Wiesen und waldbewachsenen Hügeln ankommt, um wieder Großtaten schwedischer Ingenieurskunst zu bewundern. Wir steuern direkt den Ausgangs-

punkt für eine nette Kurzwanderung um den städtischen Wasserkraft-/Wasserfall- Komplex herum an und folgen dazu beharrlich den Hinweisen zur ***Fall- och Slussområde***: beim Groß-Kreisverkehr nach links ins Stadt-Zentrum, dann geradeaus hinein, hinter der Kanal-Klapp-Brücke links und an der ***Oskarsbro*** vorbei zum ***Innovatum Insikten***. Hier gibt es nicht nur eine interaktive Ausstellung, sondern auch eine Broschüre zu den Stationen der ***de Lavals promenad*** sowie ein **WOMO**-Quartier gleich nebenan.

(001) WOMO-Stellplatz: Oskarsbron

GPS: N 58° 16' 41.8" E 12° 16' 40.1"
max. WOMOs: 3-5.
Ausstattung/Lage: Feinschotter/Rasen, Müllbehälter.
Zufahrt: Von der Stadt kommend bei ***Insikten*** scharf nach rechts den ***Kraftverksvägen*** hinunter, nach 250 m rechts.

Wandertipp: de Lavals promenad (45 min) Vom Stellplatz aus geht's die Treppen hoch zur Brücke, und dort folgen wir dem gut ausgeschilderten Rundweg nach rechts. Nach einem kurzen Abstecher zur wunderschönen Backstein-Kirche gehen wir am Kanal entlang stadteinwärts und nehmen links die ***Strömkarlsbro*** über das Ende vom Stausee, die ein riesiger Granit-Kopf eines freundlichen Wassergeistes, dem ***Nöck*** namens ***Strömkarlen*** ziert. Drüben geht es den Hang hinauf und dann auf lauschigem Weg mit Treppchen nach links weiter, an dem einige Info-Tafeln auch auf

Deutsch Erklärungen geben. Unten gähnt das zumeist recht trockene Felsental, von einzelnen Kanzeln aus hat man die besten Aussichten und so erreicht man schließlich wieder die ***Oskarsbro*** mit dem Stellplatz auf der anderen Seite rechts unten, zu dem man gelangt, indem man die Brücke stadtseitig nach links verlässt und dann unter ihr hindurch geht.

Besonders spannend ist die Szenerie zu den „Fallzeiten“ (Mai, Juni samstags und sonntags 15 Uhr; Juli, August auch noch mittwochs 15 Uhr, im Juli außerdem freitags und 2 mal im August noch 23 Uhr mit Beleuchtung), wenn die Dammluken geöffnet werden und wie zu Urzeiten 300.000 Liter ***Götaälv***-Wasser pro Sekunde durch das alte Fluss-Bett donnern. Zu den ***Tagen des Wasserfalls***, einem Volksfest am dritten Juli-Wochenende, kann es dann schon mal richtig eng werden in dieser freundlichen Stadt.

Fährt man stadtauswärts noch ein Stück an den ***Insikten*** vorbei weiter den Hinweisen ***Slussarna*** nach, unterquert man eine Kabinenbahn (Insikten - Saab Museum) und landet schließlich am ***Kanalmuseum***. Das Umfeld ist an Sommerwochenenden gut

besucht, denn hier gibt es neben Gastronomie und Geschichte auch Unterhaltung. Letztere in Form der immer wieder gerne gesehenen Schleusenzeremonie von Sportbooten, Ausflugsschiffchen und sogar Frachtern, die nur sehr knapp in die Schleusenkammer pas-

sen. Hier gönnen wir uns im ***Slusscafe*** einen obligatorischen Imbiss in Form von Shrimpsbrot und Kaffee und registrieren anbei kostenlose öffentliche Toiletten mit Duschen. Wem der erste Parkplatz zu eng/zu voll ist, der fahre zum zweiten durch, von dem aus man auf der ***Nils Ericsons promenad*** noch drei separate Schleusentreppen von 1800, 1844 und 1916 bewundern kann. Das gepflegte Gelände bietet sich zum Lustwandeln, für Picknick-Pausen und auch als nettes WOMO-Quartier an [**002**: N 58° 16' 04.5" E 12° 15' 39.7"].

Auch jenseits der aktiven Schleuse - bei geschlossenen Toren dürfen Fußgänger rüber - gibt es einen freundlichen Parkplatz, sogar mit Schleusenblick. Entfernung: Zu Fuß nur ein paar Schritte, mit dem WOMO reichlich 5 km!

(003) WOMO-Stellplatz: Trollhättan Neue Schleuse

GPS: N 58° 15' 55.1" E 12° 15' 59.2" **max. WOMOs:** 2-3.

Ausstattung/Lage: Asphalt-Parkplatz oberhalb der Schleuse.
Zufahrt: Vom ***Kanalmuseum*** zurück Richtung Stadt, rechts über die Klapp-Brücke, dann dem Info-Zeichen nach rechts folgen, also auf der Drottningsgatan und dem Åkersjövägen weiter, am ***Saab-Museum*** vorbei und in Wassernähe bleiben bis zum Parkplatz links hoch.

Nun zieht es uns aber weiter, wir nehmen die selbe Strecke zurück zur **45**, fahren diese Fernstraße Richtung **Karlstad** und halten uns dann strikt Richtung **Vargön**. Dort bleiben wir beim Kreisverkehr geradeaus (**Hunneberg** kommt morgen dran), folgen weiter der Richtung **Halleberg**, werden nach 100 m rechts durch ein Wohngebiet geführt, um 800 m später links (Eisenbahnunterführung 3,40 m!) und anschließendem Links-/Rechts-Haken den ***Halleberg***, das sagenumwobene Elch-Plateau zu erklimmen, wobei es recht steil durch Wald und Schlucht hinauf geht (Caravans verboten!). Dies hier ist schon seit dem 16. Jahrhundert das traditionelle Jagdrevier des Königshauses und für die Touristen ein beliebtes Ziel für die abendliche ***Elch-Safari***. Vor einigen Jahren sind wir abends mit einem Nostalgie-Ausflugsbus von **Vänersborg** aus schon einmal hier oben gewesen. Elche haben wir damals nicht gesehen, aber es gab ein schönes Picknick und wir **WOMO**-Neulinge haben gestaunt, dass einige Artgenossen hier oben offenbar einfach so über Nacht standen. Den Bus haben wir heute Abend nicht gesehen und hatten am finalen Parkplatz eine einsame, totenstille, wenn auch ebenso Elchlose Nacht.

(004) WOMO-Wanderparkplatz: Halleberg 1

GPS: N 58° 21' 30.8" E 12° 25' 37.1". **max. WOMOs:** 2-3.
Ausstattung/Lage: Asphalt-Parkplatz, Info-Tafel, Wanderwege.
Zufahrt: Siehe Text, beim Willkommensschild.

(005) WOMO-Wanderparkplatz: Halleberg 2

GPS: N 58° 22' 40.6" E 12° 26' 21.4". **max. WOMOs:** 1-2.

Ausstattung/Lage: Info-Karte, kurzer Weg zum Fiskekort-pflichtigen Angelsee ***Hallsjön***, 3 „Hinkelsteine" (Kungastenarna).
Zufahrt: 2,5 km nach Halleberg 1 links.

(006) WOMO-Wanderparkplatz: Halleberg 3

GPS: N 58° 23' 45.9" E 12° 27' 19.3". **max. WOMOs:** 2-3.
Ausstattung/Lage: Asphalt-Parkplatz, Wanderwege.
Zufahrt: 2,6 km nach Halleberg 2.

Wander-Tipp: Zum Predikstolen u. zurück (3,5 km/1,5 h)
Vom Parkplatz **(006)** aus geht es zunächst sehr komfortabel 200 m auf geschottertem Weg geradeaus hinein, dann nehmen wir den Weg nach links und registrieren: 1,5 km zum Predikstolen. Der wildromantische Weg führt durch einen Märchenwald: alte Bäume, bemooste Felsen, und ringsum raschelt es geheimnisvoll. Der nächste Wegwei-

ser zeigt nach rechts, auf steinigem Pfad geht es hinauf, dann auf Bohlen über Modderstellen, und schließlich folgen wir dem Pfeil nach rechts auf den Wurzelpfad durch den Wald. Dann naschen wir ausgiebig von den Himbeerbüschen, gehen noch ein Stück hinab, um uns am Ziel die schönsten Aussichts-Punkte an der Steilküste zu erkraxeln. Da liegt er uns nun zu Füßen, der riesige ***Vänern***, einer der größten Seen Europas. Man kann sich kaum satt sehen. In weiter Ferne schiebt sich ein ausgewachsener Frachter durch den Morgendunst, wir nehmen den gleichen Weg zurück und empfehlen diese Tour wärmstens.

Die Zentrale dieses Königlichen Jagdreviers findet man jedoch auf dem ***Hunneberg*** gegenüber, wir fahren unseren Abstecher also zurück, passieren die Bahnunterführung, biegen links ab, stoßen nach 300 m auf die Hauptstraße, von der wir direkt anschließend der Ausschilderung nach rechts folgen und 2 km später auf den Parkplatz vom ***Älgens Berg*** landen. Ein Besuch im besonders liebevoll und lehrreich gestalteten **Königlichen Jagdmuseum/*Kungajaktmuseum*** (Juni-August tgl. 10-18 Uhr, sonst Montag geschlossen und verkürzt, deutsche Infos, Eintritt) lohnt sich auf jeden Fall, man kann sich aber auch

diesem oder jenem der 11 (elf!) beschriebenen Wanderwege zuwenden oder im ***Spiskupan*** (11-16 Uhr) lecker speisen.

(007) WOMO-Wanderparkplatz: Älgens Berg

GPS: N 58° 20' 41.7" E 12° 25' 56.2".
max. WOMOs: 3-5.
Ausstattung/Lage: Feinschotter-Parkplatz mit Abteilungen und grünem Rand, Picknickbank, in der Nähe Museum und Gastronomie, Wanderweg-Netz mit Info-Tafel.
Zufahrt: Siehe Text.

Wieder unten an der Straße geht unsere Reise nach rechts weiter, aber legal nur für Fahrzeuge bis 3,5 Tonnen („Dicke" müssen ein Stück zurück Richtung **Trollhättan**, dann auf die **44/Lidköpping**). Nach 300 m kann man links einen Steinkreis (***Domarring***) sehen, dann erheben sich links die imposanten Felsen vom ***Halleberg*** und schon entern wir die **44/Lidköpping/Mariestad**, eine prächtig ausgebaute Rennpiste mit Raps und wilden Lupinen anbei. Kurz hinter **Lidköpping** verlassen wir die **44** nach **links/Källby**, denn wir sind unersättlich nach Aussichtspunkten und wollen uns beim Tafelberg ***Kinnekulle***, der kürzlich zum UNESCO Biosphärenreservat gekürt wurde, nach solchen umschauen. Die schöne Kirche von **Västerplana** interessiert uns heute nicht, auch an jener in **Medelplana** fahren wir vorbei, registrieren einen schiefen Wanderparkplatz rechts und 1,4 km danach einen Aussichtsparkplatz bei einem Café links, von dem uns unterwegs WOMO-Leser berichteten.

(008) WOMO-Picknickplatz: Vänernblick

GPS: N 58° 37' 07.2" E 13° 24' 07.3". **max. WOMOs:** 3-5.

Ausstattung/Lage: Feinschotter-Parkplatz mit Wiesenrand, Info-Tafel, Picknickbänke, Müllbehälter, Trockenklo, Aussicht, Zelten und Caravans verboten, Café anbei. **Zufahrt:** Siehe Text.

Doch gleich kommts noch besser! Der weitere Straßenverlauf vollführt einen Rechtsbogen und wir folgen nach rechts dem Hinweis **Kinnekulle/Utsiktstorn**, jetzt geht es bergauf. Nach exakt 3 km erreichen wir den Parkplatz vom ***„Kinnekullegården“***, wandern die 900 m mit Treppchen zum roten Holz-Turm hinauf (12-16 Uhr, Hochsaison 11-18 Uhr, wenig Eintritt) und genießen das unglaubliche Panorama mit ***Vänern***.

Wir fahren den Stich Richtung See wieder hinunter, sind ganz betört vom herrlichen Ausblick und nehmen die querende Straße nach rechts. Nun folgen die herausgeputzten Örtchen **Gössäter**, **Forshem** und **Österäng**, wo es nach **Årnäs** weiter geht. Vom folgenden Parkplatz kann man zu den Grundmauern einer Burgruine wandern und 1,8 km später den verlockenden Hinweis auf einen Badeplatz nach links getrost ignorieren, denn man gelangt nach mühsamer Fahrt zu einer Caravansiedlung am See, wo man offensichtlich viel Zeit mit Heckenschere und Rasenmäher verbringt. Die rumplige Straße wird nun etwas besser und nach der Gleisquerung in **Lugnås** biegen wir auf die prächtig ausgebaute **E 20/Mariestad**, um diese auf der **26/Kristinehamn** nach links für die weitere Vänern-Ostküsten-Fahrt wieder zu verlassen. Nach 10 km nehmen wir den Abzweig nach **Sjötorp/Slussområde**, rollen sachte über die Hebebrücke vom ***Göta Kanal*** und freuen uns über ein puppiges Ensemble aus Museum, Schleuse, Fischräucherei, Marina und beliebtem wie gut besuchtem **WOMO**-Stellplatz.

(009) WOMO-Stellplatz: Sjötorp

GPS: N 58° 50' 13.6" E 13° 58' 42.9". **max. WOMOs:** >5.

Ausstattung/Lage: Wasser bei der Marina, Läden, Gastronomie, Schleuse, Museum, Minigolf. Gebühr 2010: 175 SEK inkl. Strom, Duschen und Toiletten, zu bezahlen beim Hafenmeister/*Hamnvärd*.
Zufahrt: 800 m nach Ortseingang hinter der Hebe-Brücke links hinunter, vor der Marina.
Alternative: Bei der weiteren Ortsdurchfahrt findet sich ein Picknick-Parkplatz mit Caravan-Symbol, wo sich auch WOMOs versammeln.

Göta Kanal

Hier in **Sjötorp** steht man an der letzten Schleuse vom **Göta Kanal**, der sein Ziel, den **Vänern**, erreicht hat. Wenn man sich einmal die Dimension dieses „Schwedischen Bauwerks des Jahrtausends“ (190 km Länge mit insgesamt 58 Schleusen) verdeutlicht, nötigt das schon gewaltig Respekt ab. Dies ist ein gutes Beispiel dafür, wie hinreichend Frust echte Innovationen hervorbringen kann. Die ersten Ideen für den Kanal stammen bereits aus dem 16. Jahrhundert, denn die damalige Großmacht Dänemark kassierte reichlich Zoll am ***Öresund*** und verweigerte in Kriegszeiten die Passage auch schon mal komplett, was den Handel der Schweden erheblich behinderte. 1810 war der Kanal-Bau endlich beschlossen, 22 Jahre später war er fertig und förderte nebenbei auch noch die industrielle Entwicklung Schwedens, denn es entstanden viele Fabriken und Schmieden am Kanal. Heute ist er vor allem das Revier der Freizeit-Kapitäne und Nostalgie-Dampfer, aber auch **WOMO**-Urlauber können sich regelmäßig an den Schleusen-Prozeduren erfreuen, denn einige der Gasthäfen entlang des Kanals bieten wie hier in **Sjötorp** gegen Gebühr Stellplätze an.

Wenn man der Straße weiter folgt, trifft man nach 2,3 km wieder auf die **26/Mora**, der ***Vänern*** schimmert links durch den Hochwald, und man kann bei Bedarf in **Askerviksbadet** oder 5 km danach in **Storön/Barfoten** eine Badepause oder auch einen längeren Stopp auf den angrenzenden Campingplätzen einlegen. Für einen kürzeren Aufenthalt bietet sich 5 km später der ausgeschilderte Picknickplatz und **WOMO**-Treff in **Gullspång** an, und **Vänern**-Freunde dürfen mitkommen zu unserem Lieblings-Badeplatz nach **Hult**, zu dem es 22 km danach links abgeht.

(010) WOMO-Picknickplatz: Gullspång

GPS: N 58° 59' 17.5" E 14° 05' 53.7". **max. WOMOs:** >5.
Ausstattung/Lage: Feinschotter und Wiese, Toilette mit Außenwasserhahn, schöner Spielplatz, Sportplatz, Picknickpavillons und -bänke, Müllbehälter, grenzt an einen Seearm, Straße hörbar.
Zufahrt: Im Ort nach rechts zum Centrum, nach 300 m links abbiegen.

(011) WOMO-Badeplatz: Hult

GPS: N 59° 12' 35.5" E 14° 04' 14.3". **max. WOMOs:** 2-3.

Ausstattung/Lage:
Spielplatz, Bolzplatz, Badesteg, Badestrand, Trockenklo, wildromantische Steinküste, sehr gepflegter Platz. Das ganze Areal gehört seit 2008 der Schwedischen Missionskirche. In der Hochsaison und dann speziell an Wochenenden finden gut frequentierte Veranstaltungen statt, so dass es auf dem Parkplatz regelmäßig eng werden kann. Gebühr 2010: 100 SEK, zu entrichten im Café.

Zufahrt: Insgesamt 8,4 km vom Abzweig: Ab 500 m nach dem Abzweig fährt man „Naturstraße", 5,8 km später rechts abbiegen, kurz danach der Ort **Hult**, nach 300 m quert man die Straße, nach weiteren 700 m „P Badet" nach links und dann „Parkering" nach rechts folgen.

Eigentlich geht unsere Tour Richtung **Degerfors** weiter, doch ein kleiner Abstecher nach **Kristinehamn** muss drin sein. Zunächst also 700 m zurück zur Ortskreuzung, ab hier dann auf Asphalt links weg nach **Kristinehamn**, wir erreichen nach 9,8 km passabler Straße die **26** und folgen im schmucken Städtchen strikt den braunen Schildern zur ***Picassoskulptur***, denn genau da wollen wir hin. Wer allerdings gerade eine WOMO-Bleibe sucht, der findet sie etwas versteckt schon auf dem Weg dahin im Gästehafen von **Kristinehamn**, nur 400 m abseits der Tourstrecke, gleich hinter der Flussbrücke links.

(012) WOMO-Stellplatz: Kristinehamn Hafen

GPS: N 59° 18' 38.5" E 14° 05' 43.5". **max. WOMOs:** 10.

Ausstattung/Lage: Husbil-Platz im Gästehafen. Gebühr 2010: 140 SEK, schöne Lage, Dusche, Strom, Wasser, Kassetten-Enleerung, Waschmaschinen, Müllbehälter, Spielplatz, Minigolf, Supermarkt in der Nähe. **Zufahrt:** Über die Flussbrücke, vor LIDL links rein.

Bevor das letzte Stück sehr malerisch direkt am Wasser entlang führt, findet man sogar einen öffentlichen Wasserhahn mit Gewinde (N 59° 18' 13.2" E 14° 03' 39.9"), wenn man auf dem „Humpen" zum Parkplatz hinein fährt. Am Ende der öffentlichen Straße gibt es (wenige) Parkplätze, Cafés, eine Badestelle,

Picknickbänke und diese unglaubliche ***Picassoskulptur*** aus Naturbeton, die nach langwierigen Planungen nun seit 1965 hier am Strand steht und mit ihren 15 m Höhe das größte existierende Werk des Künstlers weltweit repräsentiert.
Von der Kunst der Menschen wenden wir uns nun wieder den Wundern der Natur zu, rollen zunächst auf der **26/Mariestad** aus der Stadt raus und biegen 5,9 km nach dem „Schiffsschrauben-Kreisverkehr" nach **links/Degerfors** ab, wo wir den Hinweisen zu ***Sveafallen***, einem kleinen, aber hochinteressanten Wandergebiet folgen. Vor der finalen Unterführung, die kaum für ein **WOMO** passierbar ist (2,50 m Höhe) gibt es einen Spezialweg („Berget Bus"), über den große Autos den Info-Stützpunkt erreichen können. Hier holt man sich dann eines dieser Faltblätter zu ***Sveafallen*** aus der Holz-Box (mit Glück mit deutschem Text), überquert die Gleise auf zurück erneut, fährt nach links an der Unterführung vorbei und noch 1,4 km auf der Straße neben dem Eisenwerk weiter zum Parkplatz im Grünen links.

(013) WOMO-Wanderparkplatz: Sveafallen

GPS: N 59° 12' 59.0" E 14° 25' 38.5". **max. WOMOs:** 1-2.
Ausstattung/Lage: Unbefestigter Parkplatz mit Info-Tafel zu den Wanderwegen, sehr einsam. **Zufahrt:** Siehe Text.

Wandertipp: Naturreservat Sveafallen
In diesem überschaubaren und dennoch unübersichtlichen Terrain kann man auf einigen (markierten) Wegen grandiose, von der letzten Eiszeit geprägte Natur von urwüchsiger Schönheit bestaunen. Der Clou sind neben der bizarren Wegführung und den riesigen Felsbro-

cken die vielen beeindruckenden **Gletschermühlen/*Jättegrytor***, kreisrunde und oft sehr tiefe Löcher im Fels, die von rotierenden Steinen im Strudel des ablaufenden Gletscherwassers „gemahlen“ wurden. Ein wirklich wunderschönes Areal, wo man richtig ins Träumen geraten kann, wären da nicht diese nervenden Arbeitsgeräusche des nahen Eisenwerkes. Tipp: Unser letzter Besuch fiel auf das Mittsommerwochenende, da war arbeitsfrei, aber auch sonst im Land alles zu. Im **Sveafallen** herrschte jedenfalls Totenstille: Optimal! Festes Schuhwerk tragen!

Weiter gehts zu unserer nächsten Stippvisite, dem **Garphyttan Nationalpark**. Dazu kehren wir zur Hauptsstraße in **Degerfors** zurück, halten uns dort kurz rechts, hinter der Eisenbahnbrücke **links/205/Knutsbol** und gondeln schließlich am Ostufer des ***Möckeln*** entlang, der 5 km nach dem letzten Abzweig sogar eine nette Badestelle mit Steg und Sandstrand nebst halbwegs passablen WOMO-Schlafplatz zu bieten hat [**014**: N 59° 15' 56.5" E 14° 28' 42.0"]. Nach dem Ortseingang von **Karlskoga**, der Geburtsstadt des berühmten ***Alfred Nobel***, nehmen wir die **E 18/Örebro/Stockholm**, der wir uns für genau 16,6 km anvertrauen, um dann den Hinweisen zu unserem angepeilten Zwischenstopp nachzugehen. Nach 4,7 km Schottersträßchen sind wir auf dem Parkplatz vom **Garphyttan Nationalpark** angelangt, der als Ausgangspunkt für unspektakuläre, aber komplett entspannte Rundwanderwege durch eine alte, blühende Kulturlandschaft aus Wald und Wiesen dient, die sogar einen Aussichtsberg zu bieten hat.

(015) WOMO-Wanderparkplatz: Garphyttan NP

GPS: N 59° 16' 42.8" E 14° 52' 59.6".
max. WOMOs: 2-3.
Ausstattung/Lage: Parkplatz mit grüner Umrandung und Hochwald, Trocken-Klo, Müllbehälter, Info-Tafel, Picknickbänke, Feuerstelle, sehr ruhig und recht einsam.
Zufahrt: Siehe Text.

Zurück zur **E 18** wählen wir eine andere Route, setzen die Reise auf dem Schottersträßchen nach links fort, nehmen die queende Straße nach links, biegen später nach **rechts/Vintrosa** ab und dann hat uns die **E 18** wieder, auf der wir Richtung

Örebro weiterdüsen. Beim „Tiefflug" auf der Autobahn durch diese Stadt erfreut uns ein komplett kunterbunt angemaltes Kraftwerk, bevor wir uns der **50/Falun** zuwenden.
Nun geht es nordwärts quer durch das Bergbau- und Hüttengebiet ***Schwedens***. Da Traditionspflege hierzulande groß geschrieben wird, begegnen dem Besucher auf Schritt und Tritt Museen, Ruinen und Gruben, die meist sehr liebevoll restauriert, sorgsam gepflegt und hingebungsvoll präsentiert werden, denn es geht schließlich um die Erinnerung an einen ausgesprochen wichtigen Zweig der schwedischen Wirtschaft, einst der Lebensnerv des ganzen Landes.
Uns hat es das Städtchen **Kopparberg** besonders angetan, an dem man auf der flotten **50/Falun** glatt vorbei geführt wird, wenn man nicht den Hinweis **233/ Kopparberg** nach links wahrnimmt. Am elegantesten parkt man direkt gegenüber der Touri-Info und hat schon eines der schönsten Gebäude der Stadt gefunden: das **Gericht/*Tingshuset***. Direkt angrenzend stehen einige historische Holzhäuser mit Museen drin und oben auf dem Hügel das imposante Ensemble von ***Ljusnarsbergs Kirche*** und Glockenturm, natürlich alles im allgegenwärtigen ***faluröd***, dem Universalholzanstrich aus den Abraumhalden der **Faluner** Kupfermine. Bei unserem letzten Besuch standen zuerst nur ein paar Klappstühle auf der Festwiese

und im Sommer-Café wurden Waffeln gebacken, doch nachdem wir die Kirche ausführlich besichtigt hatten, befanden wi

uns plötzlich mitten in den städtischen Mittsommer-Feierlichkeiten, mit dezenter Folklore, Musik, Tanz und Baum aufstellen. Ein nachhaltiges Erlebnis.
Wir bahnen uns ganz sachte eine Gasse durch das Festgewusel und verlassen die Stadt in Richtung **50/Falun**, rollen bald durch ***Dalarnas län***, bestaunen auf dem Markt in **Grängesberg** einen hölzernen Riesen-Bergmann samt (modernem) Werkzeug und passieren kurz danach die besonders schöne Hüttenruine von **Klenshyttan**. Der nächste Abzweig nach rechts ist unser, wir entern den Parkplatz gleich nebenan und schauen uns einmal etwas genauer um. Eine Übersichtstafel erklärt (auch auf Deutsch) die Geschichte des Ortes, man kann die Gebäude und das gesamte Areal erkunden. Wir sind ganz alleine und alles ist offen! Besonders wertvoll an warmen Tagen: Sogar eine Badestelle findet sich ganz in der Nähe.

(016) WOMO-Badeplatz: Klenshyttan

GPS: N 60° 06' 03.5" E 15° 06' 14.0". **max. WOMOs:** 1-2.
Ausstattung/Lage: Badestelle, Spielplatz, Toiletten, Müllbehälter, Picknickbänke, Häuser in Sichtweite.
Zufahrt: 10 km nach dem Schild **Dalarnas län** rechts abbiegen, am Abzweig zum Hyttruin-Parkplatz vorbei, 300 m danach links.

Im weiteren Verlauf der **50/Falun** passieren wir in **Ludvika** den Backsteinkomplex vom ***ABB Industriegymnasium*** und einen filigranen Rathausturm, dann geht es auf breiter Komfort-Piste durch viel Wald und schon steuern wir auf **Borlänge** zu, biegen aber lange vor der Stadt nach **rechts/Sellnäs/Romme Alpin** ab, um auf extra getesteter **WOMO**-Spezialstrecke zu unserem heutigen Tagesziel zu gelangen. Es geht durch Wiesen und Felder den Ski-Bergen entgegen, in **Sellnäs** halten wir uns **links/Borlänge** und biegen später hinter einer Bahnunterführung nach **links/Torsång** ab. Schließlich haben wir linker Hand den ***Dalälv***, überqueren diesen auf einer neuen Brücke, halten uns Richtung **Ornäs** und kommen nach weiteren 1,8 km an unserem erfrischenden Etappenziel an.

(017) WOMO-Badeplatz: Uvbergsviken

GPS: N 60° 28' 36.2" E 15° 33' 42.2". **max. WOMOs:** 2-3.

Ausstattung/Lage: Parkplatz oberhalb der Badestelle, Badewiese, Steg, Müllbehälter, Trockenklo, „Kupfersand". **Zufahrt:** Siehe Text.

Von hier aus sind es nur noch 4 km durch Wald und Pferdeland bis **Ornäs**, wo man sofort zur Hauptsehenswürdigkeit des Ortes geleitet wird: ***Ornässtugan*** (Juni-August Mo-Sa 10-18 Uhr, So + Fei 12-16 Uhr, Führungen, Eintritt). Für die einen ist es

ein besonders schmuckes, großes, rotes Blockhaus auf einem großzügigen Seegrundstück mit alten Bäumen, für traditionsbewusste Schweden hingegen eine Pilgerstätte, ein Mosaikstein ihrer nationalen Identität. Die Story: Als 1520 der spätere schwedische ***König Gustav Vasa*** auf der Flucht vor den noch übermächtigen Dänen auch hier Unterschlupf suchte, entkam er ihnen nur knapp. Als die Häscher vorn eintrafen, floh er „pikanterweise“ hinten durch das Klo.

An gepflegten Grundstücken vorbei durchqueren wir **Ornäs**, fahren sehr flott auf der **50** nach **Borlänge** hinein und Richtung **70/ Mora** wieder hinaus. Die muntere Hauptstadt ***Dalarnas*** besticht durch extra schön gestaltete Kreisverkehrsinseln (vom Skulpturspringbrunnen bis zum Riesenfußball), ein Spaßbad und ein kreisrundes Einkaufszentrum namens ***Kupolen***. Man rollt anschließend durch bewaldete Hügellandschaft am breiten ***DaläIv*** entlang, kann in **Insjön** beim roten Wasserrad den Technik-Elektro-Freizeit-Shop vom Versandhaus ***Clas Ohlsen*** besuchen, sich kurz danach beim ***Leksandsbröd***-Fabrikverkauf mit Knäcke aller Art eindecken und beim Info-Parkplatz von **Leksand** ein echtes Kirchboot (20er mit Steuermann) bestaunen. Danach geht es (für Fahrzeuge bis 3,5 t, die anderen bleiben auf der 70/Leksand) von der **70** nach links auf die Touri-(Blümchen-) Scenic-Route über **Tällberg** (Kunstgewerbe, Keramik, Museen, Gastronomie), wo sich auch manch prächtiges Panorama über den ***Siljan*** bietet. Nach diesem bergigen wie kurvenreichen Umweg gelangen wir wieder auf die **70** nach **Rättvik** und wer dann spätesten in dieser quirligen Urlauberstadt ein starkes Bedürfnis nach einer Auszeit hat, dem empfehlen wir nach weiteren 18 km auf der **70/Mora** den Abzweig zu unserem nächsten Badeplatz. In der unerschütterlichen Hoffnung, dass der zuletzt die Zufahrt verhindernde 2-m-Sperrbalken vielleicht doch wieder verschwindet, wollen wir diesen schönen Platz in würdiger Erinnerung behalten.

(018) WOMO-Badeplatz: Garsås

GPS: N 60° 54' 20.0" E 14° 48' 52.7". **max. WOMOs:** 2-3.
Ausstattung/Lage: Parken am Hochwald, Steinstrand mit Betonrampe, Stegbadestelle gegenüber, Sportwiese, Trockenklos, Schutzhütte, Grillplatz, Picknickbänke, Müllbehälter, ganz viel ***Siljan***.
Zufahrt: Gesamtanfahrt: 2 km (davon 1,1 km „naturell“): Im Ort Garsås beim Jugendherbergs-Zeichen links abbiegen, geradeaus bergab, nach 900 m rechts halten, Bahnübergang, 800 m danach rechts, dann 300 m zur Badestelle auf einer Landzunge. **Zuletzt Zufahrtssperre!**

Sie brauchen dringend solch ein geschnitztes und rot angemaltes ***Dalarna-Pferdchen***? Dann nehmen Sie den folgenden Abzweig zu den Schau-Werkstätten nach **Nusnäs**, wo man

alle Bearbeitungsstufen live verfolgen kann. Achtung! Auf dem hinteren Parkplatz [N 60° 57' 44.8" E 14° 38' 59.3"] beim Grün gibt es erfreulich viel Platz für WOMOs! Nach diesem, womöglich kostenintensiven, Abstecher sind es noch 10 km bis zur liebenswerten ***Siljan***-Stadt **Mora**, der man auf jeden Fall einen Stadtrundgang (Parken bei der Seepromende links) widmen sollte. Suchen Sie mal den wunderbaren Kramladen namens ***Mora Boden*** (schräg gegenüber der imposanten Stein-Kirche)! Dort kann man auf 2 Etagen herrlich herumstöbern.

Zur letzten Etappe auf dem Weg nach ***Nord-Schweden*** kehren wir zurück zum ersten Kreisverkehr von **Mora** und nehmen die **45/Östersund**, den ***Inlandsvägen***. Schon im nächsten Städtchen **Orsa** gäbe es gute Gründe zu verweilen. In der Nähe kann man den berühmten Bärenpark besuchen oder für ein paar Tage auf dem höchst erfreulichen Campingpplatz bleiben.

(019) WOMO-Campingplatz-Tipp: Orsa****

GPS: N 61° 07' 12.7" E 14° 36' 02.4".
Öffnungszeiten: Ganzjährig.
Ausstattung/Lage: Sehr schöner Familien-Platz mit gepflegten Anlagen, Komplettausstattung, Veranstaltungen, Aktivitätsprogramme, Bowlingbahn, Gastronomie, Läden, Schwimmbad mit Wasserrutsche, langer Sandstrand am Orsasjön. www.orsacamping.se
Zufahrt: In Orsa ausgeschildert.

Hinter **Orsa** queren wir die ***Inlandsbana***, danach zieht sich die Straße endlos in langen Kurven durch den Wald, so dass man sich richtig nach Pausenplätzen sehnt, doch es gibt nur zwei: 49 km hinter **Orsa** links ***Noppikoski*** mit Tankstelle, *Värdshus* (10 bis 16 Uhr) und einem kleinen Parkplatz direkt beim Wildwasser des ***Oreälv*** und 13 km danach rechts am ***Sandsjö*** mit *Gatukök* (Burger-Kiosk), Badestelle und überdachten Picknickbänken im Heidelbeer-Wald.

Danach sieht man wieder bewaldete Berge, und 26 km nach der letzten Pause muss man sich entscheiden: Zuerst nach links 3 km nach **Fågelsjö** und dort den ***Gammelgård*** (11-16 Uhr, Führungen, Eintritt), ein sehenswertes Dorfensemble mit alten Holzhäusern, besuchen oder 5 km (davon die letzten 4,4 km „naturell") nach rechts und besinnlich wandern im einsamen ***Hamra Nationalpark***. Probieren Sie auf jeden Fall beides. Wir sind jetzt in ***Nord-Schweden*** angekommen und hier braucht man vor allem eines: viel Zeit!

(020) WOMO-Stellplatz: Fågelsjö

GPS: N 61° 47' 48.4" E 14° 38' 07.0". **max. WOMOs:** 4.
Ausstattung/Lage: WOMO-Plätze beim Gammelgård, Gebühr 2010: 75 SEK, mit Strom 100 SEK, WC, Dusche (10 SEK), Café, kleiner Laden
Zufahrt: Siehe Text.

(021) WOMO-Wanderparkplatz: Hamra NP

GPS: N 61° 46' 05.2" E 14° 45' 50.3".
max. WOMOs: 2-3.
Ausstattung/Lage: Im Sommer 2011 sind die umfangreichen Bauarbeiten am neuen Eingangsbereich so gut wie abgeschlossen. Alles neu: Besucher-Parkplatz, Info-Zentrum, Wanderkarte, überdachte Picknickplätze mit Holzgrill samt Holzvorrat, Trockenklos, Müllbehälter und ein erweitertes Wanderwegenetz.

Wander-Tipp: Hamra Nationalpark (1,6 km oder 2,7 km)
Der Hamra Nationalpark ist Schwedens kleinster Nationalpark und wurde Anfang des 20. Jahrhunderts als beeindruckendstes Urwaldgebiet Schwedens gepriesen. Der Eingangsbereich wurde in den vergangenen Jahren aufwändig umgestaltet, das Wandergebiet wurde deutlich in östlicher Richtung erweitert, doch so richtig komfortabel lässt es sich im ursprünglichen Kerngebiet wandern, na ja, sagen wir spazieren gehen. Rundwege mit überschaubaren Distanzen laden ein zu sinnlichen Erlebnissen in unberührter Natur und sind vor allem auch für kleine Kinder gut zu bewältigen.
Wir starten also zur klassischen Hamra-Wanderung, nehmen schon ab Parkplatz den breiten Holzpodest-Weg zum Info-Zentrum, der sich gleichsam komfortabel in westliche Richtung in Richtung Nationalpark fortsetzt. Wir sehen die gut bewahrte alte hölzerne Nationalparkpforte, starten den Rundweg in Uhrzeigerrichtung, wo es sogleich auf gewundenem Stein-Wurzel-Pfad durch den Urwald geht. Nach 10 Minuten führt uns ein Bohlenweg durch den Sumpf, die orange Markierung an den Bäumen ist fast überflüssig, die Vögel zwitschern und wir erreichen die Gabelung, wo man sich (rechts haltend) für die kürzere Runde direkt zum Sumpfsee namens ***Svansjön*** entscheiden oder (links haltend) zuvor noch eine kleine Schlaufe durch den bezauberden Wald gönnen kann. Am See findet man eine Aussichtsplattform mit Picknickbank und kann dort mit dem (hoffentlich nicht im WOMO zurückgelassenen) Fernglas die namensgebenden Schwäne und sonstiges Wassergeflügel beobachten. Vom See wendet sich der Weg der Pforte und von dort wieder dem Eingang entgegen. Wir genießen diese kleine Tour gerne im warmen Abendlicht und können von dem besonderen Flair dieses Fleckens gar nicht genug schwärmen.

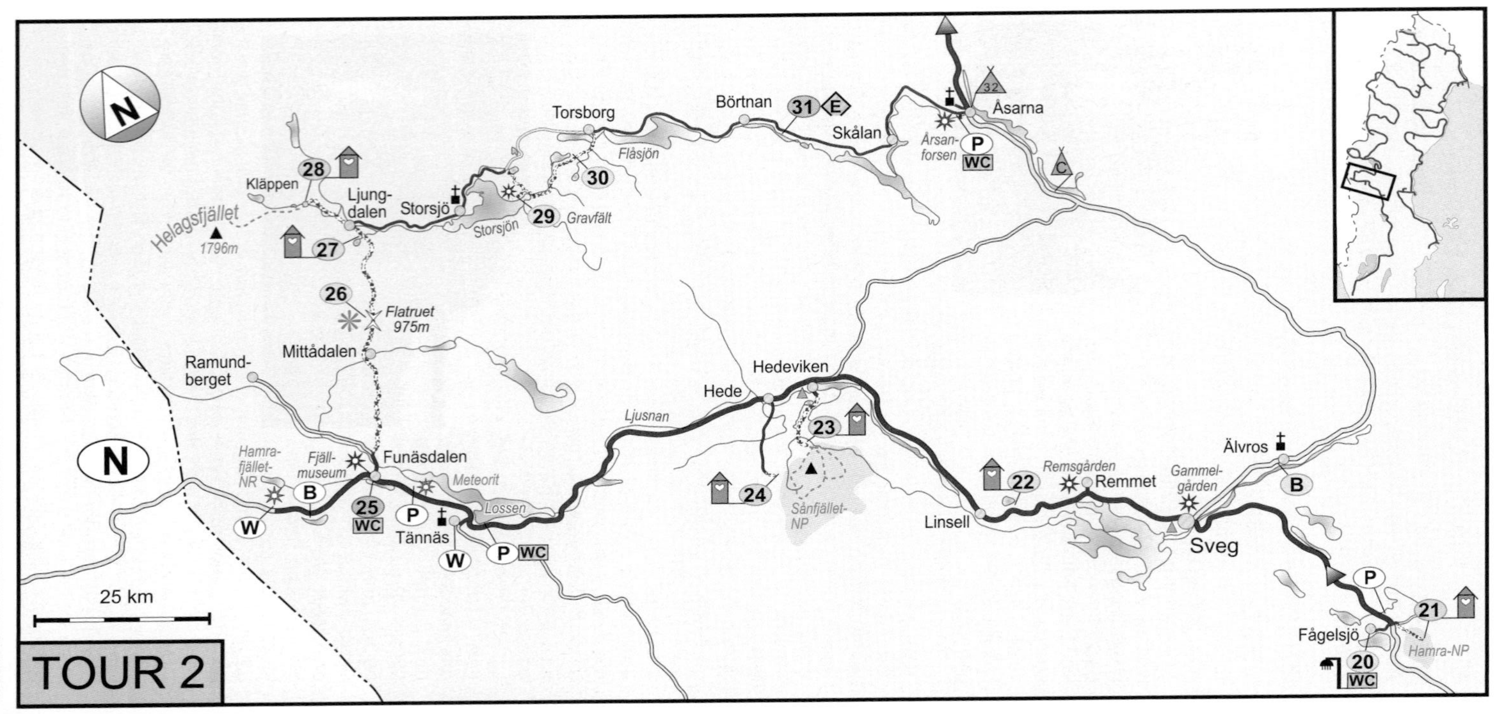
Torsborg
Börtnan
31
E
Skålan
Åsarna
32
Årsan-forsen
P
WC
C
28
Kläppen
Ljung-dalen
Storsjö
30
Flåsjön
29
Gravfält
Storsjön
Helagsfjället
1796m
27
26
Flatruet 975m
Mittådalen
Ramund-berget
Hede
Hedeviken
Ljusnan
23
N
Hamra-fjället-NR
Fjäll-museum
Funäsdalen
Meteorit
B
25
WC
P
Lossen
Tännäs
W
P WC
24
Sånfjället-NP
22
Remsgården
Remmet
Gammel-gården
Älvros
B
Linsell
Sveg
25 km
TOUR 2
P
21
Fågelsjö
20
WC
Hamra-NP

TOUR 2 (ca. 440 km / 6-8 Tage)

Sveg – Funäsdalen – Flatruet – Ljungdalen – Störsjö – Åsarna

Freie Übernachtung:	Nyvallen, Nysätern, Funäsdalen, Flatruet, Viksjön, Kläppen, Storsjön, Över-Grucken, Avlägget.
Campingplätze:	Pintorps, Åsarna Skicenter, Rätansjön.
Baden:	Linsellsjön, Funäsdalen, Viksjön, Lill-Börtnen.
Besichtigen:	Gammelgården Sveg, Remsgården, Kirche in Tännäs, Härjedalens Fjällmuseum in Funäsdalen, Kirche in Storsjö, Wikinger-Grab am Storsjö, Steinbogenbrücke und Kirche in Åsarna.
Wandern:	Sånfjället Nationalpark, Tännäs Naturstig, Hamrafjället Naturreservat, zum Kesusjö.

Von großem Vorteil für deutschsprachige Urlauber in ***Schweden*** sind die recht nah miteinander verwandten Sprachen. So fährt man denn schon mit einem Schmunzeln am nächsten *Hastighets*-Starkasten vorbei, die Worte *Badplats*, *Utsikt*, *Rökt fisk* und *Avgivt* sind einem sofort vertraut, und auch der regionale Werbeslogan ***Härliga Härjedalen*** erklärt sich von selbst, dem wir ehrlichen Herzen ausdrücklich beipflichten möchten. In Schwedens Mitte erlebt man wunderschöne Natur zwischen blühendem Tal und Hochplateau und wird überrascht durch einen besonders ausgeprägten Sinn für Traditionspflege. Bevor wir uns in **Sveg** gleich einmal ein schönes Beispiel dafür ansehen werden, kehren wir zur **45/Sveg** zurück und empfehlen nach 2,7 km zumindest einen Kurzstopp am kleinen, aber feinen Rastplatz am wilden ***Björnan*** rechts, wo man sich bei

Bedarf gepflegt die Füße oder auch mehr kühlen kann. Auf der Strecke nach **Sveg** registrieren wir dünnen Nordland-Wald mit Felsen und schmucke beflaggte rote Häuser auf Inselchen, biegen schließlich mit der **45** zum Städtchen rechts ab, wo wir am zentralen Kreisverkehr den Riesen-Bär, das hiesige Wappentier, aus der Nähe betrachten wollen.

Der größte Holzbär der Welt

Dieser riesige Holzbär symbolisiert die Region Herjedalen, es ist das Landschaftstier dieser Gegend. Er wurde von 2003 bis 2005 errichtet, zumeist aus 60 cm langen Planken. Die Statistik dieser Skulptur ist schon beindruckend. Das Info-Schild verrät: Der Bär ist 13 Meter hoch und wiegt 80 Tonnen. Es wurden 210 m³ Holz und 570.000 Nägel verbaut. Allein die Nägel wiegen 4 Tonnen. Im Inneren hat der Bär auf 3 Etagen eine Nutzfläche von 70 m². Das Monstrum hat umgerechnet etwa 250.000 EUR gekostet. Neben öffentlichen Geldern gab es viele Sponsoren und freiwillige Helfer aus Sveg und Umgebung.

Wer hier nicht noch einkaufen und tanken muss, für einen längeren Stopp auf dem örtlichen Campingplatz bleiben möchte oder gar mit einem Abstecher nach **Älvros** (16 km auf der **45/**

Kirche in Älvros

Åsarna) zum wirklich sehenswerten Kirchlein nebst der örtlichen verlockenden Badestelle [N 62° 02' 59.1" E 14° 38' 19.9"] liebäugelt, durchquert die Stadt auf der **84/Funäsdalen/Røros**, folgt mit uns 700 m nach dem Bären den Hinweisen zum ***Hembygds-*** bzw. ***Gammelgård*** nach links. Wenn hier die jährliche Mittsommerfeier zelebriert wird, dann geht die eh schon geringe Bevölkerungsdichte der Region von 1 Einwohner/km² im Umland bestimmt gegen Null. Auf dem gepflegten Areal wurden an die 30 historisch wertvollen Holz-Gebäude aus Dörfern dieser

Gegend „gesammelt“, wobei uns die besonders üppig „ausgemalte“ ***Herröstuga*** am besten gefallen hat. Zu den „Tagen der offenen Tür“ (mittwochs im Juli, 12-16 Uhr) gibt es sogar kostenlose Führungen, doch auch sonst wird schon mal ein Pracht-Haus aufgeschlossen, wenn man ganz lieb fragt.

Mindestens genauso schön ist der ***Remsgård*** (nach 14,5 km auf der **84** rechts auf die **514** abzweigen) ganz in der Nähe der Tourstrecke. Dieser Hof gehört zu den historisch wertvollsten in ***Härjedalen***, die ältesten Gebäude stammen vom Beginn des 18. Jahrhunderts und die meisten von ihnen stehen genau auf dem Platz, wo sie einst von den damals zugewanderten Finnen hingebaut wurden. Die Einrichtung der solide gezimmerten Häuser wirkt richtig authentisch, die prächtigen Wand- und Deckengemälde von 1774 sind eine Wucht für sich und beim anschließenden Kaffee und hausgebackenen Kuchen schaut man dann versonnen durch das Fenster und sieht Kaninchen über den viereckigen Hof hoppeln.So erlebten wir es jedenfalls noch 2005. Bei unserer 2010er Visite war der Hof nicht mehr „bespielt“ und machte einen leicht verwahrlosten Eindruck. Bleibt zu hoffen, dass sich daran bald etwas ändert.

Schon 12 km nach dem Abzweig der **514** lockt uns eindeutige Beschilderung nach rechts von der Strecke und wir finden ein freundliches Plätzchen zu einem ein fairen Preis!

(022) WOMO-Badeplatz: Linsellsjön

GPS: N 62° 08' 58.9" E 13° 57' 24.3". **max. WOMOs:** >5.
Ausstattung/Lage: Geräumiger Schotterparkplatz am Wald, Badestelle mit Sandstrand in 50 m, Trockenklo, Müllbehälter Gebühr 2010: 30 SEK, Angelkarten im Dorf. **Zufahrt:** Siehe Text, 300 m abseits der **84**.

Weiter nördlich auf der **84** wird der Wald dünner, es geht an Seen vorbei den Bergen entgegen und 3 km nachdem uns die **315** nach rechts verlassen hat, nehmen wir die 2. Zufahrt nach **links/Hedeviken** zum ***Sånfjället Nationalpark*** (17 km). Wir vermerken einen **Campingplatz** am Wasser, queren einspurig den ***Vikarsjö*** und klettern schließlich 14 km „Naturstraße“ hoch hinauf zum „Basislager“ für unsere erste richtige Gebirgswanderung in diesem Buch. Am Ziel wird in der Nachbarschaft auf der ***Alm Nyvallen*** nach alter Bergbauerntradition gelebt, und auch das Vieh steht des Nachts wie ehedem im schützenden Stall, denn dieser Nationalpark wurde 1909 vor allem zur Erhaltung des Braunbär-Bestandes gegründet und das offenbar mit Erfolg: In dieser Gegend lebt heute die größte Braunbär-Population ***Schwedens***. Einer der kahlen Gipfel-Kegel (1250 m) erhebt sich majestätisch aus dem Waldgürtel, in der nahen Infohütte (Mittsommer bis Ende August tgl. 10-18, September am Wochenende 10-18 Uhr) kann man sich Material besorgen und die Wanderwege schon einmal im Relief anschauen.

(023) WOMO-Wanderparkplatz: Nyvallen (770m ü. M.)

GPS: N 62° 19' 02.8" E 13° 33' 51.5".
max. WOMOs: 2-3.
Ausstattung/Lage: Parkplatz vom Nationalpark in der Nähe der Alm Nyvallen (Kühe, Ziegen, Gänse), Trockenklo, Müllbehälter, neue Grillhütte anbei, kein Camping, keine Caravans, nachts im August bis 0°C. **Zufahrt:** Siehe Text.

Wandertipp 1: Tagestour rund um das Gipfelmassiv (20 km/7 h) Nach 400 m beginnt der Nationalpark, wir gehen die Runde rechts herum und steigen zunächst durch spärliches Laubgehölz behutsam aber stetig bergauf. Nach 20 Minuten kann man schon einmal auf einer Picknickbank pausieren und den Blick in die unendliche grüne Ferne schweifen lassen. 3,5 km nach dem Start halten wir uns an der Gabelung rechts nach **Dalsvallen**, wir klettern eine Ebene höher und wandern dort über weite Fjäll-Wiesen. Wir werden von strahlendem Sonnenschein, gewürzt mit einem frischen Lüftchen verwöhnt, fühlen uns prächtig und können uns gar nicht satt sehen. Es folgt ein Sattel, wir bleiben rechts, sind nun schon 7 km gewandert und unser nächstes Ziel ist die **Sodan-Hütte** in 2,5 km, die man schon lange

vorher sieht und kurz vor dem ersehnten Pausenplatz auch noch durch ein (im August) ziemlich ausgetrocknetes Flussbett muss. Die Schutzhütte mit Pritschen und Herd ist offen und sichtlich bewohnt, wir finden Trockenklo und Brennholz-Schuppen und rasten ausführlich. Nach der Pause haben wir einige Mühe, wieder unsere Markierung zu finden, kraxeln durch das nächste Flussbett, bleiben dann eher links, lassen also den ***Valmfjället (1117 m)*** rechts liegen und steigen steil über ein Geröllfeld den nächsten Sattel hinauf. Oben treffen wir auf einen Abzweig und konstatieren: **Nyvallen 6 km**. Schon kurz darauf trifft der Weg „Rechts um den Valmfjället herum" auf den unsrigen, später trinken wir hocherfreut aus einem munteren Bergbach, es geht am Hang bergab und die Bäume werden wieder größer. Wie immer, wenn man genug hat, zieht sich der Rest der Tour endlos dahin, zuletzt fühlen wir uns im dichten Wald irgendwie vom Bären beobachtet, doch gesehen haben wir auf der gesamten Wanderung nichts dergleichen und erreichen schließlich ordentlich fußlahm wieder unser mobiles Quartier.

Tipp: Bergschuhe zwingend erforderlich, Wanderstöcke empfohlen; ausreichend Proviant und pro Person 2 Liter zu trinken mitnehmen.

Wandertipp 2: Übers Fjäll und durch den Wald (12 km/5,5 h)

Diese Wanderung sollte die nicht ganz so strapaziöse Alternative zu Wandertipp 1 werden, doch so ganz ohne ist diese auch nicht. Sie beginnt wie Tipp Nr. 1, unsere Runde geht aber nach 3,5 km in Richtung **„Valmen 5 km / Vindskydd 1,5 km"** nach links weiter. Nach einem geruhsamen Wegstück bergab durchqueren wir einen steilen Taleinschnitt und erreichen nach 20 Minuten unsere lauschige Picknickhütte, den „Windschutz" am See, eine echte Trapper-Idylle. Unser mit bemoosten Wurzeln und mit Steinen gespickter Weg führt uns dann durch Krüppelbirken übers Fjäll, wo sich der Blick weitet und wir ganz fasziniert das Gebirgspanorama genießen. Damit ist aber bald Schluss, denn nach einer Passage durch luftigen Nadelwald folgen wir dem Wegweiser **„Nyvallen 5 km"** nach links und tauchen ein in die Waldzone, genauer gesagt

in die Urwaldzone. Auf zuweilen anstrengendem, weil unwegsamem Pfad mit Blaubeer-bestandenen Felsen, umgefallenen Bäumen, brusthohen Farnen und wackeligen Bachquerungen kommt man nur langsam voran. Dieses wildromantische Terrain wirkt wie verwunschen, eine Mischuing aus Regenwald und Märchenwald. Auch bei der nächsten Weggabelung halten wir uns links (**„Nyvallen 2,5 km“**) und wandern die Tour mit Mückeneskorte zu Ende, verlassen den Nationalpark und sehen sogleich die ersten Häuser der Alm Nyvallen.
Tipp: Der Weg ist abschnittsweise recht feucht, also angemessenes Schuhwerk (evtl. Gummistiefel) tragen, Wanderstöcke, Mückenschutz und Handtuch (fürs Bad im Bergsee) mitnehmen.

Wegen der langen schlimmen Zufahrt nach **Nyvallen** haben wir uns nach einer Alternative umgesehen, die schöne Bergregion des ***Sånfjället*** unter Vermeidung langer Schotterstrecken anzufahren. Die Lösung heißt **Nysätern**. Die Zufahrt ist wesentlich eleganter und kommt mit 1,6 km Schotterpiste aus. Der Preis: Der Anmarsch zum Kerngebiet des Nationalparks ist etwas weiter.

(024) WOMO-Wanderparkplatz: Nysätern (723 m ü. M.)

GPS: N 62° 17' 20.4" E 13° 25' 20.0". **max. WOMOs:** 2-3.
Ausstattung/Lage: Leicht schiefer Schotterparkplatz vom Nationalpark in der Nähe eines Rasthauses, Trockenklo, Müllbehälter, Info-Tafel, Wanderkarte, neue Grillhütte, kein Camping, keine Caravans.
Zufahrt: Vom Abzweig zu **(023)** in **Hedeviken** 9,2 km westlich auf der **84** weiter nach **Hede**, dort nach links dem Hinweis **„Sånfjället Nationalpark 19 km“** folgen. Durch ein Wohngebiet mit ***„Ramps“*** und an der Kirche vorbei rollt man auf zumeist ganz flottem Asphalt auf dem ***Råndalsvägen*** 17 km dem Gebirge entgegen, folgt dann der Beschilderung nach links und erreicht den Wanderparkplatz nach finalen 1,6 km Naturstraße.

Das Urlauber-Örtchen **Hede** präsentiert sich gut sortiert, gilt aber eher als Wintersport-Paradies. Nun gehts auf der **84** weiter, zunächst ein ganze Weile am ***Ljusnan*** entlang, einem riesigen Angelrevier. Wir sind total begeistert von dieser malerischen Gebirgslandschaft ringsum. Als wir am ***Lossen***, einem wenig gefüllten Stausee entlang fahren, sehen wir in der Ferne sogar die Gletscher des ***Helags***-Massivs blitzen. Das sind die südlichsten in Schweden, doch dazu später mehr. Für einen kurzen Abstecher biegen wir schließlich 3,7 km hinter einem lauschigen *Naturrastplats* nach links auf die **311** nach **Tännäs** ab, nehmen locker die Steigung hinauf, parken gegenüber der „Free Skola“ auf dem Rastplatz und erspähen

auch schon diese schmucke weiße Kirche links voraus, mit 648 m ü.M. das höchstgelegene Gotteshaus ***Schwedens***.

Wandertipp: Tännäs Naturstig
Am Hang und dem Bergrücken gegenüber der Kirche kann man auf einem nett angelegten Rundweg an insgesamt 11 Stationen Wissenswertes über die Region, die Natur und die Siedlungsgeschichte erfahren. Eine schöne Möglichkeit für die kleine Höhenwanderung zwischendurch mit Bildungsfaktor.

Nach knapp 2 km biegen wir wieder auf die **84** nach **Funäsdalen**, doch bevor wir dort ankommen, geht es lange auf und ab geradeaus durch den Wald und plötzlich werden wir von einer neu gestalteten Touristenattraktion gestoppt: der Meteorit ***„Tor“*** und sein Krater im Wald. Folgt man dem Schild „Meteoritnedslag 200 m“ auf ausgesprochen komfortablem Holz-Weg in den Wald hinein, steht man auch gleich auf einer kleinen Aussichtsplattform an dem großen Loch, dass der Einschlag hier vor

2000 Jahren hinterlassen hat. Auf Tafeln ist alles (auch auf Deutsch) ausführlich erklärt, und der Fußweg ringsherum bietet alle 50 m ein Bänkchen zum Nachsinnen, wie das wohl damals gekracht haben mag. Ein Pausenplatz mit Story! Was will man mehr?
Nur noch ein Stück Berg-und-Tal-Bahn auf dem soliden rötlichen Asphalt der **84** nach **Funäsdalen** und wir erblicken zum ersten Mal ganz fasziniert diesen unglaublichen Bergzinken mit Haus und Fahnenmasten oben drauf, den fast 1000 m hohen ***Funäsdalsberget***. Irgendwann müssen wir den Lift dort hinauf auch einmal probieren! Links liegt der ***Funäsdalssjö***, den Abzweig nach **rechts/Ljungdalen/Flatruet** merken wir uns für später und parken nach 1000 m Ortsdurchfahrt direkt vor dem ***Härjedalens Fjällmuseum*** (21.Juni bis 15. August Mo-Fr 9-18 Uhr, Sa/So 10-18 Uhr, ab 15. August 11-17/12-16 Uhr, kräftig Eintritt), das sich rechts an den Hang kuschelt. Das 1999 ge-

baute Museum greift auf umfangreiche Sammlungen des 1894 gegründeten Heimatmuseums zurück und widmet sich dem Leben der Sami, Bauern und Bergleute in ***Härjedalen***, dem „Dach Schwedens". Dieses preisgekrönte Museum („Europas Museum des Jahres 2001") hat uns mächtig beeindruckt, die Exponate werden ideenreich und liebevoll präsentiert, es gibt einen überaus sehenswerten 18-min-Film über die Schönheit der Region auch auf Deutsch und spezielle Angebote für Kinder. Nehmen Sie sich viel Zeit! Ganz in der Nähe findet sich auch eine **WOMO**-Bleibe für die Nacht.

(025) WOMO-Picknickplatz: Risnäsets fritidsområde

GPS: N 62° 32' 49.2" E 12° 31' 45.0". **max. WOMOs:** 2-3.
Ausstattung/Lage: Sommer-Café, Badestelle, Toiletten, Spiel-/Sportplatz, Skaterbahn, Kletterturm, Picknickwiese, Bänke, kein Camping.
Zufahrt: 400 m weiter durch den Ort, am Ende des Sees **links/ Söromsjön** abbiegen, nach 300 m großer Parkplatz.

Für Blumenfreunde empfiehlt es sich, noch ein weiteres Stück auf der **84** Richtung ***Norwegen*** zurückzulegen, denn nach 14,5 km kann man im ***Hamrafjället Naturreservat*** (N 62° 33' 14.9" E 12° 16' 59.6") genussvoll durch Orchideen-Haine und über blühende Almen wandeln.

Wandertipp: Järnåldersturen (Markierung Elchsymbol, 2,5 km, 1 h) Die ersten 10 Minuten steigt man zunächst einmal auf Stufen den Hang hinauf, dann ist man schon auf der ersten Alm-Wiese angelangt. Der schmale Pfad führt leicht bergan durch Wald und über eine weitere Wiese mit reichlich Ginster. An der Wegkreuzung halten wir uns links, beim Steinhaufen dann rechts und freuen uns über wunderschöne blühende Wiesen mit blauen Glockenblumen und wilden Orchideen. Außerdem werden Siedlungsreste und Fanggruben erklärt, und man hat zudem eine tolle Aussicht auf die Bergwelt. Nach einer halben Stunde erreicht man den Umkehrpunkt (Lesertipp: Geht man hier noch eine halbe Stunde weiter bergauf, wird die Aussicht richtig grandios.), dann geht es auf anderem Weg auf einem Holzstieg abwärts und über eine große Wiese mit Grabhügel sowie Aussicht auf den See. Auf diesem idyllischen Flecken mit Kühen und Klee könnte man ein göttliches Picknick veranstalten, wenn man etwas dabei hätte. Nach der schon bekannten Weg-Kreuzung geht es die Stufen zum Parkplatz wieder hinunter.

Tipp: Feste Schuhe tragen und Picknick nicht vergessen.

Nach der Wanderung ein Bad im See zur Erfrischung gefällig? Auf dem Weg zurück bietet sich schon nach 4,2 km ein Stopp auf dem Parkplatz rechts am ***Tänndalsjö*** (N 62° 32' 13.4" E 12° 21' 13.9") an.

Sie erinnern sich noch an den Abzweig nach **Flatruet** am Ortsanfang von **Funäsdalen**? Genau dort geht die Reise nun weiter, wir müssen also dorthin zurück und biegen 1000 m hinter dem Museum links ab, wo es gleich richtig aufwärts geht. Bei gemächlicher Fahrt werfen wir noch einen letzten verwunderten Blick auf den Hausberg links oben und sind nun unterwegs zum nächsten Superlativ unserer Tour: zum **Flatruet**, der höchstgelegenen Landstraße ***Schwedens***, die 27 km nach dem nächsten Abzweig beginnt. Auf diese Passage über das Fjäll zum nächsten Tal haben wir uns lange gefreut, müssen aber leider feststellen, dass die Straße im Jahre 2010 von der Liga „Rumpliger Asphalt“ in „Schotterpiste“ abgestiegen ist. Man nimmt den Anstieg also behutsam mit bestenfalls 40 Sachen und sieht spitze Berge in der Ferne. Es folgen eine weite, mit Birken bewachsene Ebene und ein ausgewachsenes Moorgebiet mit Tümpeln. Unterwegs vermerken wir eine Reihe von Wanderparkplätzen, dann windet sich die Straße wieder abwärts und wir erreichen den Sami-Ort **Mittådalen**. Ein vielfältiges Angebot an entsprechenden Waren wie geräuchertes Rentierfleisch und Kaffee im Zelt bis zu Souvenirs wartet hinter der Flussbrücke auf Interessenten, wir folgen unserem Ziel auf der Hauptstraße nach links, passieren einen Schlagbaum, und schon geht es wieder kräftig hinauf. Die Schlimm-Straße führt scheinbar bis zum Horizont geradeaus und in langen Wellen

bergauf übers Fjäll mit Sumpf und Birken. Die Landschaft wird kahler und schon haben wir die ersten Rentiere vor uns, denn hier oben ist Samenland. Auch Rentierscheidungen, die aufwendigen Zaungebilde dieser „Sortieranlagen“ sind zu sehen und endlich haben wir den mit 975 m höchsten Punkt der ***Flatruet***-Pass-Straße erreicht. Ein Steinhäufchen mit Gedenkstein, ein unglaubliches Bergpanorama ringsherum und viel Platz für **WOMO**s in dieser weiten, kahlen Plateau-Wüste. Schlichtweg faszinierend hier oben und gelegentlich hübsch windig.

(026) WOMO-Stellplatz: Flatruet

GPS: N 62° 44' 24.7" E 12° 44' 30.4". **max. WOMOs:** >5.
Ausstattung/Lage: Naturelles Fjäll-Areal links und rechts der Straße, windanfällig, Rentiere. **Zufahrt:** Am höchsten Punkt der Pass-Straße.

Bei der Abfahrt nach **Ljungdalen** bleibt es zunächst bei karger Landschaft, links in der Ferne sieht man wieder den ***Helags***-Gletscher glänzen, die Vegetation und die Besiedlung nehmen zu. Sie merken sich beim Schlagbaum den Kilometerstand, denn genau 6,6 km danach (kurz hinter einer Fahrbahnverengung, ohne Hinweis) folgen Sie uns nach links auf einen ziemlich bösen, löchrigen, augewaschenen 600-m-Schotterweg hinauf zur verträumten Badestelle am glasklaren Bergsee.

(027) WOMO-Badeplatz: Viksjön (749 m ü. M.)

GPS: N 62° 49' 48.5" E 12° 47' 41.2".
max. WOMOs: 1-2.
Ausstattung/Lage: Kleiner, schiefer Parkplatz, Badestelle 150 m zu Fuß, dort Kiesstrand mit Felsen, Liegewiese, Feuerstelle, Trockenklo, 1-km-Wanderweg zum Aussichtsberg, sehr einsam. **Zufahrt:** Siehe Text.

Kurz darauf suchen wir im weit verstreuten **Ljungdalen** die Zufahrt zu einem geeigneten Wanderparkplatz für eine ***Helags***-Tour, überqueren die Brücke, bleiben auf der besseren Straße und biegen schließlich nach links zum ***Helags***-Parkplatz in **Kläppen** ab, den wir nach 7 km meist grober Wegstrecke (4-t-Begrenzung) erreichen und uns dort oben über die vielen Autos und die straffe Parkraum-Bewirtschaftung wundern.

(028) WOMO-Wanderparkplatz: Kläppen (828 m ü. M.)

GPS: N 62° 53' 44.3" E 12° 42' 43.0". **max. WOMOs:** >5.
Ausstattung/Lage: Parkautomat (Münzen dabei?),geringe Gebühr, schöne Übersichtskarte des Wandergebietes, Trockenklo, Müllbehälter, schöner Ausblick, sehr ruhig. **Zufahrt:** Siehe Text.

Wandertipp: Schnuppertour zum Kesusjö (6 km/2 h)
Für den ersten Kontakt mit dieser Wandergegend unternehmen wir eine Kurztour zum Kesusjö und starten auf dem Fahrweg beim Schild „Kesudalen 2". Die zunächst wenig aufregende Wegstrecke führt uns erst einmal bergab (!) an einer Hüttensiedlung vorbei, dann gut ausgebaut durch Birkengrün, über Bächlein und Wiesen dem ***Helags***-Massiv entgegen. Im Juli blühen hier die Bergblumen, wir sitzen bald darauf an der Badestelle am Ziel-See, genießen still die unendliche Weite

bis zu den Schneefeldern am Horizont und anschließend einen kleinen Imbiss in der 200 m entfernten Gastro-Hütte ***Kesubon*** (Mo-Fr 11-17 Uhr, Sa 12-15 Uhr). Von hier aus sind es nur etwa 10 km bis zur bewirtschafteten ***Helags-Hütte***, dem Ausgangspunkt für Touren ins ***Helagsfjället*** (Gipfel: 1796 m) und zum ***Helags-Gletscher***. Für uns kommt das heute nicht in Frage, wir kehren auf leichtem Weg zum Parkplatz zurück und empfehlen durchaus einen intensiveren Aufenthalt in dieser bezaubernden Bergwelt.

Unten in **Ljungdalen** angekommen rollen wir **geradeaus/Åsarna** durch und danach flott auf neu gemachten Asphalt durch den Wald mit gelegentlichem Blickkontakt zum breiten ***Ljungan***. In **Storsjö** sehen wir den Zipfel vom tatsächlich großen

Kirche in Storsjö

Storsjö und besuchen die unscheinbare weiße Kirche, die mit einem farbenfrohen Innenleben und schönen Malereien überrascht.

Die weitere Tourstrecke am ***Storsjö***, einigen kleineren Seen und wieder am ***Ljungan*** entlang ist ein einziges riesiges Angler-Paradies, für das eine spezielle „Fiske-Kort" und besondere Übernachtungsregelungen für die unzähligen Stellplätze am Wegesrand gelten, die uns **WOMO**-Nomaden ausgesprochen entgegenkommen: die erste Nacht gratis, für 2 und mehr Nächte an einem Fleck kommen „Fiske-Ranger" vorbei und kassieren eine erschwingliche Gebühr. Weiter geht es Richtung **Åsarna** durch eine bezaubernde Hügellandschaft aus Wald und Wasser. Nach lauschigen Angelplätzen am ***Storsjö*** und am ***Väster-Rotsjö*** biegen wir 12,3 km hinter **Storsjö** (Kirche) nach **rechts/Krankmårten högen/**

Sölvbacka strömmar ab, fahren auf einem Schottersträßchen in angemessenem Tempo mit Blick auf Seen und Berge südwärts, nehmen nach 4,7 km den Abzweig zum ***Gravfält*** nach rechts und landen nach 1,8 km Waschbrett-Weg an einer Angleroase mit Naturstellplätzen beim ***Störsjö*** und einem Wikinger-Grab ganz in der Nähe.

(029) WOMO-Stellplatz: Storsjön

GPS: N 62° 47' 18.1" E 13° 12' 24.8". **max. WOMOs:** 2-3.
Ausstattung/Lage: Angelplatz, Badestelle, Feuerstelle, Kurzwanderung zum Gravfält, manchmal einsam. **Zufahrt:** Siehe Text.

Wikinger-Grab „Krankmårten högen"
Eine richtige Wanderung ist das nicht, aber gerade deshalb kann sie wirklich jeder vertragen und am Ziel sogar einiges lernen. Vom Platz aus stiefeln wir los und folgen dem Hinweis „Gravfält 500 m" in den Busch. Nach 10 Minuten sind wir an dem eingezäunten Areal, einem der wichtigsten Gräberfelder in Nord-Schweden, klettern auf den Aussichts-Hügel und schauen auf die 20 Steine herab, die in grauer Vorzeit in Form eines Wikingerschiffes aufgestellt wurden. Mit viel Fantasie sieht der Laie das dann auch, freut sich ganz nebenbei über den netten See-Ausblick, und 10 Minuten später ist dieser Ausflug in die Vergangenheit schon wieder vorüber.

Wieder zurück vom Abstecher zur Wikinger-Bucht geht es nach rechts weiter, wir halten uns an die **Canyon**-Hinweise und schon vor der Brücke über die ***Sölvbacka strömmar*** findet man nette Stellplätze. Nun begleiten wir diesen malerischen Sprudel-Fluss und biegen dazu hinter der Brücke links ab. Einige freundliche Stellplatz-Buchten und 6,5 km Schotterstraße weiter wollen wir uns bei ***Falvik*** die Fluss-Szenerie einmal von der Nähe anschauen und nehmen den Trampelpfad durch den Wald links hinunter. Was für eine Idylle! Breit und

munter plätschert der Angelfluss vorbei, am Ufer blühen bunte Blümchen, Vögel zwitschern und Fische springen. Nach weiteren 2,5 km haben wir am Ende vom ***Över-Grucken*** noch ein besonders feines Plätzchen mit herrlichem Ausblick in die Landschaft bis zum fernen Gebirge gefunden, das wir nachfolgend verewigen möchten.

(030) WOMO-Stellplatz: Över-Grucken

GPS: N 62° 48' 42.1" E 13° 23' 06.5".
max. WOMOs: 1-2.
Ausstattung/Lage: Etwas größere „Angler-Nische" am Hochwald links der „Straße" oberhalb des Sees, Feuerstelle, einsamer Platz.
Zufahrt: Siehe Text.

Nun hat die Schotter-Episode bald ein Ende, nach 3,8 km halten wir uns hinter dem Steinbruch links, überqueren dann breites Wasser und fahren 300 m später rechts weg und zwar endlich wieder auf Asphalt. Jetzt sind wir in ***Jämtland*** und empfehlen dringend, 24 km danach beim Ortseingang von **Börtnan** bei ***Börtnans Fjällvattenfisk*** (Mo-Fr 8-16 Uhr, N 62° 45' 17.3" E 13° 50' 02.8") vorbeizuschauen, dem berühmtesten Fischladen der Region.
Schon 6 km dahinter gibt es am **Lill-Börtnen** von erfreulichen Neuigkeiten zu berichten: ein **WOMO**-Idyll am See!

(031) WOMO-Picknickplatz: Avlägget

GPS: N 62° 43' 01.7" E 13° 55' 07.0". **max. WOMOs:** >5.
Ausstattung/Lage: Kombination aus Picknickplatz (Gebühr 20 SEK) und Natur-Camp („Pintorps", Gebühr 40 SEK), 200 m durch den Wald Stellplätze am Badesee, Kassetten-Entsorgung, Picknickbänke, Feuerstellen, Müllbehälter. **Zufahrt:** Siehe Text, rechts der Tourstrecke.

Auf den nächsten 35 km tut sich nicht viel, man schnürt sehr flott auf guter Straße mit Blick auf die Berge durch den Wald, sieht in **Skålan** schmucke Holz-Häuser, dann gelegentlich wieder Wasser und für diese Gegend auffällig geschniegelte Dörfer, biegt schließlich auf die **45/Östersund** und wird sogleich in **Åsarna** begrüßt, einer Hochburg der schwedischen Wintersport-Elite, vor allem aber die Heimat von ***Thomas Wassberg***, dem Welt-Star des Skilanglaufs. Einen in mehrfacher Hinsicht lohnenswerten Anlaufpunkt hat man mit dem ***„Åsarna Skicenter"*** (8-22 Uhr) gleich rechts schnell gefunden. Im Gasthaus gibt es das preiswerte wie oberleckere ***Dagens rätt*** als kalt/warmes Büfett und bei der integrierten Touri-Info eine kleine Ausstellung, in dem sich fast alles um den Orts-Heroen ***Thomas Wassberg*** dreht, der hier vielfach triumphierend von den

Wänden lächelt. Genau dieser Jahrhundert-Sportler war es, der 1980 beim berühmten „Wo ist Behle?-Rennen" von ***Lake Placid*** denkbar knapp mit einer Hundertstelsekunde Vorsprung vor dem Finnen ***Juha Mieto*** Olympiasieger über 15 km wurde. Lange her, doch in dieser Traditions-Stube werden die Erinnerungen wachgehalten, man kann einen Großteil seiner Medaillen-Sammlung sowie seine Skier, Stöcke, Bindungen und Schuhe lückenlos von 1967 bis 1991 und darüber hinaus einen, vermutlich legendären VW-Bus älteren Baujahrs bewundern. Wer hier etwas länger verweilen möchte, kann gleich hinterm Haus auf dem **Campingplatz** vom ***Åsarna Skicenter*** [**032**: N 62° 38' 26.2" E 14° 22' 17.0"] einchecken, und wem der Sinn nach einem ruhigen Platz am Badesee steht, der fahre 19 km auf der **45/Sveg** zurück, legt lächerliche 40 SEK für 24 h (2011) in den Zahl-Kasten vom ***Naturcamp am Rätansjön*** [N 62° 29' 22.1" E 14° 29' 10.4"] und wähnt sich im WOMO-Paradies. Doch nun wollen wir die Sehenswürdigkeiten der Umgebung von **Åsarna** erkunden. Dazu fahren wir ein kurzes Stück Tourroute rückwärts, biegen also beim Ortseingang Richtung **Ljungdalen** ab, verlassen diese Straße aber nach 900 m gleich wieder nach **links** zur **Stenvalvbro**, um nach weiteren 900 m den rauschenden ***Ljungan*** auf diesem Prachtstück von Steinbogen-Brücke zu überqueren. Direkt dahinter kann man links am Picknickplatz parken und sich das Meisterwerk von 1852 mit seinen 24 m Spannweite einmal von der Nähe betrachten, oder am Ufer entlang steigen und dem beeindruckenden ***Åsarnforsen*** etwas näher kommen. Sie erleben auch gerade so einen sonnigen Abend wie wir? Dann kommen Sie mal mit zur ***Gamla Kyrka*** von **Åsarna**. Wieder unten im Ort fahren wir am „Elch"-Laden vorbei und dann nach **links/Gamla k:a** den Berg hinauf, wo wir genau 3 km nach dem Abzweig ankommen. Die weiße Holzkirche thront oben ganz erhaben über allem, das weiche Abendlicht flutet durch die hohen Fenster und lässt die Kristall-Lüster funkeln. Von der eher schlicht gehaltenen Ausstattung fallen vor allem die Details auf: das schöne Altarbild, die farbigen Fenster darüber und die wuchtigen Eisenöfen. Dann drücken wir am Eingang das Knöpfchen für die Infos in Deutsch, die mit einem Stück Orgelmusik beendet werden. Wir sind hier oben ganz alleine, lauschen ergriffen und genießen dabei beim Blick aus dem Fenster eine Traumlandschaft mit Wiesenhang, See und bewaldeten Hügeln.

TOUR 3
N
Laxsjö
56
53
Föllinge
55
54
Orchideen-
sumpf
Lillholmsjö
Örtagården
52
51
Bredbyn
Änge
Tulleråsen
45
46
Böle
Kall-
sjön
Konäs
47
48
44
Tänn-
forsen
Kall
1420 m
Åre
43
Älgriket
Alsen
50
Glösa
Mus-Olles-Museum
Krokom
Duved
Fröa
gruva
Järpen
Karoliner-
monument
Choklad-
fabrik
49
Mörsil
Ytterån
42
Ristafallet
Kretslopshuset
Storsjön
Detail-Karte im Text
Östersund
Orrviken
Moose
Garden
Brunflo
Pilgrimstad
Pilgerquelle
Hålbergsgrotte
Tandsbyn
W
Gällö
Skolmuseum
Ljungdalen
Hackås
36
Revsund
Storsjö
Torsborg
35
34
Hoverbergs-
grotte
Bodsjö
Ström-
Museum
Börtnan
33
Svenstavik
50 km
Skålan
32
Åsarna

TOUR 3 (ca. 700 km / 8-12 Tage)

Hackås - Orrviken - Bödsjö - Pilgrimstad - Östersund - Frösön - Mörsil - Åre - Kallsjön

Freie Übernachtung:	Hoverberg, Åkerviken, Östersund (2), Frösön (2), Fröa Gruva, Tännforsen, Kallsjön-Runde (5), Glösa, Bredbyn, Hårkan, Forsåsen, Laxsjö.
Campingplätze:	Frösön, Ristafallet, Örtagården.
Baden:	Forsaleden, Alsensjön, Bredbyn, Laxsjön.
Besichtigen:	Hoverbergsgrotte, Hackås (Kirche), Moose Garden, Boddas Bönhus, Strömmuseum, Pilgerquelle in Pilgrimstad, Östersund (Stadtbild, Jamtli Historieland), Frösön (Aussichtsturm, Sommarhagen, Kirche), Mus Olles Museum in Ytterån, Kretslopshuset in Mörsil, Fröa Gruva, Åre (Kirche, Schokoladen-Manufaktur), Karolinermonument, Tännforsen, Glösa Älgriket (Felszeichnungen), Forsåsens Orchideensumpf.
Wandern:	Forsaleden, Hålbergsgrotte, Åreskutan.

Ob man nun schon in ***Schottland*** war oder nicht: Jeder kennt das Ungeheuer vom ***Loch Ness***, auch ***Nessie*** genannt. Gutes Marketing der dortigen Tourismusindustrie! Da muss man in **Östersund** noch ein wenig dran arbeiten, denn der Rummel um das ***Storsjöodjuret***, das Ungeheuer vom ***Storsjö***, das noch nicht einmal einen richtigen Namen besitzt, ist noch ausbaufähig. Doch ansonsten läuft alles strikt nach schottischem Modell: Erste Sichtung durch einen Priester schon vor Jahrhunderten, man weiß nicht genau, was es ist, aber immerhin steht das Monster unter Naturschutz, es gibt Augenzeugenberichte mit Sichtungsstatistik (wann? wo?), eben das volle Programm. Rings um den See wurden offizielle Beobachtungsstellen eingerichtet, so sieht man regelmäßig Hinweise zu ***Storsjöodjursspaning***, und genau so einem Hinweis folgen wir demnächst auch, denn für eine schöne Aussicht sind **WOMO**-Leser doch immer zu haben, oder? Wir sind unterwegs zum südlichsten Beobachtungspunkt, dem ***Hoverbergstoppen***, verlassen also die **45** nach links zur **321/Svenstavik**, bleiben dieser Straße bis **Hoverberg** treu und haben den imposanten Bergklumpen schon im Visier. Im Ort biegen wir zu den Sehenswürdigkeiten nach rechts und 800 m später erneut rechts ab, um schließlich 3,5 km danach links 3 km den Berg hinaufzuschnaufen. Oben gibt es ein Ausflugs-Gasthaus ***Topstugan*** (Mo-Fr 11-17 Uhr,

Sa 11-16 Uhr, So 12-17 Uhr), gegenüber den Beobachtungsturm für ein geniales See-Panorama und sogar Platz für die **WOMO**-Nacht.

(033) WOMO-Picknickplatz: Hoverberg (520 m ü.M.)

GPS: N 62° 49' 45.6" E 14° 25' 46.3".
max. WOMOs: 2-3.
Ausstattung/Lage: Vor der letzten Kurve rechts und auf dem Asphalt-Parkplatz kurz danach, Picknickbänke, tagsüber Toilette beim Turm.
Zufahrt: Siehe Text.

Wenn man unten nach links weiter fährt, kann man den Berg komplett umrunden, kommt an der ***Hoverbergsgrotte*** (10-20 Uhr, Eintritt, Kinder unter 12 frei) vorbei und findet gleich noch zwei ganz unterschiedliche Übernachtungsplätze: Eine kleine **Campingwiese** mit Grundausstattung direkt gegenüber der Grotte [**034**: N 62° 49' 50.9" E 14° 24' 57.5"] und wenn man 200 m danach rechts abbiegt nach 400 m rechts einen schlichten **Badeplatz** [**035**: N 62° 49' 37.4" E 14° 24' 38.4"] an einer Bucht vom ***Storsjön***.

In **Hoverberg** biegt man an der Ortskreuzung nach rechts und dann zur **321/Svenstavik** nach links ab. Dort greifen wir die Hinweise zur **45/Östersund** auf (Achtung „Ramps"!), biegen also 2mal links ab und rollen dann flott durch den Wald. Nach 18 km geht es die erste Einfahrt nach **Hackås** links rein und 1 km danach links zur ***Hackås kyrka*** den Hang zum See hinunter. Der hölzerne Glockenturm macht optisch zunächst mehr her, doch die Kirche aus dem

12. Jahrhundert, die einzige Apsidenkirche Nordschwedens, ist die eigentliche Sensation. Sie überrascht den Besucher mit ihrer überaus prächtigen Ausstattung und großflächigen Kalkmalereien, den ältesten ***Jämtlands***. Auf Knopfdruck ertönen deutsche Erklärungen, und sogar in der Sakristei lässt sich noch so manch erstaunliches Detail entdecken. Unterhalb führt der ***St. Olofsleden*** am See entlang und vom Bootsanleger aus kann man das Ganze von der Wasserseite aus betrachten. Passend dazu findet man anbei das ***„Pilger-Café Himmelriket“***, wo man bei der Parkplatzsuche sowieso landet.
Beim ersten Abzweig 600 m oberhalb geht es nach links weiter durch den Ort, der Blick schweift über den See und wir halten uns immer Richtung **Orrviken**, biegen also vor der Brücke rechts ab und fahren auch mal direkt am Ufer entlang, wo sich die Wellen des Sees brechen. Schmucke Dörfer und Blümchenwiesen erfreuen das Auge, wir registrieren dann den Abzweig nach **Orrviken** hinein, lasssen diesen jedoch nach rechts ziehen und biegen erst 500 m danach rechts ab zur nächsten Station unserer Tour: Die Elch-Farm ***Moose Garden*** (2011: 25.

Juni bis 21. August täglich 11 und 14 Uhr geführte Touren, Eintritt, Kinder unter 7 frei, außerhalb der Saison muss man vorher telefonieren: +46(0)703636061). Auf überaus unterhaltsame Weise erzählt ***Sune Häggmark***, der Herr der Elche, von seinen Schützlingen, die so schöne Namen tragen wie ***Beppe*** und ***Nordis***. Man darf Elchmilch kosten, aus der sündhaft teurer Käse hergestellt wird und erfährt, dass die Elchlosung komplett aus Zellulose besteht, so dass daraus originelles Papier hergestellt werden kann. Dann geht's gemeinsam ins Gehege, wo die Kälber die Flasche kriegen und die Großen lecker matschige, angekeimte Kartoffeln schmatzen. Die imposanten Tiere kann man sogar streicheln, hat danach aber ordentlich eingefettete Hände, was gut für die Haut sein soll. Im Anschluss kaufen wir in der ***Butik*** noch kleine Kunstwerke sowie eine 5-EURO-Blüte aus „Elch-Papier", womit bewiesen wäre, dass man aus Scheiße Geld machen kann. Vielleicht baut der Chef seinen Parkplatz zum **WOMO**-Stellplatz aus, versprochen hat er's.
Nach weiteren 11 km auf dieser Panorama-Straße besteht die Chance, diese Tour entscheidend abzukürzen, wenn man **links/Östersund** abbiegt, doch wir wollen Sie zu einer „Südschlaufe" mitnehmen, auf der es um Geschichte, Naturschönheiten und Abenteuer geht. Also eine spannende Route, wenn auch gelegentlich abseits der Asphaltpisten (Nur Mut!).
Wir lassen also den Abzweig sausen, fahren geradeaus weiter, am Seezipfel namens ***Brunfloviken*** entlang, auf der kreuzenden **45** nach **rechts/Mora**, 8,4 km drauf nach **links/Tandsbyn** und nach weiteren 2,3 km links weg nach **Bodsjö**. Erfreuen Sie sich an der neu asphaltierten Straße, denn gleich geht's bis zur nächsten Station ***Boddas bönhus*** auf 19,5 km ziemlich schlimmer Naturpiste weiter, dafür aber durch liebliche Landschaft mit Wald und Seen. Bei aller Erhabenheit dieser stattlichen gelben Holz-Kirche versteckt sich die Attraktion des Ortes hinter ihr am Seeufer: eines der ältesten Holzgebäude Nordeuropas, besagtes Kirchlein ***Boddas bönhus*** aus dem 11. Jahr-

hundert. „Was denn? Der ganze olle Weg für diesen Schuppen hier“ höre ich den Fahrer mosern. Oh nein, gleich bringe ich Sie zu einem extra idyllischen Plätzchen ganz in der Nähe. Dazu erst einmal die 400 m wieder hoch, dann **rechts/Gällö** folgen, sogar zwischendurch etwas Asphalt vor und hinter der Brücke, nun noch 2,6 km „naturell“, dann nach **links/Åkerviken fiske** und noch 1,3 km durch den Wald zum See, wo man es in der Ferne schon verheißungsvoll rauschen hört.

(036) WOMO-Wanderparkplatz: Åkerviken

GPS: N 62° 51' 25.7" E 15° 00' 17.0". **max. WOMOs:** 2-3.

Ausstattung/Lage: Picknick-Bänke, Feuerstelle, Schutzhütte, Angelmöglichkeiten (Juni-August), Trocken-Klo, nette Stellflächen in der Natur, schwedische Angler-Caravans, Stromschnellen-Wanderweg ***Forsaleden***.

Zufahrt: Siehe Text.

Wandertipp: Forsaleden-Runde (4,2 km/1,5 h)
Direkt vor der **WOMO**-Tür beginnt unsere kleine entzückende Wanderung auf dem ***Forsaleden*** mit blauer Markierung. Auf einem Stein- und Wurzelpfad streben wir dem magischen Rauschen entgegen, es geht über Felsenplatten und Holzbohlen und nach 15 min an der Gabelung nach rechts. Der Weg führt zu den Stromschnellen und auf Brückchen

quer über sie rüber. Von dieser Szenerie kann man gar nicht genug kriegen. Auf der anderen Seite dann links stromaufwärts auf blauer Markierung weiter auf Felsenwegen und durch spärlichen Wald voller ***Lichen***-Flechten, dem Lieblingsfutter der Rentiere. Nach 30 min auf dieser Seite geht es wieder nach links mit Brückchen über's Wildwasser und drüben nach links Richtung **WOMO**. Kurz hinter der roten Miet-Hütte findet man noch eine Biwak-Hütte am Fluss, doch die brauchen wir nicht, denn wir kommen noch vor dem drohenden Gewitter zum Stellplatz zurück und erfreuen uns später an einem kräftigen Regenbogen. Tipp: Feste Schuhe tragen!

Nun also erst einmal zurück durch den Wald und nach links auf dem Fahrweg weiter. Schon nach 500 m gibt es kurz wieder Asphalt, wir halten uns links, wo hinter der Brücke über den ***Herrevadströmmen*** schon die winzige Hütte mit Veranda und

Fahne auf unseren Besuch wartet: das ***Strömmuseum*** (Eintritt: Spende), mit 8 m^2 Ausstellungsraum wohl das kleinste Museum Schwedens. Neben Informationen zur Gegend wird mit Fotos und Exponaten an die Flößer-Zeit erinnert. Als Souvenir kann man sich einen Pilgerstempel mit springendem Fisch ins Bordbuch drücken, denn wir reisen gerade auf der alten Pilgerroute, dem ***St. Olofsleden***, der auf 480 km von Selånger nach Trondheim führt, wofür einschlägige Wanderpläne 29 Tage vorsehen.

Jetzt gibt es wieder 7,3 km Schotter bis zum nächsten Asphalt in **Revsund**, dafür sind unterwegs die Landschafts-Bilder mit Wiesen, Felsenbergen und Seen wenigstens extrem wohltuend für's Auge. Wir halten uns Richtung **Gällö**, wo man gegenüber vom ICA-Markt das ***Skolmuseum*** samt Kerkerloch (Juli 11-16 Uhr) besichtigen kann, oder (falls es geschlossen ist) wie wir nach links auf die **E 14/Östersund** abbiegt. Nach exakt 9,4 **E 14**-Kilometern (Nicht vorbeirauschen!) parken wir **links** und rüsten für eine Tour zur ***Hålbergsgrotta***, denn es ist mal wieder Zeit, sich die Füße zu vertreten. Für **WOMO**s der „Bully-Klasse" findet sich hinter der Bahn-Unterführung sogar noch ein nettes Plätzchen zum Stehen.

Wandertipp: Hålbergsgrottan (2,4 km/1-2 h, je nach Pause)

Am Info-Kasten an der Eisenbahnbrücke gut präpariert stiefeln wir durch die Unterführung und auf dem Fahrweg los, folgen der roten Markierung über eine kleine Brücke und dann auf einem Trampelpfad mit Bohlen immer den Pfeilen nach. Dann geht's bergauf durch den Wald, bergab Richtung See und links an ihm entlang. Der Weg windet sich schließlich durch den Wald hinauf und wir sind am Ziel, einem Felsen mit Loch. In dieser 11 m langen Grotte soll im 15. Jahrhundert ein „Outlaw" gewohnt haben, und sogar ein kleiner Schatz wurde hier ge-

funden. Wenn ihre Kinder mutig genug sind, dann sollen sie doch mal reinkrauchen und Entdecker spielen! Nur 100 m weiter beim ***Anviksjö*** kann man (falls jemand die Brücke repariert) anschließend gepflegt rasten, baden gehen, die Schätze teilen und irgendwann auf selbem Weg zum WOMO zurückkehren.
Tipp: Taschenlampen, ordentliches Picknick, Badesachen und Mückenschutz einpacken!

WOMO-Cache Nr. 17

GPS: N 62° 56' 39.7" E 15° 06' 02.6". **Schwierigkeit:** leicht.
Tipp: Den Schatz nicht in den Tiefen der Grotte suchen (das wäre gemein) sondern im Bereich des Eingangs.

Genau 3 km danach ist schon wieder Pause, wir kommen in **Pilgrimstad** an, und wie es sich für ein Örtchen mit so stolzem Namen geziemt, gibt es hier etwas für Pilger: Die ***Pilgrimskälla*/Pilgerquelle**. Man findet sie unter Bäumchen auf gepflegtem Park-Rasen, nachdem man zuvor 700 m nach dem

Ortseingangsschild für 300 m den Hinweisen nach rechts nachgefahren ist. Wir probieren selbstverständlich vom leise sprudelnden Labsal, denn dieser Quelle wird eine (vermutlich universell) heilende Wirkung nachgesagt (Ohne Gewähr).
Schon sind wir im Anflug auf **Östersund** und das tatsächlich auf einer Landebahn-ähnlichen Piste, der neuen Stadtautobahn. Die einzige Stadt in ***Jämtland***, sinnvollerweise auch deren Hauptstadt, gehört zu den schönsten in diesem Buch und auch zu unseren persönlichen Favoriten. Man fühlt sich einfach wohl hier: Abwechslungsreiche Landschaft mit Bergen und viel Wasser, ein interessantes Stadtbild, spannende Sehenswürdigkeiten und dazu nette **WOMO**-Plätze für jeden Geschmack. Wir nehmen die Ausfahrt **Östersund C/Frösön/87**, halten uns immer Richtung **Zentrum**, lassen uns nach **Jamtli** führen und kommen am stolzen Backstein-***Rathaus*** (Foto S.50) vorbei. Am bes-

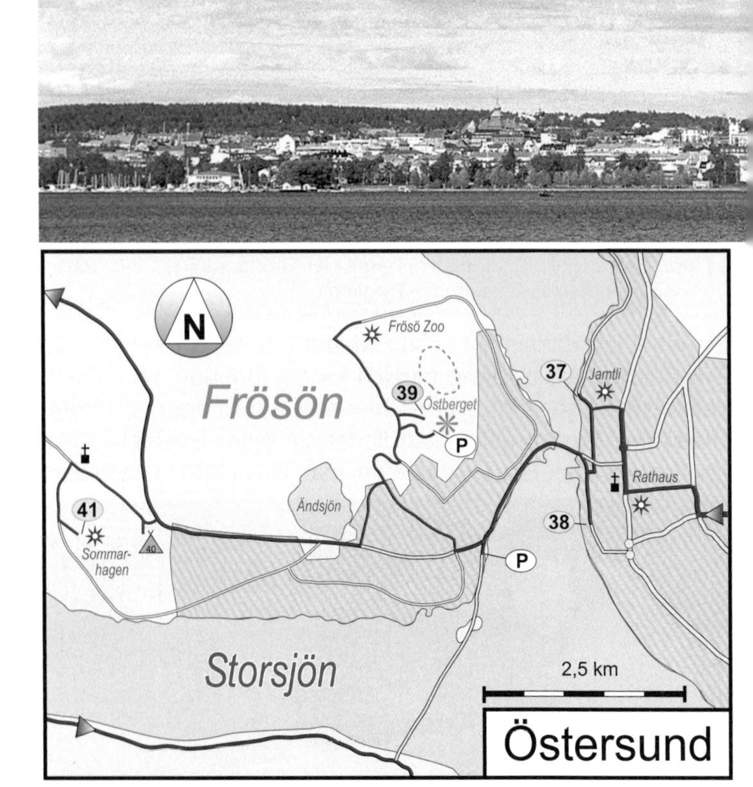

ten gleich rechts den Parkplatz entern und diesen Prachtbau ausgiebig bestaunen. Gegenüber kann man sich gleich noch bei der Touri-Info die neuesten Prospekte abholen und die alte Kirche besuchen. Bei der Weiterfahrt landet man sogleich beim Besuchermagneten der Stadt: ***Jamtli Historieland*** (2010: 25. Juni bis 22. August tgl. 11-17 Uhr, restl. Jahr eingeschränkt u. Mo zu, Eintritt, bis 17 J. frei, www.jamtli.com). Falls Sie hier gerade keinen Parkplatz finden, fahren Sie doch gleich zum nahen **WOMO**-Quartier an den See.

(037) WOMO-Stellplatz: Jamtli

GPS: N 63° 11' 17.0" E 14° 37' 44.6". **max. WOMOs:** >5.

Ausstattung/Lage: Steinufer und Seepanorama, Müllbehälter, gelegentlich Zugverkehr.

Zufahrt: Direkt vor ***Jamtli*** links den **Arkivvägen** hinunter, am Ende kurz nach rechts, dann links über die Gleise zur Freifläche auf der Landzunge links voraus.

Beim Empfangsgebäude von ***Jamtli Historieland*** mit seinem markanten Turm kann man sich ins angrenzende riesige Freigelände und hier auf Zeitreise begeben, sollte aber unbedingt vorher das ***Jämtlands läns museum*** im Hause besuchen und sich ausführlich die faszinierende Wikinger-Ausstellung samt Film und den berühmten ***Bildteppich von Överhogdal*** aus dem 12. Jahrhundert ansehen. Draußen findet sich dann ausreichend Kinderbelustigung, aber mit Anspruch, so dass auch die Alten was davon haben. Während sich die Kleinen eher für die Streicheltiere, das Tretauto-Fahren im Verkehrsgarten bei der alten Shell-Tanke, die Eisenbahn-Rundfahrten und das Bühnenprogramm interessieren, werden die Eltern vom

überraschend echt vorgeführten Landleben verschiedener Zeitepochen begeistert sein. In wunderschönen, historisch original ausgestalteten Holzhäusern wird Brot gebacken, Käse gemacht und noch manches mehr an Handwerk zelebriert: „begreifbare“ Zeitgeschichte, nicht nur für Kinder.

Zur Stellplatz-Alternative an der Seepromenade beim Yachthafen fährt man am unteren Ende vom **Arkivvägen** auf der **Köpmangatan** (Achtung: Blumenkübel-Slalom) stadteinwärts, unter der Brücke durch (3,06 m), rechts weg zum Bahnhof und dann auf den letzten Parkplatz rechts rauf.

(038) WOMO-Stellplatz: Seepromenade

GPS: N 63° 10' 28.2" E 14° 37' 50.9". **max. WOMOs:** 3-5.
Ausstattung/Lage:
Durch Grün unterteilter Parkplatz (vorzugsweise den hinteren Parkplatzbereich nutzen, daneben noch Schotter-Erweiterung), davor die Seepromenade mit Bänken, citynah, gut geeignet für WOMOs bis 6 m Länge, Gebühr 7-18 Uhr. **Zufahrt:** Siehe Text.

Wir fädeln uns auf die ***Frösöbro*** hinauf und wechseln zur Insel ***Frösö*** hinüber, die auch einiges zu bieten hat. Also elegant **rechts/Frösö k:a** halten und gleich darauf links am Wasser entlang rollen. Schöne Aussicht gefällig? Für ein Stadtpanorama lohnt sich ein kurzer Abstecher Richtung ***Vallsundsbron*** zum Info-Parkplatz, und für die totale Übersicht kommen Sie mal mit auf den Berg hinauf immer den Hinweisen **Frösötornet/Utsiktstorn** entlang. Nach einem letzten knackigen Anstieg hat man den formschönen Holzturm (Mittsommer bis Ende August 10-21 Uhr, sonst verkürzt, Eintritt) erreicht , dann einen bequemen Lift nach oben und schließlich einen phänomenalen Rundblick ins Land.

(039) WOMO-Wanderparkplatz: Östbergets Naturstig

GPS: N 63° 11' 08.0" E 14° 35' 45.8". **max. WOMOs:** 2-3.
Ausstattung/Lage: Asphalt-Parkplatz am Wald, Info-Tafel, Müllbehälter, Wanderwege, Tisch und Bank mit Aussicht. **Zufahrt:** Stichstraße vom ***Frösötorn*** wieder runter, rechts der Straße folgen, nach 100 m ***rechts/Utsiktsplatsen/Topvägen*** rein, dann noch 350 m hinauf.

Ganz in der Nähe gibt es noch den ***Frösö-Zoo*** samt sonstigem Familien-Vergnügen, wir nehmen unten wieder Kurs auf ***Frösö kyrka***, wo wir kurz vor dem Abzweig dorthin noch die Einfahrt zum schön gelegenen Campingplatz passieren.

(040) WOMO-Campingplatz-Tipp: Frösö Camping

GPS: N 63° 10' 18.2" E 14° 32' 25.0". **Öffnungszeiten:** 1.6. bis 31.8.
Ausstattung/Lage: Gute Ausstattung (***), gepflegter Kurzrasen mit Asphaltstreifen, leichte Hanglage, Spielplatz, Minigolf, Shop, schöner Ausblick, guter Touringplatz. **Zufahrt:** Siehe Text.

Von der wunderschönen ***Frösö kyrka*** (Mo-Fr 8-20 Uhr, Sa 8-14 Uhr, So 12-20 Uhr) sieht man zunächst nur den schwarzen Glockenturm, dem gerade bei kräftiger schwedischer Sonne die Teer-Imprägnierung von den Holzschindeln tropft. Direkt gegenüber führt die Straße zu unserem nächsten Ziel zunächst Richtung See hinab und dann nach links zum kleinen Parkplatz von ***Sommarhagen*** (2010: 26. Juni bis 22. August 11-17 Uhr, sonst verkürzt, Eintritt, unter 15 J. frei), unser Geheimtipp für Romantiker. Hier wohnte der Komponist und Musikkritiker ***Wilhelm Peterson-Berger*** (1867-1942), ein glühender Verehrer der Musik von Mozart, Beethoven und vor allem der von Wagner. Vom Erbe seiner Mutter ließ er sich dieses Haus ganz nach seinen Wünschen bauen, und auch vieles von der Einrichtung wurde ausgesprochen individuell gestaltet. Untermalt mit Klängen seiner sanften Klaviermusik wandelt man staunend durch die Räume bis hinauf zum traumhaften Balkon. Eines der vielen liebenswerten Details sind die Fenster ohne Sprossen, durch die

er die Landschaft als seine „schönsten Gemälde“ zu betrachten pflegte. Im Shop gibt's dann natürlich auch CDs mit Musik vom Komponisten zu kaufen, und immer, wenn seitdem bei uns seine verspielten ***„Frösöblomster“*** erklingen, sind die Bilder von diesem zauberhaften Nachmittag in ***Sommarhagen*** sofort wieder da.

(041) WOMO-Stellplatz: Sommarhagen

GPS: N 63° 10' 21.2" E 14° 31' 14.0". **max. WOMOs:** 1-2.
Ausstattung/Lage: Leicht schräger Asphalt-Parkplatz, Picknickbank, Seeblick, Waldesruhe, Rundwanderwege mit Bänken im Wald.
Zufahrt: Siehe Text.

Oben bei der Kirche biegen wir rechts ab, nehmen Abschied von der lieblichen Insel ***Frösö*** und verlassen sie mit kühnem Schwung über die ***Rödöbro***, sind vom Blick über den weiten ***Storsjö*** wieder einmal schwer beeindruckt und setzen unsere Tour durch Bauernland mit Blick auf den See und ferne Berge in Richtung **Ytterån** fort. Dort stoßen wir bald auf die **E 14**, der wir nicht gleich nach links folgen, sondern kurz rechts/links über die Fernstraße wechseln, um Ihnen das total verrückte ***Mus-Olles Museum*** (Mittsommer bis Mitte August 10-16 Uhr, sonst

verkürzt, Eintritt, unter 16 J. frei) vorzustellen. Der Mann, der **alles** sammelte, hieß eigentlich ***Per Olof Nilsson***, lebte 1874-1955, war ein Original dieser Gegend, ständig rastlos mit seinem Fahrrad unterwegs und keiner wusste, wovon er eigentlich lebt. ***Mus-Olle*** (er mochte seinen Spitznamen nicht) sammelte sein ganzes Leben lang: Verpackungen, Streichholzschachteln, Alltagsgegenstände, Briefmarken, Porzellan, Münzen und sogar besonders seltsam geformte Steine und Stöckchen. Insgesamt 150.000 verschiedene Exponate, die man gesehen haben muss. Falls Ihnen kistenweise Sachen aus Ihrem Hausrat einfallen, die hier noch unbedingt dazugehören, vergessen Sie es, wir haben schon gefragt: Die Sammlung wird nicht erweitert.

Idealismus, den man nicht nur sehen, sondern darüber hinaus auch essen kann, begegnet uns 28 km danach in **Mörsil**, wo man nach links zum ***Kretsloppshuset*** (Di-So 11-17 Uhr, Hochsaison länger; www.kretsloppshuset.com) geleitet wird. Auch wenn das erst einmal wenig aufregend klingt: Es ist ein Erlebnis für alle Sinne. Was hier 1999 als EU-gefördertes Umweltprojekt begann, hat sich mittlerweile als Öko-Treffpunkt der ganzen Region entwickelt. Dieses ***Kreislaufhaus*** ist also kein Reha-Zentrum für Gefäßerkrankungen, sondern ein farbenfrohes Ökohaus mit einem ebensolchen Blumengarten vor der Tür, der in diesen Breiten seinesgleichen sucht. Alles wurde mit dem Ziel konzipiert, in Balance mit der Natur zu leben und zu arbeiten, es wird fast keine Energie verbraucht, im Obergeschoß

werden alte schwedische Hühnerrassen gehalten, die man wegen des Düngers braucht und der Clou: Im Gewächshaus sitzen die Gäste unter Blattwerk und Weintrauben und laben sich wie wir am höchst interessanten, überwiegend vegetarischen und selbstverständlich hausgemachten Dagens-Rätt-Büfett. Rings um das Haus sind Gemüse- und Kräutergärten angeordnet, und am Hang hinterm Haus kann man einen Rosengarten mit 180 verschiedenen winterfesten Arten bewundern. Das anfängliche Zuschuss-Projekt trägt sich mittlerweile selbst, und wenn man am Wochenende zur Mittagszeit hier einrückt, dann ist man ganz bestimmt nicht alleine. Beim Hausrundgang schauen wir nicht nur oben bei den Hühnern, sondern auch unten beim Naturkostladen vorbei und dann geht es auch schon wieder auf die Piste.

Nach der Ortsdurchfahrt gelangt man wieder auf die **E 14** und nach weiteren 10 km mit Wald und See nach **Järpen**, wo man alte Wehranlagen besichtigen oder bei ***Lundhags***, dem gut sortierten Outdoor-Werksverkauf, seine Ausrüstung komplettieren kann. Hier beginnt unsere große Schlaufe um den ***Kallsjö*** herum, die schließlich hierher nach **Järpen** zurück führt und wir präsentieren die nächsten Tourstationen: den schäumenden ***Ristafallet*** mit Campingplatz (links hinunter) und die ***Fröa gruva***, ein Freilichtmuseum mit Führungen durch das alte Kupfer-Gruben-Dorf samt Wanderparkplatz etwas später rechts hinauf.

(042) WOMO-Campingplatz-Tipp: Ristafallet

GPS: N 63° 18' 45.9" E 13° 20' 48.5". **Öffnungszeiten:** Ganzjährig.
Ausstattung/Lage: Stellplätze auf Rasen, einfache Ausstattung, Rezeption mit Gastronomie, Angelmöglichkeit, Wasserfall und Wanderwege anbei, 30 Plätze, davon 24 mit Strom, Preis 2010: 150/180 SEK.
Zufahrt: 8,8 km nach Ortseingang **Järpen** links weg, 400 m zum Platz.

(043) WOMO-Wanderparkplatz: Fröa gruva (533 m ü.M.)

GPS: N 63° 24' 11.9" E 13° 12' 10.2". **max. WOMOs:** 3-5.
Ausstattung/Lage: Unterer geschotterter Parkplatz am Wald, ausgedehntes Wandergebiet, etwas oberhalb Backhaus und gepflegtes Gasthaus (11-17 Uhr, Tages-Büfett) mit Infos zum Museum (11-16 Uhr, geführte Touren 11.30 u. 14 Uhr, Eintritt), einsam und manchmal recht kühl.
Zufahrt: In Åre vor der Preem-Tanke rechts rein, dann 7 km (davon 4,9 km naturell) hinauf in die Berge.

Das Wintersport-Zentrum **Åre** ist zur Alpinen Ski-WM 2007 komplett runderneuert worden. Man findet sich kaum noch zurecht bei den vielen neuen Straßen und Gebäuden. Unsere persönlichen Highlights in **Åre** haben wir aber sofort wiederentdeckt:

Die ***Gamla kyrka*** (8-20 Uhr, großer Schlüssel hängt links), die wunderschöne Kirche aus dem 13. Jahrhundert und der Werksverkauf der ***Åre Chokladfabrik*** (gegenüber vom Fröa-Abzweig, tgl. 10-17 Uhr), dem Treffpunkt der Genießer. Vom (jüngst vergrößerten) Verkaufsraum der Fabrik, na ja, nennen wir sie mal Manufaktur, kann man hinter Glas den fleißigen Damen bei ihrem Tagewerk zuschauen, und diese vertrauensbildende Maßnahme samt Koste-Stückchen funktioniert bei uns richtig gut. Ergebnis: Großeinkauf von Trüffeln-Spitztüten. In kreativer Vielfalt werden unterschiedliche Füllungen wie z.B. Molte, Blaubeere, Preiselbeere, Chilli(!) und Mint mit diversen Schoko-Varianten überzogen. Unser Favorit: Glögg mit dunkler Schokolade drumrum! Irre! Gibt es leider nur noch in der Weihnachtszeit, aber erfreulicherweise auch im WEB-Shop bei www.arechokladfabrik.se!

Nun aber weg hier und zwar ganz nach oben auf den höchsten Berg der Gegend, den ***Åreskutan*** (1420 m), doch keine Panik: Wir nehmen die ***Kabinbana***! Dazu folgen wir entsprechenden Hinweisen im Ort, biegen auf den geräumigen Parkplatz und rüsten zur Bergtour. Am Vortag war Sturm, heute Mittag löst sich der Hochnebel nur langsam auf, und die Bahn fährt wieder und zwar regulär von 9.30 -16.30 Uhr alle 20 min. In Richtung Bergstation (1274 m) sind wir mit dem Bediener zu fünft, kaum einer will dort oben in den Wolken herumtappen. Oh Wunder! Der Nebel verzieht sich, wir steigen zügig wie die Gämsen noch die

800 m zum Gipfel hinauf, wo uns die höchstgelegene bewirtschaftete Hütte Schwedens erwartet. Denkste! Keiner da! Man hat wohl beim dicken Morgen-Nebel heute keine Gäste erwartet!?! Immerhin dürfen wir uns hier oben eines unglaublichen Ausblicks erfreuen, bevor wir hungrig zur Bergstation zurückkehren. Mit unserer Gondel kommen ein paar Halbwüchsige mit ihren Mountainbikes und „Vollschutz“ herauf, die gleich darauf den ***Skutleden***, einen „Expert trail“ wieder herunterfahren. Aus der Kabinenbahn betrachtet eine ziemlich verrückte Nummer!

Kurz hinter **Åre** erweckt in **Duved** ein Hinweis zum ***Karolinermonument*** unser Interesse. Vorbei an einer weiteren Elch-Farm mit Café (10-17 Uhr) erreichen wir den Obelisk auf dem Hügel mit großer Bildtafel zu seinen Füßen. Eine Schwedin steht dort auch, sieht unsere fragenden Mienen und erklärt es kurz auf Deutsch.

Es ist ein Denkmal an die nationale Kriegskatastrophe von 1718/19, als 10.000 Soldaten von ***Karl XII.*** unter ***General Armfeldt*** eben mal ***Trondheim*** erobern wollten (in ***Schweden*** sagt man „taktische Invasion“). Kurz: Die Gegenwehr war heftiger als erwartet, es wurde Winter, und auf dem erzwungenen Rückzug durchs bitterkalte Wintergebirge kamen hier in der Neujahrswoche 1719 an die 3500 sommerlich ausgerüstete, ausgehungerte und demoralisierte Soldaten in einem Schneesturm grausam ums Leben.
Von missglückten schwedischen Feldzügen zurück zu erfreulichen schwedischen Wasserfällen, wir verlassen die **E 14** zur **322/Sandvika** und werden bald darauf nach rechts zum ***Tännforsen*** gelotst, dem größten Wasserfall in ***Schweden***. Wir bezahlen für die Nacht schon mal 60 SEK Avgift im Laden und begeben uns auf den gut ausgebauten Rundweg, der den Besucher an verschiedenen Stationen mit Info-Tafeln und den

schönsten Perspektiven auf das brachiale Rausche-Monster versorgt. Hier gehen in jeder Sekunde an die 700 m³ Wasser über die Rampe und landen mit Getöse 37 m weiter unten. Ohne Hast sind wir eine Stunde bergab/bergauf unterwegs und bleiben heute abend hier auf der finalen Parkplatzschleife im Wäldchen, die für die nächtliche Nutzung vorgesehen ist.

(044) WOMO-Wanderparkplatz: Tännforsen

GPS: N 63° 26' 37.1" E 12° 44' 18.2". **max. WOMOs:** 3-5.
Ausstattung/Lage: Trockenklo, Gaststätte (12-18 Uhr), Samen-Souvenirladen (11-19 Uhr), Dusche und Strom 25 SEK. **Zufahrt:** Siehe Text.

Nun folgt ein gut gemeinter Ratschlag: Wer hier gerade auf der **322** weiter dieser Tour-Schlaufe folgen möchte, sollte wissen, dass dies bei Regenwetter keine gute Idee ist, denn man sieht nichts von der Landschaft und kommt mit lehmbraunem **WOMO** wieder in **Järpen** an.

Alle Unerschrockenen kommen mit uns nach rechts und kurven auf der **322/Sandvika** durch bezaubernde Landschaft mit Wald und Wildwasser dezent aufwärts. Die vielfachen Hinweise ***„Stenvalvbro"*** markieren die alten kunstvoll gesetzten Steinbogenbrücken, die man beim Vorbeifahren selten sieht, weil sie sich meist an der alten Straße etwas abseits verstecken. Dann gondeln wir für eine ganze Weile auf 620 m Höhe über's einsame Fjäll mit Sumpf und Tümpeln, sehen viele gummigestiefelte Moltesammler beidseits der Straße und schließlich gehts wieder abwärts, mit Sicht auf Felsenberge der norwegischen Grenze entgegen. Exakt 7,5 km bedienen wir uns nun norwegischer Straße und zwar der **72/Järpen**. Ab schwedischer Grenze haben wir dann die Straßen-Nr. **336** und „Oh Schreck!" keinen Asphalt mehr. Was noch schlimmer ist: Das bleibt so für die nächsten 42 km. Sehen wir es positiv: Erstens ist hier nicht so viel Verkehr und zweitens kann man bei langsamer Fahrt die faszinierende Landschaft intensiver genießen. Und die verwöhnt das Auge umgehend mit Ausblicken auf Flüsse, Seen und bergiges Terrain. Allerdings sind geeignete **WOMO**-Plätze vorerst Mangelware und zeigen sich in Ansätzen erstmalig an der Brücke über den ***Stryån*** [**045**: N 63° 42' 12.5" E 12° 45' 43.4"] nach 29 km Waschbrett-Piste.

Jetzt geht es auf den ***Kallsjö*** zu, von dem man aber nicht viel sieht, nur durch die Bäume hindurch ahnt man schon seine Dimensionen, doch vor dem kompletten Ausblick kommt noch ein netter **WOMO**-Platz links unten.

(046) WOMO-Picknickplatz: Kallsjön 1

GPS: N 63° 41' 20.4" E 12° 54' 38.6".
max. WOMOs: 1-2.
Ausstattung/Lage: Angler-Platz mit fester Wiese, Picknickbänke, marodes Trockenklo, im Wald rauscht ein Fluss.
Zufahrt: 10 km hinter dem ***Stryån***-Platz links.

Gleich 500 m danach fahren wir rechts in die Parkbeule und haben den ***Kallsjö*** in seiner ganzen Ausdehnung samt baumbestandenen Felseninseln vor Augen. Kurz vor **Kallsedet** gibt es endlich wieder Asphalt, wir sehen ein Kraftwerk samt Staudamm und Felsencanyon. So rollen wir mehr oder weniger dicht am weiten See entlang und voraus schiebt sich der ***Åreskutan***

ins Bild: Wir erleben nunmehr eine echte Genussfahrt auf einer sensationellen Panoramastraße.

(047) WOMO-Picknickplatz: Kallsjön 2

GPS: N 63° 37' 56.1" E 13° 06' 45.8". **max. WOMOs:** 1-2.
Ausstattung/Lage: Schotterplatz rechts, etwas oberhalb der Straße, Picknickbank, Müllbehälter, schöner Ausblick über den See, straßennah, wenig Verkehr.
Zufahrt: 16 km nach **Kallsjön 1**, 3,3 km hinter Ortseingang **Böle** rechts.

(048) WOMO-Picknickplatz: Kallsjön 3

GPS: N 63° 36' 43.7" E 13° 12' 16.1".
max. WOMOs: 1-2.
Ausstattung/Lage: Picknickbänke, Trockenklo, Müllbehälter.
Zufahrt: 5,5 km hinter **Kallsjön 2**, hinter Sulviken, direkt nach dem Damm links am Fluss.

In **Konäs** kann man zum Schiffanleger der ***MS Drottning Sophia*** und zum Camping abbiegen oder gleich nach **Kall** weiterziehen und sich dort die blütenweiße, von außen frisch renovierte Kirche ansehen. Mit einem großen Schlüssel gelangt man hinein und findet sie sofort: eine sehr schöne wie alte hölzerne Madonna an der Wand.
Wir schließen die Runde in **Järpen**, kehren zurück nach **Mörsil**, nehmen 2 km später den Abzweig **links/Alsen** und finden dort nach 20 km mal wieder einen richtig schönen Badeplatz.

(049) WOMO-Badeplatz: Alsensjön

GPS: N 63° 23' 00.3" E 13° 57' 40.9". **max. WOMOs:** 1-2.
Ausstattung/Lage:
Bade- und Spielwiese, Schaukel, Picknickbänke, Müllbehälter, Trockenklo, Badeponton, Platz zuletzt etwas ungepflegt.
Zufahrt: 1,3 km hinter der Kirche von **Alsen** nach rechts zum See.

Heute wollen wir zu den ***Felszeichnungen im Glösabäcken*** und fahren dazu in **Glösa** nach links den Hinweisen **Glösa Hällristningarna** nach. An der Info-Tafel zum ***Glösa Älgriket*** beim **Wanderparkplatz** [**050**: N 63° 22' 53.7" E 14° 01' 41.5"] orientieren wir uns kurz und haben die 6000 Jahre alten, heute hübsch rot ausgemalten Elche und die sonstigen Figuren im Flussbett schnell gefunden, von denen hier insgesamt 45 Exemplare entdeckt wurden. Die Deutung der Bilder kann man deutschen Info-Blättern aus dem nahen Besucherzentrum entnehmen, wo Reisegruppen von einem fellbekleideten Urzeit-Guide herumgeführt werden.

Über **Lungret** und **Änge** hangeln wir uns unter Erleidung von 10 km Naturpiste durch nach **Tulleråsen**, nehmen dort die **340/ Landön** und kredenzen im Folgenden noch ein paar leckere Happen für die Blumen- und Gartenfreunde, garniert mit erquickenden Badeplätzen. Mit letzterem beginnen wir gleich einmal und laden Sie ein zur Idylle am See.

(051) WOMO-Badeplatz: Bredbyn

GPS: N 63° 30' 50.0" E 14° 13' 06.2". **max. WOMOs:** 1-2.
Ausstattung/Lage: Sehr gepflegte Badestelle mit Badesteg, Blümchenwiese, Picknickbänke, Feuerstelle, Trockenklo, Müllbehälter; einsam. **Zufahrt:** 7,1 km nach dem Abzweig zur 340 nach links dem Hinweis folgen, schmaler Fahrweg 500 m durch den Wald.

In **Lillholmsjö** wechseln wir auf die **344** nach **Föllinge**, um nach flotter Fahrt durch ganz viel Wald am Ortseingang zum ***Örtagård*** (Führungen) nach rechts abzubiegen. In diesem ganz besonderem Garten sind die Pflanzen nach ihrer Heilwirkung angeordnet: Hier die gegen Magenbeschwerden, dort unten die fürs Gemüt, auf diesem Beet einiges gegen Kopfweh, viele bunte Blumen für gute Laune und nahebei noch ein kleiner **Campingplatz** [**052**: N 63° 40' 11.9" E 14° 35' 52.5"; Preise 2010: 100 SEK, **Strom 100 SEK !**] für die totale Entspannung: ohne Handy-Netz, aber mit freiem Angeln am See.
Zum ***Orchideensumpf von Forsåsen*** sind es genau 5 km: Ab **Föllinge** auf der **344/339/Strömsund**, dann hinterm ***Hårkan***-

(053) WOMO-Badeplatz: Hårkan

GPS: N 63° 40' 18.2" E 14° 40' 28.6".
max. WOMOs: 3-5.
Ausstattung/Lage: Netter Schotterplatz zwischen See und Wald, Feuerstelle, Müllbehälter, Trockenklo, Bademöglichkeit, Straßendamm in Sichtweite, nachts ruhig.
Zufahrt: Vor dem Hårkan-Damm 200 m den Schotterweg hinein.

Damm nach **rechts/Häggenås**, nach 30 m links die Schotterstraße hinauf, nach 200 m Parkplatz rechts. Vom kleinen Bohlen-Rundweg aus findet man je nach Jahreszeit mehr oder we-

niger von den hier vorkommenden 10 wild wachsenden Orchideenarten und mit dem kleinen Parkplatz am Wald [**054**: N 63° 40' 29.5" E 14° 41' 39.0"] sogar noch eine naturelle **WOMO**-Bleibe für die Nacht. Wieder unten unterwegs auf der **339/Strömsund** sehen wir links den ***Ockern***, auf einer Landzunge nach 1,2 km links einen feinen Picknickplatz für Angelfreunde und 21,4 km danach in **Laxsjö** eine großzügige Badestelle so recht nach unserem Geschmack.

(055) WOMO-Picknickplatz: Ockern

GPS: N 63° 40' 58.6" E14° 40' 23.0". **max. WOMOs:** 1-2.
Ausstattung/Lage: Mehrere schöne Nischen am Wasser, Trockenklo, Picknickbank, Schutzhütte, straßennah. **Zufahrt:** Siehe Text.

(056) WOMO-Badeplatz: Laxsjön

GPS: N 63° 49' 06.2" E 14° 49' 18.5". **max. WOMOs:** 3-5.
Ausstattung/Lage: Leichte Hanglage, Schotter-Wiese, Badesteg, schwimmender Sprungturm, Trockenklo, Picknickbänke, Schutzhütte, Müllbehälter, viel Platz. **Zufahrt:** Am Ortsende von **Laxjö** rechts.

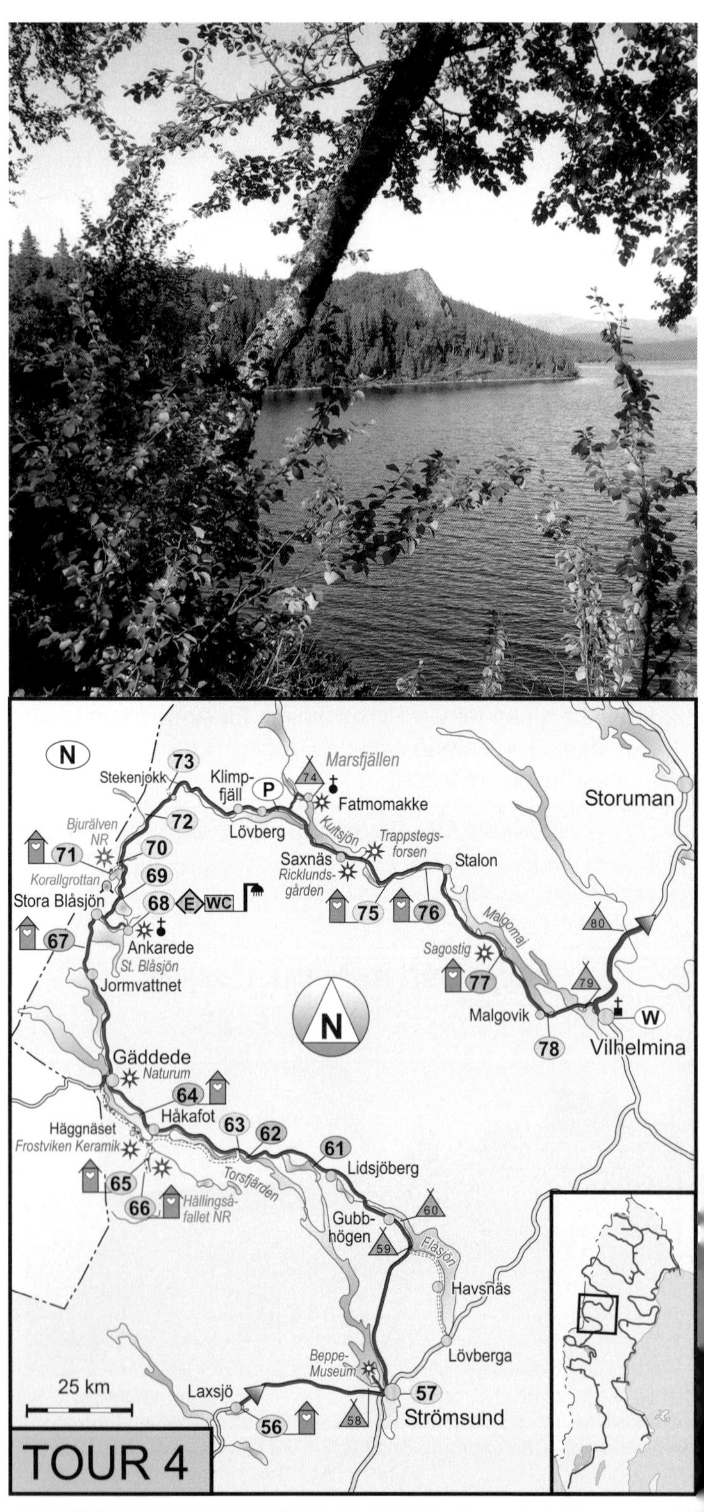

N
Marsfjällen
73
74
Stekenjokk
Klimp-
fjäll
P
Fatmomakke
Storuman
Bjurälven
NR
72
Lövberg
Kultsjön
Trappstegs-
forsen
71
70
Saxnäs
Ricklunds-
gården
Stalon
Korallgrottan
69
Stora Blåsjön
68
E
WC
75
76
Malgomaj
80
67
Ankarede
St. Blåsjön
Sagostig
Jormvattnet
77
79
N
Malgovik
W
78
Vilhelmina
Gäddede
Naturum
64
Håkafot
63
62
Häggnäset
Frostviken Keramik
61
Lidsjöberg
65
Torsfjärden
66
Hällingså-
fallet NR
60
Gubb-
högen
59
Fläsjön
Havsnäs
Lövberga
Beppe-
Museum
25 km
Laxsjö
57
56
58
Strömsund
TOUR 4

TOUR 4 (ca. 560 km / 6-10 Tage)

Strömsund - Gädedde - Ankarede - Bjurälven - Fatmomakke - Vilhelmina

Freie Übernachtung:	Strömsund, Kvarntjärn, Torsfjärden, Hetögeln, Hällingsåfallet (2), Blåsjöfjäll, Ankarede, Gavostjukke, Bjurälven, Jetnemsälven, Stekenjokk, Litsjöforsen, Kultsjöån, Sagostig, Malgoviken.
Campingplätze:	Strömsund, Alanäs, Gubbhögen, Fatmomakke, Kolgården, Vojman.
Baden:	Freibad in Strömsund, Alanäs, Kvarntjärn, Torsfjärden, Hetögeln, Fatmomakke, Sagostig, Malgoviken.
Besichtigen:	Hembygdsgården in Strömsund, Beppe-Museum auf Öhn, Naturum in Gädedde, Ankarede, Korallengrotte, Fatmomakke, Ricklungsgården in Saxnäs.
Wandern:	Hällingsåfallet Naturreservat, Bjurälven Naturreservat, Kyrkberget in Vilhelmina.

Das ständige Gezeter von ***Pumuckl*** hat wohl noch jeder im Ohr, der mit seinen Kindern damals vorm Fernseher saß. Es hat genervt, bleibt aber unvergessen. Der schwedische ***Meister Eder*** heißt ***Beppe Wolgers*** und hat vor allem mit seinem Kinderfilm ***„Dunderklumpen"*** Kultstatus erlangt. ***Strömsund*** war die Heimat des viel zu früh verstorbenen Autors, Regisseurs und Schauspielers, in seinem Geburtshaus auf der ***Insel Öhn*** wurde 1999 das ***Beppe-Museum*** (1.6.-31.8. 11-16 Uhr, Mo zu, Eintritt, unter 12 J. frei) eröffnet und wenn sich Ihre Kinder diesen 6-km-Abstecher verdient haben, dann biegen Sie beim Ortsbeginn direkt hinter **Strömsunds Camping** links ab. Hinter der Brücke beginnt das Ortszentrum, gleich rechts im **Hembygdsgård** steht zur Erinnerung an die Weltpremiere 1974 eine 6 m hohe ***Dunderklumpen***-Figur - der ***Riese Jorm*** - und auf dem Parkplatz gleich daneben auch das eine oder andere **WOMO**, auch über Nacht.

(057) WOMO-Stellplatz: Strömsund

GPS: N 63° 50' 58.4" E 15° 33' 10.6". **max. WOMOs:** 3-5.
Ausstattung/Lage: Asphaltierter Parkplatz beim Hembygdsgård in Wassernähe, Blick zur Brücke, Picknickbänke, Müllbehälter, straßennah, Camping verboten.
Zufahrt: In Strömsund hinter der Brücke rechts, nach 200 m rechts.

(058) WOMO-Campingplatz-Tipp: Strömsunds Camping

GPS: N 63° 50' 48.3" E 15° 32' 02.5".
Öffnungszeiten: Ganzjährig.
Ausstattung/Lage: Sehr schöner Platz mit gepflegtem Kurzrasen und guter Ausstattung (****), beheiztes Schwimmbad (19.6.-15.8.) gratis, Preise 2010: Hochsaison (7.6.-15.8.) 170/200 SEK, Nebensaison 140/170 SEK, Quick-Stopp 150 SEK, nur die Camping Card Scandinavia wird akzeptiert, straßennah. **Zufahrt:** Am Ortsbeginn links.

In **Strömsund** beginnt der ***„Vildmarksvägen“*** durchs Gebirge nach **Vilhelmina**, „Schwedens schönste Touristenstraße“, wie das Prospekt verspricht. Wir haben das ausprobiert, sind diese Route mit Interesse nachgefahren, haben die Erkundung einiger Stationen kreativ ausgestaltet und können Ihnen eine in der Tat äußerst spannende Reise ankündigen. Beim zentralen Kreisverkehr folgt man der flotten **342/Gädedde** nach links, schnürt durch ***Flåsjöbygden*** dem ***Flåsjö*** entgegen, errreicht nach 36 km den glasklaren See und findet am Ufer umgehend ein kleines, feines und sehr sympatisches **WOMO**-Anwesen.

(059) WOMO-Campingplatz-Tipp: Alanäs Naturcamping

GPS: N 64° 08' 47.5" E 15° 41' 07.3". **Öffnungszeiten:** Ganzjährig.
Ausstattung/Lage: Kleiner naturbelassener Badeplatz für 2-3 WOMOs direkt am See (Trinkwasserqualität!),Trockenklo, Feuerstelle, Brennholzvorrat, Schutzhütte, 50 m abseits der Straße, Gebühr 2010: 50 SEK pro Tag, 200 SEK für 5 Tage (in die gelbe Box).
Zufahrt: Siehe Text, 400 m hinter dem Abzweig nach Lövberga rechts.

Von hier sind es noch genau 100 km bis **Gädedde**, doch wir rollen zunächst noch 9,3 km auf guter Straße mehr oder weniger dicht an diesem spiegelglatten See entlang zu einem weiteren freundlichen WOMO-Hafen, einer unserer Lieblingsplätze in Nord-Schweden.

(060) WOMO-Campingplatz-Tipp: Gubbhögens Naturcamp

GPS: N 64° 12' 59.1" E 15° 35' 28.4".
Öffnungszeiten: Ganzjährig.
Ausstattung/Lage: Stellplatzbuchten mit Bänkchen, Feuerstellen und Brennholz-Depot, Badesteg, Trockenklo, Küche mit Wasser, Picknickbänke, überdachte Grillplätze, Schutzhütte, Preis 2010: Spende.
Zufahrt: 1,2 km Zufahrt ab Straße; geräumiges Anglercamp am ***Flåsjö***.

Im August ist hier kein Mensch außer uns, am Abend sitzt man beim Rotwein am Feuer, lauscht in die Stille und staunt noch einmal über diesen göttlichen Platz mit den pfiffigen Details: Brennholz in Plastiksäcken an jeder Feuerstelle und Sitzbänke aus halbierten Baumstämmen zum Aufklappen.
In **Gubbhögen**, ganz in der Nähe (etwa eine Viertelstunde zu Fuß) findet man etwas in mehrerer Hinsicht Exotisches: das Konditorei-Café ***„Piratnästet“*** (Di-So 13-18 Uhr, ab Mitte August geschlossen, www.piratkondis.com), ein verspielt dekoriertes Piratennest mit Hängematte und Karibikflair, betrieben von ***Melanie und Christian Rapp*** aus dem ***Schwäbischen***, die sich auch um das nahe Camp kümmern. Neben Leckereien aus der Konditorei kriegt man hier auch Backwerk nach deutschen Rezepten, ein Besuch lohnt sich also.
Nach der letzten Ecke vom ***Flåsjö*** dominieren Wald und Sumpf das Bild, in **Lidsjöberg** halten wir beim ***Lanthandel*** zum Einkaufen und 4,4 km danach links, um den nächsten **WOMO**-Platz zu inspizieren.

(061) WOMO-Picknickplatz: Kvarntjärn

GPS: N 64° 19' 43.2" E 15° 10' 07.4"
max. WOMOs: 2-3.
Ausstattung/Lage: Geschotterter, etwas unebener Platz 70 m neben der 342; Treppchen zum See, dort Bank mit Feuerstelle.
Zufahrt: Siehe Text.

Wir sind ganz offensichtlich gerade in einer Anglergegend unterwegs, viele gelbe Schilder mit rotem Rand weisen zu den Plätzen ins Gelände, überall blühen die Weidenröschen, das Terrain wird hügelig, voraus stehen bewaldete Berge und bald zeigt sich links unten eine bezaubernde Landzunge mit Parkplatz am ***Torsfjärden***, die wir als **WOMO**-Kleinst-Quartier sofort ins Herz schließen und danach noch eine Angelstelle mit etwas mehr Platz.

(062) WOMO-Picknickplatz: Torsfjärden

GPS: N 64° 19' 52.2" E 14° 51' 52.6". **max. WOMOs:** 1-2.
Ausstattung/Lage: Naturbelassener Platz direkt am See, Picknickbank, Müllbehälter, Angelmöglichkeit, straßennah.
Zufahrt: Knapp 17 km hinter dem Kvarntjärn-Platz links.

(063) WOMO-Stellplatz: Torsfjärden

GPS: N 64° 20' 38.7" E 14° 49' 29.3". **max. WOMOs:** 3-5.
Ausstattung/Lage: 100 m neben der Straße; geräumiger, etwas unebener Naturplatz mit Feuerstelle direkt am See, Baden möglich.
Zufahrt: 2,6 km nach dem vorigen Platz links.

Den folgenden Abzweig zum ***Hällingsåfallet*** nach links ignorieren Sie ruhig, wir fahren über **Gäddede** hin, denn von da aus ist die Naturpiste kürzer. Die restliche Strecke dorthin bleiben wir rechts von den langen Seen, die Vegetation wird üppiger, wir sehen Zackenberge und Schneehänge. Direkt vor uns türmt sich zuckerhutartig der **Kalberget** (682 m) auf, wir kurven drumrum, registrieren vor **Håkafot** die passenden Wanderwege dazu und finden anschließend sogar noch einen gut getarnten **WOMO**-Platz am See.

(064) WOMO-Picknickplatz: Hetögeln

GPS: N 64° 25' 22.6" E 14° 20' 24.4".
max. WOMOs: 1-2.
Ausstattung/Lage: 80 m abseits der Straße; Angelstelle mit Naturbelag direkt an der Hetögeln-Bucht, Picknickbänke, Trockenklo, Feuerstelle, Schutzhütte.
Zufahrt: 5,5 km nach Ortseingang **Håkafot** ohne Ankündigung hinter einer Linkskurve links rein.

In **Gädedde** sehen wir den Abzweig nach **Blåsjön**, bleiben jedoch geradeaus, passieren die Brücke und erreichen an der nächsten Kreuzung schon die für uns wichtigen Institutionen: den ICA Supermarkt, die Tankstelle und die Touri-Info samt ***Naturum*** (Mo-Fr 9-16.30 Uhr, 12-13 Uhr Pause) im aufwändigen Holzhaus mit der goldenen Kugel auf dem Dach. Dort machen wir uns schlau für die folgenden Tourstationen. Höhlen-Fans aufgepasst! Hier bucht man die geführten Tagestouren (10-16.30 Uhr) in die ***Korallengrotte***, Schwedens längster Höhle. Mit dem Besuch einer deutschen Kaffee-Fahrt-Höhle hat das allerdings wenig gemein, hier wird vom Treffpunkt aus erst einmal 4 km gewandert, und dann geht's mit Overall, Helm und Stirnlampe zur Expedition mit Kriechen und Klettern in den Karstberg hinein. Da die Touren nicht an jedem Tag stattfinden, können Sie jetzt die nächst mögliche buchen und sich bis dahin die Zeit mit uns am ***Hällingsåfallet***, dem längsten wasserführenden Canyon Nordeuropas vertreiben. Wir verlassen also den Ort auf der **342** Richtung ***Norwegen***, sehen links unten den ***Hetögeln*** mit unserer Traumhaus-Insel, biegen kurz danach links ab und

nehmen die „Rubbelstraße“ gelassen, in angemessenem Tempo und voller Vorfreude in Angriff. Auch die Keramik-Freunde dürfen schon mal frohlocken, denn nach 15 km kommt in **Häggnäset** der Abzweig zu ***Frostviken Keramik*** hinauf. Während Annegret mit einem Lächeln für längere Zeit im Ausstellungs-Häuschen verschwindet, sitze ich auf hölzernen Gestühl auf der Alm-Wiese und genieße bei einem Pott Kaffee ausführlich das unglaubliche Panorama. Von der Keramik-Kreuzung sind es nur noch 4,2 km auf zunehmend grober Strecke bis zum unteren Parkplatz ***Hällarna*** und weitere 1,7 km zum oberen und letzten Parkplatz beim Wasserfall am Beginn des ***Hällingsåfallet***.

(065) WOMO-Wanderparkplatz: Hällarna

GPS: N 64° 21' 47.9" E 14° 22' 43.3". **max. WOMOs:** 1-2.
Ausstattung/Lage: Schotterparkplatz beim Rauschefluss, Trockenklo, Abfallbehälter, Picknickbänke, Schutzlhütte, Feuerstellen, 1,7 km durch den Wald hinauf zum Wasserfall. **Zufahrt:** Siehe Text.

(066) WOMO-Wanderparkplatz: Hällingsåfallet

GPS: N 64° 20' 57.1" E 14° 22' 46.9". **max. WOMOs:** 3-5.
Ausstattung/Lage: Parken am Waldrand, neue Grillhütte, neue Trockenklos, Übersichtstafel, Fluss anbei, 200 m Richtung Wasserfall Picknickbänke und Feuerstelle, abends einsam. **Zufahrt:** Siehe Text.

Wandertipp: Hällingsåfallet Naturreservat (2-4 km/1-2 h)
Der Bohlenweg in Richtung „Großes Rauschen" ist schnell absolviert, dann sieht man schon den spektakulären Wasserfall, der sich mit großem Getöse 45 m hinab in den Canyon ergießt. Auf gut gesicherten

Wegen kann man dieses Naturschauspiel aus allen Perspektiven bewundern (auch hinter der Brücke gibt es noch eine spannende Aussichts-Kanzel) und die Sonne malt knallige Regenbögen in den Wassernebel. Sind die Fotos endlich im Kasten, kann man bei den Picknickstellen dem Weg den Canyon hinunter folgen. Durch die Wasserschleier von gegenüber hat sich im Wald eine ganz spezielle Flora entwickelt: üppiges Grün mit Moosen und Flechten wie im Märchen. Gelegentlich hat man von den Felsen aus diesen faszinierenden Canyon in seiner

ganzen Pracht vor Augen: steil abfallende Wände und tief unten der brausende Fluss. Nach 800 m sind die steilen Passagen des

Flussbetts vorüber und das Wasser des ***Hällingsån*** fließt zügig, aber zunehmend geräuschlos dahin. Geht man den Weg am Hauptfluss weiter, gelangt man zum unteren Parkplatz ***Hällarna***, von wo aus man auf dem selben Weg zurückkehren kann oder aber auf der öden Schotterstraße wieder hinauf zum oberen Parkplatz gelangt. Da uns beide Varianten nicht so behagen, kürzen wir jedes Mal auf schmalem Pfad durch den Wald ab und haben uns dabei immer verlaufen.
Tipp: Gehen Sie den Canyon soweit hinunter wie Sie mögen und dann auf gleichem Weg zurück zum Wasserfall, je nach Wind und Wasserstand kann ein Regencape von Nutzen sein und vergessen Sie nicht, ein Picknick für eine gepflegte Pause mitzunehmen.

Wieder in **Gädedde** geht es an der uns bekannten Kreuzung rechts, dann links nach **Blåsjön** weg und anschließend einige Kilometer auf sorgenfreier Straße mit schönen Ausblicken auf traumhafte Berglandschaft an verschiedenen Seen entlang nordwärts. Hinter **Jormvattnet** steigt unser ***Vildmarksvägen*** spürbar zum Fjäll hinauf und weil wir lange genug auf einen **WOMO**-Platz gehofft haben, kriegen wir ihn jetzt.

(067) WOMO-Picknickplatz: Blåsjöfjäll

GPS: N 64° 46' 34.3" E 14° 02' 32.5". **max. WOMOs:** 3-5.
Ausstattung/Lage: Geräumiger Naturrastplatz mit Feinschotter oberhalb der Straße mit Ausblick auf See und Berge, Picknickbänke, Trockenklo, Schutzhütte, Heidelbeerwald anbei.
Zufahrt: 10,8 km hinter dem Ortseingang von **Jormvattnet** links 250 m einen Schotterweg hinein.

Die Straße führt herab, der ***Stor-Blåsjö*** breitet sich vor uns aus, und beim Hinweis zum ***Brakkå fallet*** halten wir gleich wieder und gehen ein Stück an diesem „verwunschenen" Flussbett hinauf, in dem wir seltsamen silbrigen Plattenbruch finden. Der Abzweig hinter der Ortschaft **Stora Blåsjön** (Tankstelle, ICA) führt nach **Ankarede**, dem alten Kirch- und Sammlungsplatz der ***Frostviken-Sami***, wo uns ein stattlicher Parkplatz mit sehr ordentlichem „Zubehör" erwartet.

(068) WOMO-Stellplatz: Ankarede

GPS: N 64° 49' 05.6" E 14° 14' 14.6". **max. WOMOs:** 3-5.
Ausstattung/Lage: Großer Parkplatz am Ende der Straße, Grillhütte, Service-Haus mit WC, Küche, Dusche (5-SEK-Münzen), Kassettenklo-Entsorgung. **Zufahrt:** Vom Abzweig 7 km oberhalb am See entlang.

Ankarede

Wenn man zu Fuß das Gelände erkunden möchte, fängt man damit am besten beim Café/Souvenirladen (Mo-Sa 9.30-20 Uhr, So 10-20 Uhr) an, denn hier gibt es die Informationen zum Ort und vor allem den

Schlüssel zur Kirche. Deren Ausstattung ist eher schlicht, aber dennoch erfrischend farbenfroh. Rings um die Kirche sind rote Holzhäuser gruppiert, und geht man auf dem Weg zum Fluss weiter, kommt man an einigen Samenhütten, den traditionellen *Koten* vorbei. Man versteht sich hier als Begegnungsstätte, am *Kapellplats* werden geführte Rundgänge (10-17 Uhr) angeboten und ein Stück weiter an der Brücke fließen zwei Flüsse in den ***Stor-Blåsjö***. Zusammen mit dem weichen Licht der Abendsonne ergibt sich ein Bild tiefer friedlicher Harmonie von Mensch und Natur.

Unser nächster Stopp auf dem ***Vildmarksvägen*** erfolgt beim ***Naturrastplatz Korallgrottan*** [**069**: N 64° 52' 37.3" E 14° 12' 44.0"] am ***Ankarvattnet***, dem Treffpunkt für die Höhlen-Touren und das (Achtung!) immerhin 55 km von **Gädedde** entfernt. Wir planen für morgen unsere eigene Wanderung durch diese Karst-Gegend, biegen dazu nach 9,3 km welliger Straße links ab, schauen 200 m danach kurz beim **WOMO**-Platz ***Gavostjukke*** [**070**: N 64° 56' 41.1" E 14° 11' 53.0"] am Rauschefluss vorbei und nehmen sogar noch 2,6 km Naturbelag bis zum Parkplatz vom ***Bjurälven Naturreservat*** in Kauf.

(071) WOMO-Wanderparkplatz: Bjurälven

GPS: N 64° 55' 47.5" E 14° 09' 21.7". **max. WOMOs:** 2-3.
Ausstattung/Lage: Trocken-Klo, Info-Tafel, Abfallbehälter, in Sichtweite der alte Bauernhof am ***Leipikvattnet***. **Zufahrt:** Siehe Text.

Wandertipp: Bjurälven Naturreservat (9 km/4 h)
Bei durchwachsenem Wetter starten wir zur Wanderung zum ***Bjurälven***, dem zumindest streckenweise unsichtbaren Fluss. Der markierte und bequem zu laufende Weg führt erst über eine Koppel und dann leicht bergauf durch den Wald mit Wurzelpfad und Bretterweg zur 3 km entfernten, äußerst idyllisch gelegenen ***Schutzhütte am Lillälven***. Hier findet man Ofen mit Brennholz, Trockenklo und bei Bedarf sogar eine Schlafstätte auf Holz-Pritschen. Jetzt beginnen wir den 3-km-Rundweg, der über ein originelles wie aufwändiges Treppen-System und markierte Pfade durch dieses spannende Karstgebiet führt. Der Fluss fließt mal sichtbar im Flussbett und mal unsichtbar durch den ausgewaschenen Kalkuntergrund. Dieses Tal ist geprägt von mehr oder weniger großen Kegeltrichtern, den ***Dolinen*** und einem bizarr anmutenden Flussbett, das bei Normalwasserstand an manchen Stellen trocken liegt. Man sieht stahlblaue Abschnitte, seltsam anmutende

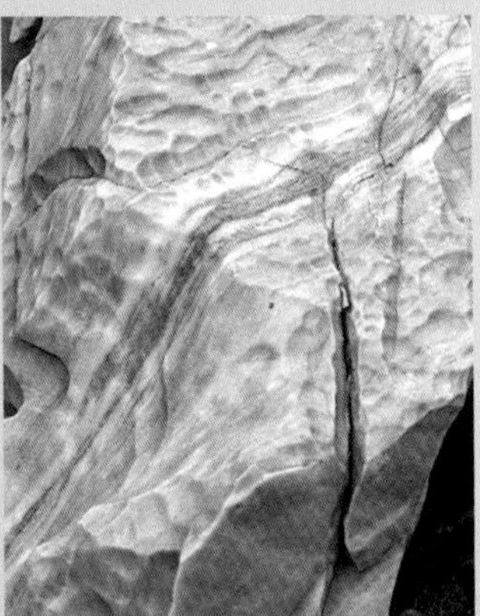

Topfrinnen mit kreisrunden Löchern, die aussehen wie Bob-Bahnen mit Schlaglöchern, und Gestein mit ***Facetten***, entstanden durch Langzeit-Einwirkung von Kieselsteinen und Kohlensäure im Flusswasser. Gerade durch den einsetzenden Nieselregen liegt ein gewisser Extra-Zauber über der Szenerie, wir wählen die mögliche Weg-Erweiterung talaufwärts nun aber ab und kehren auf der anderen Seite zur Hütte und anschließend zum **WOMO** zurück.

Zwischen ***Leipikvattnet*** und **Klimpfjäll** ist der ***Vildmarksvägen*** nur von Mitte Juni bis Mitte Oktober geöffnet, denn er führt uns nun durch unwirtliches kahles Gebiet übers Hoch-Gebirge. Beim Anblick der wolkenverhangenen Schneefelder wird reflexartig erstmal die **WOMO**-Heizung hochgedreht, doch diese Landschaft hat ihren Reiz: Echte schwedische Wildnis mit urwüchsigen Wasserkaskaden, wie die beim ***Jetnemsälv***, 14,8 km hinter der ersten Straßen-Schranke links, sogar mit einem spartanischen Plateau-Plätzchen für WOMOs.

(072) WOMO-Stellplatz: Jetnemsälv

GPS: N 65° 02' 49.5" E 14° 19' 54.9". **max. WOMOs:** 3-5.
Ausstattung/Lage: Ohne alles, etwa schief, grandioses Gebirgs-Panorama.
Zufahrt: Siehe Text, direkt hinter dem Notfallbunker den Fahrweg links 200 m hinunter.

Wir fahren nun auf knapp 900 m Höhe durch Mondlandschaft, gerade von ***Jämtland*** nach ***Lappland*** hinüber und bei der **Stekenjokk-Info** nach links von der Straße, wo man auf dem riesigen Areal bis hinunter zum Staudamm reichlich Platz vorfindet.

(073) WOMO-Stellplatz: Stekenjokk

GPS: N 65° 05' 53.0" E 14° 27' 20.8". **max. WOMOs:** >5.
Ausstattung/Lage: Ohne alles, karges, steiniges Areal, WOMO-Treff.
Zufahrt: Knapp 8 km nach der Zufahrt zu **(072)**.

Bei der Weiterfahrt zeigt sich noch einmal sprudelndes Wildwasser, doch bald auch wieder Vegetation mit Birkengrün und wir rollen das üppig grüne Tal des **Saxån** nach **Klimpfjäll** hinunter. Hinter **Lövberg** genießen wir den Ausblick auf den See rechts unten, vertiefen das bei einem Stopp auf einem Picknickplatz (Foto S. 72) und biegen später, steile Berghänge voraus im Blick, links ab nach **Fatmomakke**, einem weiteren Kirchplatz und beliebten Treffpunkt der Samen, den wir nach 5 km Schotter- und 2 km Asphaltstraße erreichen.

(074) WOMO-Campingplatz-Tipp: Naturcamping Fatmomakke

GPS: N 65° 05' 14.4" E 15° 08' 17.1". **Öffnungszeiten:** Ganzjährig. **Ausstattung/Lage:** Schöne Plätze zwischen Bäumen an der ***Kultsjö***-Bucht oder auf dem Erweiterungs-Areal oberhalb, hier Trockenklo und Wasserhahn, großartiges Panorama des ***Marsfjäll***, 7-km-Wanderung zur ***Marsfjällkåtan***, schlichter, aber preiswerter Platz (2011: 60 SEK, Toilette 5 SEK, Dusche 10 SEK), zu bezahlen im Café. Weitere Plätze hinter dem Souvenierladen scharf rechts.
Zufahrt: Am Ende der Zufahrtstraße geradeaus, rechts neben dem Café hinein.

Fatmomakke
Über eine kleine Brücke gelangt man zum Kirchdorf, wo im 18. Jahrhundert die erste Kapelle und einige Sami-Koten errichtet wurden. Im 19. Jahrhundert wurde Stück für Stück weitergebaut und heute stehen hier

an die 100 Gebäude aus den verschiedenen Epochen. In der Saison werden geführte Besichtigungs-Touren angeboten, wir gehen am Uferweg entlang und hinauf zur Kirche von 1884 (8-20 Uhr offen), die einige interessante Details bietet: die farbenfrohe Tür, die schön geschnitzte Kanzel und die unterschiedlich bequemen Kirchbänke, von denen die hinteren 7 (ungepolsterten) Reihen aus der alten Kirche stammen und die letzte, die für die Zuspätkommer, nicht mal eine Lehne hat. Der ganze Ort ist wunderschön in die Natur eingebettet, so hat man von überall einen prächtigen Ausblick auf den See. Ganz besonders hat uns aber die Bedeutung des samischen Wortes **Fatmomakke** gefallen: **„Einander umarmen"**, was man auch als **WOMO**-Crew gelegentlich praktizieren sollte.

Wieder zurück auf dem ***Vildmarksvägen*** geht es auf einer grazilen Stahlbrücke über den ***Kultsjö*** und anschließend in **Saxnäs** zur Besichtigung in den ***Ricklundsgård*** (Mo-Fr, sommers auch Sa/So 12-16 Uhr, Eintritt, unter 15 J. frei), ein in vieler Hinsicht ungewöhnliches Künstlerhaus. Die weiße Villa auf dem Hügel mit den Säulen am Eingang wurde in den 40ern des letzten Jahrhundert gebaut und unterscheidet sich schon im Äußeren gründlich vom üblichen rustikalen Baustil der Region. Beim berühmten Lapplandmaler ***Folke Ricklund*** und seiner Frau ***Emma*** waren vor allem Maler aus ganz Europa zu Gast, die hier, inspiriert von der einmaligen Lage mit Blick über den

Kultsjö zum gewaltigen ***Marsfjäll***, eine Zeit lang gelebt und gearbeitet haben. Beim Rundgang durch das Haus kann man nicht nur die Originaleinrichtung aus den 50ern mit ihren vielen liebevollen Details besichtigen, sondern auch eine Vielzahl von Gemälden, die kreative Gäste über die Jahre als „Dankeschön" zurück gelassen haben. Auch heute stehen hier Atelierwohnungen für meist 3-wöchige Arbeits-Besuche kostenlos zur Verfügung und die Gäste werden nach Tradition des Hauses gebeten, mit einem ihrer Kunstwerke die Sammlung zu erweitern. Außerdem empfehlen wir in **Saxnäs** die ***Räucherfisch-Läden*** und das ausgezeichnete ***Lunch-Büfett im Saxnäsgård***, einem modernen Hotel mit Schwimmhalle gleich nebenan. Etwas schlichter fallen die Speisen in der ***Grillkoja*** fünf spannende Kilometer später aus, dafür ist aber die Lage direkt am ***Trappstegsforsen***, dem „schönsten Wasserfall Schwedens“ unschlag-

bar, wo das Wasser des ***Kultsjöån*** auf breiter Front wie über unzählige Treppenstufen den Hang hinunter rauscht. Sprudelndes Wildwasser wird uns auch auf dem nächsten Tourabschnitt begleiten, sogar mit feinen **WOMO**-Plätzen anbei.

(075) WOMO-Stellplatz: Litsjöforsen

GPS: N 64° 55' 21.7" E 15° 38' 10.1". **max. WOMOs:** 2-3.

Ausstattung/Lage: 50-80 m neben der Straße; Anglerplätze auf dem Weg hinunter zu den felsigen Stromschnellen, mehrere Stellplatznischen, **Alternative:** 500 m danach **Picknickplatz** rechts mit Blick auf den Wasserfall, sogar mit Bank, Trockenklo, Feuerstelle und Müllbehälter, beide Plätze straßennah.
Zufahrt: 13 km bzw. 13,5 km hinter ***Trappstegsforsen*** rechts.

(076) WOMO-Picknickplatz: Kultsjöån

GPS: N 64° 56' 33.9" E 15° 47' 23.5". **max. WOMOs:** 3-5.

Ausstattung/Lage: Picknickbank, Trockenklo, Himbeerbusch, sehr schöne Ecke, Fliegenangler im Sprudel-Fluss, straßennah.
Zufahrt: 7,4 km nach dem vorigen **Picknickplatz** rechts; Platz mit Feinschotter oberhalb der Stromschnellen.

Hinter **Stalon** beginnt dann der lang gestreckte ***Malgomaj***, den wir auf den nächsten 40 km mal sichtbar, mal nicht sichtbar zu unserer Linken haben. Unterwegs zeigen sich auf beiden Seiten eine Reihe von Natur-Parkbuchten, ein Kranich-Pärchen auf der Wiese, einen Anglerplatz beim **Sagostig** und ganz am Ende vom See schließlich noch ein Badeplatz in **Malgovik** an der gleichnamigen Bucht, die dann heißt? ***Malgoviken***.

(077) WOMO-Picknickplatz: Sagostig

GPS: N 64° 45' 14.1" E 16° 09' 56.4".
max. WOMOs: 3-5.
Ausstattung/Lage: Wiesenschotter-Landzunge **vor einer Brücke links**, Schutzhütte, Feuerstelle, Müllbehälter, Trockenklo, 50 m abseits der Straße. Weitere Plätze **hinter der Brücke links**. Auf der anderen Straßenseite, also in Tourrichtung rechts gibt es zum Thema ***Sagostig*** einen kurzen Parcour durch den Wald mit kleinen Kunstwerken zur regionalen Sagenwelt.
Zufahrt: 31 km nach **(076) links**.

(078) WOMO-Badeplatz: Malgoviken

GPS: N 64° 38' 01.9" E 16° 22' 40.4". **max. WOMOs:** 2-3.

Ausstattung/Lage: Badesteg, Picknickbank, Müllbehälter, Feuerstelle mit Feuerholz, zuletzt etwas ungepflegt.

Zufahrt: 17,4 km nach **(077)** oder 3,6 km nach dem Ortseingang **Malgovik** links beim **Info-Parkplatz Sagavägen**, 50 m neben der Straße.

Wir sitzen auf dem Badesteg in der strahlenden Sonne und stellen uns gerade vor, wie sich das am 13. Dezember 1941 wohl angefühlt haben mag, als hier in **Malgovik** mit **-53°C** der bis heute ungebrochene schwedische Kälterekord gemessen wurde.

Kurz vor **Vilhelmina** testen wir noch den Campingplatz am ***Volgsjö*** rechts und erreichen sogleich die **45**, auf die wir für ei-

(079) WOMO-Campingplatz-Tipp: Kolgården

GPS: N 64° 38' 57.6" E 16° 35' 19.4". **Öffnungszeiten:** Ganzjährig.
Ausstattung/Lage: Sehr gepflegte Anlage, schöne Plätze auf Kurzrasen am See, Duschen ohne Marken, Waschmaschinen, freies Internet, vorbildliche Mülltrennung, Gastronomie anbei, 3 km bis Vilhelmina, etwas straßennah. Preise 2011: 160/180 SEK. www.kolgarden.se.
Zufahrt: 10,6 km nach **(078)**.

nen Abstecher in den wohl bedeutendsten Ort des nach ***Königin Frederika Dorotea Vilhelmina*** (1781-1826) benannten ***„Königinnen-Landes"*** nach rechts abbiegen. Neben solch profanen Bedürfnissen wie Tanken, Einkaufen und Essen gehen kann man in **Vilhelmina** auch Wünsche nach innerer Einkehr, kultureller Bildung und Naturerlebnissen befriedigen. Also zunächst nach links und dann scharf links rum zur Holz-Kirche hinauf

und auf den freundlichen Parkplatz am Berg eingebogen. Jener ist nur für Besucher der Kirche gedacht und so beginnen wir umgehend mit der Besichtigung der selbigen unter besonderer Würdigung des Holzreliefs am Altar, der mit Rentierhaut überzogenen Altarschranke und des Bärenfells zwischen den Eingangstüren. Anschließend starten wir direkt am Parkplatz zu einer kombinierten Kurzwanderung aus ***Kultur-Natur-Stig*** (2,5 km, rote Markierung) und ***Saga-Stig*** (1 km, gelbe Markierung) kreuz und quer über den ***Kyrkberget***. Die unterhaltsame Tour auf Wurzelwegen durch den Heidelbeer-Wald bringt uns die ***Sami***-Kultur wie auch die schwedische Märchenwelt nahe und hält manch herrliche Aussicht sowie prächtige Pausenplätze bereit. Wen das hier in **Vilhelmina** alles nicht interessiert und wer selbst dem hinter den Gleisen versteckten ***Gubbseleforsen*** nach all dem Sprudelwasser dieser Tour nichts mehr abgewinnen kann, der ist sicher schon auf der **45**, dem ***Inlandsvägen***, Richtung **Storuman** unterwegs und wartet vielleicht am nächsten Übernachtungsplatz, einem seltenen Beispiel für die erfreuliche Erweiterung (Umwidmung?) eines bestehenden Rastplatzes, zudem sehr schön landestypisch gelegen. Wo? Mal wieder direkt am Rauschefluss, dem wilden ***Vojmån***.

Freundliche Trolle im Wald

(080) WOMO-Campingplatz-Tipp:
Vojmåns Husvagns Camping

GPS: N 64° 47' 33.5" E 16° 47' 52.0".
Öffnungszeiten: Juni bis September.
Ausstattung/Lage: WOMO- und Anglertreff am Wildwasser, Café, Mini-Shop, gute sanitäre Anlagen, Kassetten-Klo-Entleerung, Spielplatz, Picknickbänke, Feuerstellen, umsichtige Leitung.
Zufahrt: An der **45**, 21km nach dem Abzweig nach **Vilhelmina**.

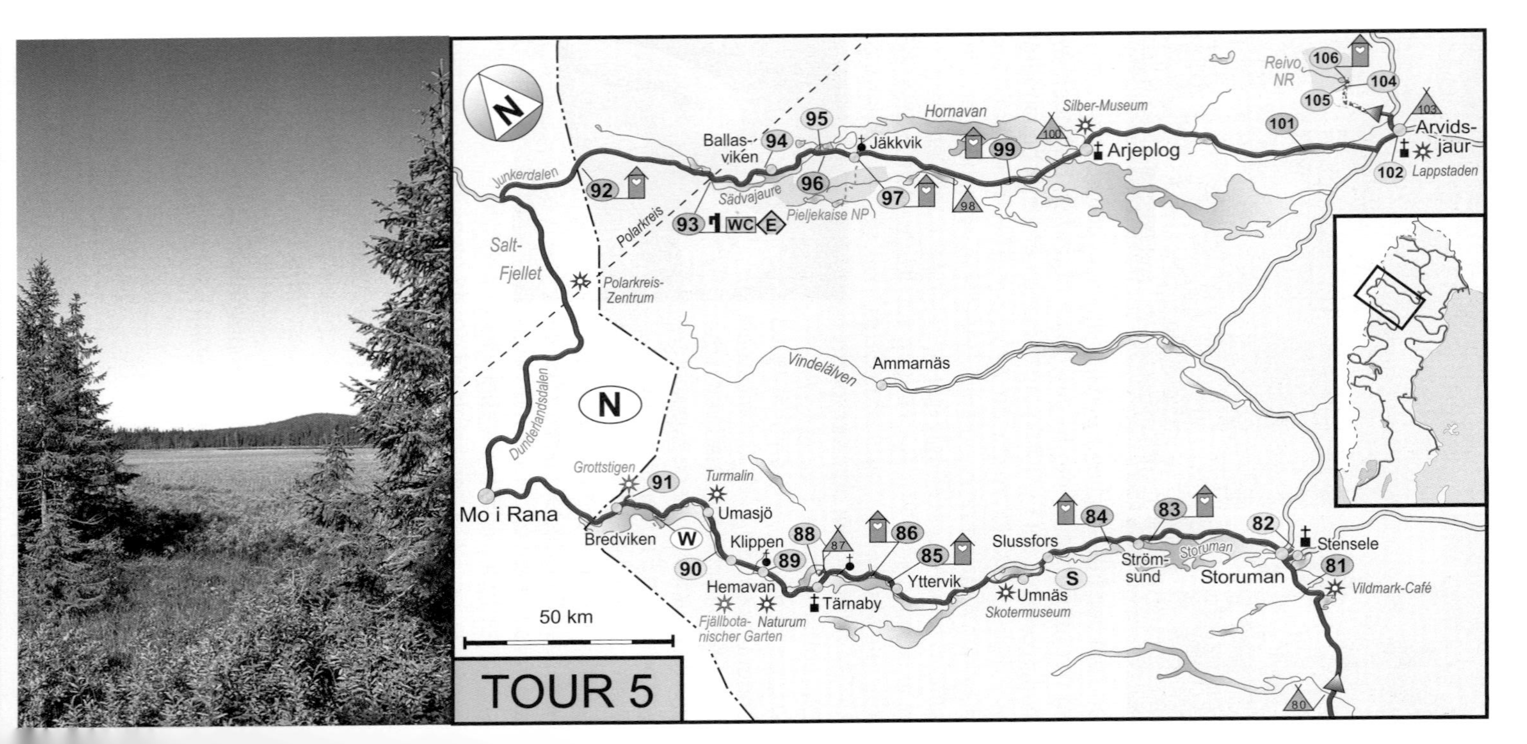
TOUR 5
50 km
N
Mo i Rana
Dunderlandsdalen
Salt-
Fjellet
Polarkreis-
Zentrum
Polarkreis
Junkerdalen
92
93
WC
E
Sädvajaure
Ballas-
viken
94
95
96
Pieljekaise NP
Jäkkvik
97
98
99
Hornavan
100
Silber-Museum
Arjeplog
101
Reivo
NR
106
105
104
103
Arvids-
jaur
102
Lappstaden
Vindelälven
Ammarnäs
Grottstigen
91
Bredviken
W
Turmalin
Umasjö
90
Klippen
89
88
87
Hemavan
Fjällbota-
nischer Garten
Naturum
Tärnaby
86
85
Yttervik
Slussfors
Umnäs
Skotermuseum
S
84
Ström-
sund
83
Storuman
82
Stensele
81
Vildmark-Café
80

TOUR 5 (ca. 950 km / 8-12 Tage)

Storuman - Tärnaby - Hemavan - Jäkkvik - Arjeplog - Arvidsjaur - Reivo Naturreservat

Freie Übernachtung:	Nybyggarland, Stenseleberget, Strömsundsviken, Ankarsund, Anders-Jansviken, Jokksbäcken, Kanahobben, Stintbäcken, Naturum Hemavan, Kåtaviken, Gränsennaturrast, Polcirkeln Silvervägen, Ballsviken, Vitträsket, Njuniktjänna, Jäkkvik Kungsleden, Östansjö, Långträsket, Arvidsjaur, Reivo Naturreservat.
Campingplätze:	Tärnaby, Aspnäs, Arjeplog, Arvidsjaur.
Baden:	Strömsundsviken, Anders-Jansviken, Jokksbäcken, Stintbäcken.
Besichtigen:	Kirche in Stensele, Skoter-Museum in Umnäs, Naturum und Fjällbotanischer Garten in Hemavan, Kirche in Jäkkvik, Silbermuseum und Kirche in Arjeplog, Lappstad und Kirche in Arvidsjaur.
Wandern:	Stenseleberget, Kanahobben, Gausju Sámesiita, Grottstigen, Pieljekaise Nationalpark, Reivo Naturreservat.

So langsam muss ich aufpassen, dass unser **WOMO** nicht zu sehr mit Aufklebern von schönen Reisezielen zugepflastert wird und verteile sie schon dezent auf dem ganzen Fahrzeug. Die farbenfrohe Flagge der ***Sami*** ist natürlich auf einem Ehrenplatz hinten oben rechts auch dabei, und weil die in Deutschland kaum einer kennt, lasse ich gelegentlich raten, was das wohl sei. Die traditionellen Farben der ***Sami*** finden sich auch auf vielen Souvenirs in den unzähligen Touri-Läden wieder, doch manchmal gibt es richtig interessanten Silber-Schmuck im ***Lappland***-Design wie hier in ***Nybyggarland*** (Mo-Fr 10-17 Uhr, Sa/So 11-15 Uhr), wo man nach einer Strecke mit Straße bis zum Horizont ganz freiwillig dem Hinweis nach rechts folgt, in

dem stattlichen Blockhaus noch ein ***Vildmark-Café*** und unmittelbar danach rechts ein ***„Free-Camping“***-Areal (Na ja, fast „Free“: 50 SEK) am Fluss [**081**: N 64° 59' 56.8" E 17° 04' 40.9"] vorfindet. Schon 10 km später stößt unsere **45** auf die **E12**, die wir, bevor es nach

Storuman geht, in Richtung **Umeå** für einen Kurz-Ausflug bis nach **Stensele** nutzen: zur ***Stensele Kyrka***, der größten Holzkirche ***Schwedens*** (Bj.1886), auch *„Lappland-Kathedrale“* genannt. An der Schalttafel am ersten Pfeiler links kann man die Info-Ansage auf Deutsch starten, das außergewöhnliche Bauwerk mit seinen imposanten Dimensionen (Platz für 2000 Besucher!) und der wunderschönen Ausstattung in aller Ruhe auf sich wirken lassen und zudem vorn rechts in einer Vitrine noch zwei Bibeln bewundern: eine große prächtig gestaltete und die kleinste der Welt, ein Geschenk des Gutenberg-Museums Mainz.

Von **Storuman** sind uns ehrlich gesagt genau zwei „Highlights“ nachhaltig in Erinnerung geblieben: die 7 m hohe Statue des ***Vildmannen***, das Wahrzeichen des Ortes und der ***Stenseleberget*** (512 m ü.M.), dem **WOMO**-Berg zum hoch fahren.

(082) WOMO-Stellplatz: Stenseleberget

GPS: N 65° 05' 15.7" E 17° 08 09.5". **max. WOMOs:** >5.
Ausstattung/Lage: Auf den letzten 500 m gibt es asphaltierte Parkplätze: 3 rechts, 3 links, die oberen zunehmend schief; Müllbehälter, Picknickbänke, Wanderwege.
Zufahrt: 50 m nach dem Ortseingangsschild nach rechts dem Liftsymbol und 800 m später nach rechts dem Hinweis „Utsikten" folgen, nach 1,2 km am Ende der Straße Holz-Turm mit prächtiger Aussicht.

Storuman verlassen wir in Richtung **Tärnaby** auf der **E 12**, die sich mit dem Beinamen ***Blå vägen*** schmückt, da sie von **Umeå** quer durch ***Schweden*** bis zur norwegischen Grenze immer am ***Umeälv*** entlang führt, der sich mal als Fluss und mal als See präsentiert. Ab **Storuman** beginnt dies nicht ganz überraschend mit dem See namens ***Storuman***, dessen Ufer anfangs mit hunderten Stugas zugebaut ist und somit komplett der privaten Nutzung dient, aber in einer Bucht am anderen Ende wie zur Versöhnung noch einen feinen **WOMO**-Platz bereit hält.

(083) WOMO-Picknickplatz: Strömsundsviken

GPS: N 65° 19' 33.8" E 16° 38' 38.3". **max. WOMOs:** 2-3.
Ausstattung/Lage: Ausgedehntes, idyllisch gelegenes Areal auf einer bewaldeten Landzunge, Badestelle, Windschutz mit Feuerstelle, Picknickbänke, Trockenklo, Müllbehälter. Das PKW-Zeichen an der Einfahrt deuten wir als Verbot für LKW.
Zufahrt: 37,5 km nach dem ***Vildmannen*** (Ortsmitte von **Storuman)** links rein, 500 m unbefestigter Fahrweg am asphaltierten(!) Tennisplatz vorbei zum Picknickplatz am See.

Und keine 10 km auf dem ***Blå vägen*** weiter, man hält es kaum aus, findet sich ein besonders reizendes **WOMO**-Quartier (nicht nur) für Angelfreunde am See.

(084) WOMO-Picknickplatz: Ankarsunds Fiske och Friluft Camp

GPS: N 65° 22' 39.8" E 16° 30' 21.7". **max. WOMOs:** >5.
Ausstattung/Lage: Grill-Hütte, Trockenklo, Angelmöglichkeit (24-h-Schein für 60 SEK), Feuerstellen, Badestelle, Picknickbänke, Müllbehälter, Wanderwege, Gebühr: Spende. Das PKW-Zeichen an der Einfahrt deuten wir als Verbot für LKW.
Zufahrt: Siehe Text, links rein, nach 500 m Waldweg geräumiges Areal auf einer Landzunge.

Hinter dem Örtchen **Slussfors** (Tankstelle) verlassen wir die **E12** nach links Richtung **Umnäs**, entdecken nach 700 m links einen Not-Platz unterhalb der Brücke über den Zipfel vom ***Umnäsjön*** [N 65° 25' 24.8" E 16° 10' 20.6"] und folgen den Hinweisen zum ***Skotermuseum*** (Eintritt, Schlüssel im ***Skoterhotel*** gegenüber), eine umfangreiche Sammlung von Schneemobilen aus aller Welt. ***Malte Anderback***, wie die allermeisten Schweden selbst begeisterter Skoter-Fahrer, hat in 30 Jahren über 50 Exemplare dieser Vehikel zusammengetragen: alte und neue, große und kleine. Im Haus wie im Zelt daneben stehen und hängen dicht gepackt Maschinen aus Schweden (Eine hat dem König gehört!), Finnland, Kanada, den USA, Italien, sogar ein besonders robustes Teil aus Russland und einige aus Japan, wo aktuell die besten Schneemobile der Welt gebaut werden, wohingegen in Schweden (Man glaubt es kaum! Wie peinlich!) die Produktion

schon vor Jahren eingestellt wurde. Hinter **Hällnäs** schwenken wir wieder auf die **E12/Tärnaby**, links voraus grüßen stolze Berge, neben uns blinkt ein See, rechts tobt ein reißender Fluss und wir stellen fest: Echte ***Nord-Schweden***-Landschaft. Hier möchte man gerne verweilen und hier sind die Plätze dazu:

(085) WOMO-Picknickplatz: Anders-Jansviken

GPS: N 65° 37' 19.8" E 15° 32' 04.7". **max. WOMOs:** 3-5.
Ausstattung/Lage: Trockenklo, Picknickbänke, Müllbehälter, Schutzhütte, Badestelle, etwas straßennah. Das PKW-Zeichen an der Einfahrt deuten wir als Verbot für LKW.
Zufahrt: 2,9 km hinter dem Ortsschild Yttervik links, 2 Abteilungen mit Naturbelag: die obere an der Straße, nach 200 m schmalem Fahrweg die untere (für kleinere Fahrzeuge) etwas geschützter.

(086) WOMO-Picknickplatz: Jokksbäcken

GPS: N 65° 39' 13.5" E 15° 30' 07.2". **max. WOMOs:** 1-2.
Ausstattung/Lage: Trockenklo, Müllbehälter, unterhalb Badestelle mit Schutzhütte, Picknickbank und Feuerstelle, links in Richtung Stromschnellen liegen Felsbrocken mit Granat-Einschlüssen.
Zufahrt: 4,6 km nach dem vorigen Platz, gegenüber dem Abzweig nach **Boksjön** links rein, 400 m Fahrweg recht steil hinunter. 2011 fanden wir ziemlich losen Grobschotterbelag (Baustelle?) vor, der nur mit agilen WOMOs zu befahren war.

Fährt man die **E12/Tärnaby** genau 9 km weiter und nimmt unerschrocken direkt nach dem Hinweis ***Gamla Kyrknäset*** die spitzwinklige wie schmale Einfahrt nach links, steht man nach 100 m auf dem kleinen Waldparkplatz [N 65° 41' 58.7" E 15° 22' 40.4"] und 200 m später vor der ersten Kirche in dieser Gegend aus dem Jahre 1762, einer grasbedachten Holzkapelle mit extra Glockengestell nebst Gehörschutz für den Glöckner. Eigentlich war das Kirchlein für die ***Sami***-Siedlung am ***Tärnasjö*** 20 km nördlich bestimmt, wurde jedoch erst einmal an dieser Stelle, wo es noch Bauholz gab, errichtet und ist der Einfachheit halber gleich hier geblieben. Unter Gottes Himmel ist es schließlich überall schön. Keine 3 km danach queren wir den rauschenden ***Tärnaån*** und finden gleich rechts interessante **WOMO**-Quartiere, Angelplätze und Ausflugsziele für die nächsten Tage.

(087) WOMO-Campingplatz-Tipp: Tärnaby Camping

GPS: N 65° 43' 11.1" E 15° 20' 00.4". **Öffnungszeiten:** Ganzjährig.
Ausstattung/Lage: Schön am ***Tärnaforsen*** gelegen, sehr ordentliche Ausstattung mit Sauna, Spielplatz, Café, Mini-Shop, Angeln im ***Tärnaån*** ohne Gebühr, Wanderung nach **Solberg**: Samensiedlung, Badestrand am Laisan-See, Fanggrubensystem.
Zufahrt: Direkt hinter der ***Tärnaån***-Brücke rechts rein.

(088) WOMO-Wanderparkplatz: Kanahobben

GPS: N 65° 43' 25.1" E 15° 18' 06.2". **max. WOMOs:** 2-3.
Ausstattung/Lage:
In 670 m ü. M., ohne alles, Wanderung zum ***Kanahobben*** (780 m ü.M.) auf dem ***Laxfjället***.
Zufahrt: Beim Tärnaby Camping vorbei 900 m auf dem Fahrweg flussaufwärts weiter, dann den „linkeren" Weg (später asphaltiert) zur „Utsikt" hinauf, 3 km nach dem Camping dann ein Parkplatz am Ende der Auffahrt.

Wandertipp: Kanahobben (2 km/1 h)
Beim Parkplatz nehmen wir die Markierung auf und marschieren beherzt los. Nur 1 km zum Gipfel, ist doch ein Klacks. Auf steinigem Pfad geht es gleich knackig berghoch, wir hangeln uns an Birken entlang aufwärts, gewinnen überraschend schnell an Höhe und somit Schritt für Schritt an Überblick. Der Schweiß schießt aus den Poren, doch schon nach 20 Minuten sind wir oben auf dem ***Kanahobben*** (780 m), dicht beim ***Laxfjället***-Plateau, wo die Lifte aus ***Tärnaby*** ankommen und sich bis in das späte Frühjahr hinein die Alpin-Ski-Freunde tummeln. Schwedische Nationalhelden wie ***Anja Pärson*** und ***Ingemar Stenmark*** haben hier ihre ersten Schwünge probiert, und deshalb

gibt es in **Tärnaby** folgerichtig Skihänge mit solch klangvollen Namen wie ***Anja-Backen*** und ***Ingemar-Backen***. Der Vollständigkeit halber bleibt noch zu erwähnen, dass sich selbstverständlich von hier oben eine unglaubliche Aussicht auf die faszinierende Gebirgslandschaft ringsum und die Seenkette im Tal bietet, die man so schnell nicht vergisst.

Tipp: Stabiles Schuhwerk tragen, Wanderstöcke empfohlen, Fernglas und Schlechtwettersachen (Windschutz!) einpacken. Nahe beim Polarkreis ist man bei 800 m ü.M. im Hochgebirge!

In **Tärnaby** befindet sich das Angler-Info-Zentrum im selben Haus wie die Skiwerkstatt, womit schon zwei wesentliche Komponenten des hiesigen Tourismus genannt sind. Wie bei anderen Wintersportorten auch sieht es hier im Sommer nicht so richtig edel aus, und nachdem wir die stolze ***Tärna Kyrka*** mit ihrem riesigen Altargemälde, dem Speckstein-Taufbecken und

der alten Glocke von 1702 aus ***Gamla Kyrknäset*** besichtigt haben, düsen wir auf der **E 12** weiter zum „Zwillingsort" **Hemavan**. Hier zeigt sich auf den ersten Blick das selbe Bild eines Ski-Zentrums im „Sommerschlaf", doch wir führen Sie zur blühenden Pracht der Bergflora, biegen an der ersten Kreuzung (gegenüber dem Kommun-Center) rechts ab und folgen den Hinweisen zum ***Fjällbotaniska trädgård***, wo sich besonders im Juli ein Besuch lohnt. Wir passieren die schmucke, kleine, rote Kapelle und orientieren uns an dem futuristisch anmutenden Gold-Tower am Hang dort oben, wo wir einige Kurven später direkt davor parken. Hier haben wir fast alles, was es im Sommer in **Hemavan** zu besuchen lohnt, an einer Stelle: Das (der?) ***Naturum*** (tgl. 10-18 Uhr, Eintritt), eine erlebnisreiche Ausstellung über die schier unendlichen Weiten des hier angrenzenden ***Vindelfjäll***, eines der größten Naturreservate Europas, den besagten ***Fjällbotanischen Garten*** (Eintritt, geführte Touren), dem nördlichsten der Welt, den Beginn/das Ende des ***Kungsleden***, dem 450-km-Wanderweg nach Abisko, dem wir auf dieser Tour und auch später noch gelegentlich begegnen werden, und das kleine Samische Restaurant ***Njalla*** (Ende Juni bis Mitte September 10-18 Uhr) ganz oben in der Gold-Kuppel mit guter Aussicht ins breite Tal. Für einen Abendspaziergang fahren wir im Lift in die 10. Turm-Etage, gelangen durch eine Plexi-Röhre zum Blumenhang, ziehen über geschlungene Wege durch den gut sortierten und markierten Garten bis hinauf zum Orchideensumpf und kommen schließlich beim Kungsleden-Tor unten wieder raus. Als **WOMO**-Not-Quartier ist dieser Terrassen-Parkplatz [**089**: N 65° 48' 53.8" E 15° 06' 16.1"] durchaus zu gebrauchen, ungeprüfte Alternativen finden sich im Ort bei den Liftparkplätzen, wir kehren zurück zur **E12** und halten keine 2 km nach dem letzten Lift an der Parkbucht vor dem ***Syterbäcken***, wo bläuliches Gletscherwasser vom ***Norra Storfjället*** mit handgemessenen 8°C ganz entfesselt unter der Brücke durchrauscht. Wenn es zeitlich ge-

rade passt, dann genehmigen Sie sich 2 km danach ein unvergessliches ***Lunch-Büfett*** im eher unscheinbaren, drinnen aber richtig urigen ***Sånninggården*** in **Klippen** und probieren Spezialitäten des (Gastro-Preis-dekorierten) Hauses mit leckeren Kreationen von Ren und Elch. Komplett vollgefuttert sehnt man sich nach Bettruhe oder nach Bewegung. Für uns als dynamische „Reiseleiter“ kommt natürlich nur letzteres in Frage und so trollen wir uns, unternehmen 300 m nach dem Ortseingang von **Stintbäcken** noch einen kleinen „Ausritt“ nach **links/Klippens stugby** auf der alten, schmalen wie brüchigen Straße direkt am sprudelnden ***Umeälv*** entlang und finden nach 100 m sogleich ein lauschiges WOMO-Quartier direkt am Fluss. Gut für jene, die nun dann doch eine Mittagsruhe vorziehen.

(090) WOMO-Stellplatz: Stintbäcken

GPS: N 65° 54' 14.6" E 14° 59' 06.0". **max. WOMOs:** 1-2.
Ausstattung/Lage: Feinschottter, Anglerareal. **Zufahrt:** Siehe Text.

Die schmale Lehmpiste führt uns 4 km durch eine bezaubernde Wild-Fluss-Landschaft mit vielen Stromschnellen und Anglerplätzen, dann stoßen wir wieder auf die **E12**, folgen dieser nach links und stoppen nach 7 km in **Umasjö** auf einem Parkplatz rechts [N 65° 59' 06.1" E 15° 04' 00.2], wo es örtliche Sehenswürdigkeiten zu bestaunen gibt, die man aber erst mal finden muss. Genau das Richtige für die ersten vorsichtigen Schritte nach dem Mittagsschmaus. In Fahrtrichtung gesehen halb rechts führt ein Trampelpfad links an den roten Ferienhäusern vorbei in ein Birkenwäldchen zu einem Felsblock mit ***Turmalin***-Einschlüssen, einem schwarzen Halbedelstein.

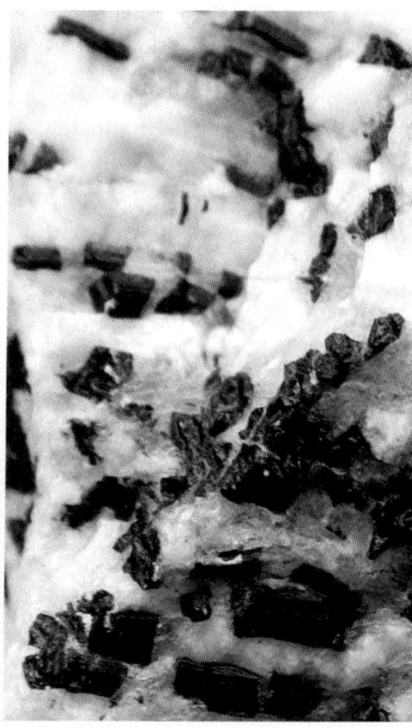

Geht man gegenüber vom Parkplatz den Fahrweg hinunter, findet man eine seltene Steinscheune aus dem 19. Jahrhundert. Nun wollen wir aber richtig wandern, rollen zunächst am ***Över-Uman*** entlang, dessen Brandung heftig ans Ufer peitscht und erreichen kurz hinter **Strimasund** den kleinen Wanderparkplatz ***Gausju Sámesiita*** [N 66° 03' 25.0" E 14° 52' 26.2"] links direkt neben der Straße. Auf dem etwa 6 km-Ausflug über 2 Brückchen, auf spannendem Wurzel-Pfad durch Klein-Birken-Wald und am ***Gausjosjö***-Ufer entlang kann man nicht nur ein ***Sami***-Lager sondern auch verschiedene Spuren von 1000 bis 6000 Jahre alter Besiedlung entdecken.

Noch besser hat uns aber der ***Grottstigen*** in **Kåtaviken** gefallen. Dorthin rollen wir 16 der letzten schwedischen **E12**-Kilometer weiter durch wunderschöne Landschaft mit Seen, Wasserfällen und Bergen, registrieren einen Samen-Fisch-Verkaufs-Caravan und fahren hinter dem Damm, genau beim Ortseingangsschild von **Kåtaviken** nach rechts in diese ziemlich unaufgeräumte Siedlung und finden nach 600 m schlimmen Fahrweg eine **WOMO**-Notunterkunft [**091**: N 66° 07' 25.9" E 14° 47' 48.8"], eine Parkbucht oberhalb vom See beim Einstieg zur Grotten-Tour.

Wandertipp: Grottstigen (3 km/1,5 h)
Der Einstieg ist etwas versteckt, wir folgen stumpf dem kleinen Hinweisschild am Holzmast „Grottstigen 4 km", gehen dazu quer durch einen Hof, links an einem Gedenkstein vorbei den ziemlich zugewachsenen Trampelpfad hinauf. Nach 100 m wenden wir uns nach rechts, wo ein schmaler Weg durch Birkenwald hinauf führt. Diese Karst-Berge hier sind von unzähligen, meist kleinen Grotten durchzogen wie ein riesiger Löcher-Käse. Wer nun denkt, im Laufe dieser Wanderung irgendwo gepflegt durch eine Grotte schreiten zu können, kann gleich wieder umkehren, denn wir werden meist nur kleine Öffnungen im Berg entdecken, wo man bestenfalls ein Kleinstkind abseilen kann, aber spannend ist es dennoch. Wir steigen am Hang gemächlich durch seltsam zerzauste Birken und kniehohes Grünzeug hinauf und wer-

den auf unserem angenehm zu gehenden Höhenweg gelegentlich auf kleinere Grotten-Öffnungen am Wegesrand hingewiesen. Mittlerweile hat man einen freundlichen Ausblick in das Tal mit Seen und Damm und endlich auch mit den ***Forshallarna*** eine halbwegs stattliche Grotte samt 5-m-Wasserfall erreicht. Wir pirschen uns noch bis zur ***Östra Jördbäcksgrottan*** vor, wo der Fluss einfach mal so im Berg verschwindet und man beim trockenen Flussbett prima rasten kann. Auf dem Rückweg beschließt der trübe Tag, uns zusätzlich mit feinem Regen zu ärgern, so dass wir vor allem dank des üppigen Strauchwerks pudelnass wieder unten ankommen.
Tipp: Wer tatsächlich in die Grotten krauchen will, sollte sich entsprechend anziehen und Taschenlampen mitführen. Manchmal sind dicht am Weg kaum sichtbare Löcher versteckt, deshalb besonders auf kleine Kinder achten!

Nun sind es noch 10 km auf der **E12** bis nach **Norwegen**, und unsere Tour wird dann 172 km durch das Nachbarland führen, bevor wir auf dem nächst nördlichen Straßen-Tal nach **Schweden** zurückkehren. Vielleicht haben Sie das Büchlein ***„Mit dem Wohnmobil nach Nord-Norwegen“*** von ***Schulz/Roth-Schulz*** dabei und wollen sich nun diesem Führer anvertrauen? Vielleicht kommen Sie aber auch mit uns hinunter nach **Mo i Rana** zur **E6/Narvik** und dann durch das liebliche ***Dunderlandsdalen*** wieder hinauf zum kargen ***Saltfjellet***, wo immer noch das imposanteste aller Polarkreis-Zentren auf Ihren schon lange geplanten Besuch wartet? Verpassen Sie 32 km danach bloß nicht den Abzweig rechts zur **77/Arjeplog**, auf der man durch das überwältigende ***Junkerdalen*** mit Schluchten und Wasserfällen hinauf nach **Schweden** kurvt und schließlich vom asphaltierten **WOMO**-Picknickplatz ***Gränsennaturrast*** [**092**: N 66° 45' 19.0" E 15° 50' 15.2"] begrüßt wird. Nunmehr rollen wir auf der Straße Nr. **95**, dem ***Silvervägen***, auf 730 m Höhe über das kaum besiedelte, unwirtliche Fjäll, durchqueren bizarre, doch zunehmend wieder grüne Landschaft mit Seen und ankern dann für heute Nacht auf dem gut ausgestatteten Rastplatz beim fast unsichtbaren Polarkreis-Hinweis.

(093) WOMO-Picknickplatz: Polcirkeln Silvervägen

GPS: N 66° 32' 57.8" E 16° 20' 04.3". **max. WOMOs:** 3-5.
Ausstattung/Lage: Großer Rastplatz mit verschiedenen Abteilungen, Picknickbänke, Mini-Spielplatz, WC mit Latrine, Außenwasserhahn, ***„Strövstig“*** durch das Birkenwäldchen zum See, sehr ruhig.
Zufahrt: 36,5 km nach der Grenze rechts.

Wir überqueren also den Polarkreis südwärts, wechseln die See-Seite und staunen über den weiß schäumenden Fluss, der sich gegenüber auf breiter Front in den ***Sädvajaure*** stürzt. Die bezaubernde Seen-Landschaft wird uns eine Weile begleiten, die Ortsnamen sind nun zweisprachig auf schwedisch und samisch angegeben, und bevor wir **Jäkkvik/*Jäggeluoktta*** erreichen, seien noch drei klitzekleine **WOMO**-Plätze verraten:

(094) WOMO-Wanderparkplatz: Ballasviken

GPS: N 66° 29' 25.8" E 16° 31' 51.0". **max. WOMOs:** 2-3.
Ausstattung/Lage: Naturrastplatz am Fluss, 488 m ü. M., straßennah, stark welliger Asphalt, Picknickbank, Windschutz mit Öfchen, Feuerstelle, Sami-Kultur-Wanderwege.
Zufahrt: 14,5 km hinter **093**. Hinter der Brücke, vor dem Ortsschild Ballsviken links hinunter.

(095) WOMO-Stellplatz: Vitträsket

GPS: N 66° 24' 52.9" E 16° 55' 04.9".
max. WOMOs: 1.
Ausstattung/Lage: Lauschiger Angel-Platz hinter Bäumen und Büschen auf Naturboden, ohne alles, straßennah, zuletzt durch Bauarbeiten kaum nutzbar, unsichere Perspektive.
Zufahrt: 22 km hinter **094**, direkt hinter einem Damm links.

(096) WOMO-Picknickplatz: Njuniktjänna

GPS: N 66° 24' 29.5" E 16° 56' 27.8".
max. WOMOs: 1-2.
Ausstattung/Lage: Asphaltiertes Terrain, „Anglerparadies am Silvervägen", Angelsteganlage, Feuerstelle, Trocken-Klo mit Gardine, Müllbehälter, **keine Caravans**.
Zufahrt: 1,2 km nach dem vorigen Platz, 20 m neben der Straße.

In **Jäkkvik** gibt es seit langem mal wieder eine richtige ***Tankstelle*** mit flottem ***Lanthandel***, dann links im Ort eine kleine wie feine ***Kapelle*** mit Hinweisen auf den berühmten Sohn dieses Örtchens, den legendären Lappenmissionar ***Lars Levi Laestadius*** (1800-1861) und rechts oben den Wanderparkplatz vom ***Kungsleden***, unseren Ausgangspunkt für den nächsten Gebirgsausflug.

(097) WOMO-Wanderparkplatz: Jäkkvik Kungsleden

GPS: N 66° 23' 00.7" E 16° 57' 38.4". **max. WOMOs:** 3-5.
Ausstattung/Lage: Großer geschotterter Parkplatz, Wander-Info, Müllbehälter, Komfort-Trockenklo mit Teppich und Gardine, **keine Caravans**, neue Siedlung anbei, dennoch recht ruhig, gelegentlich kühl.
Zufahrt: 1,2 km nach dem Ortseingang **Jäkkvik** rechts „P Kungsleden" folgen, 300 m bis zum Parkplatz.

Wandertipp: Pieljekaise Nationalpark (16 km/6 h)
Der Pieljekaise Nationalpark gilt als Geheimtipp für einsame Gebirgstouren, denn dieser Abschnitt vom Kungsleden wird bei weitem nicht so häufig bewandert wie die spektakulären Passagen weiter im Norden. Wir haben auf unserer Schnupper-Tour vom Wander-Parkplatz zur ***Pieljekaisestuga*** und zurück an einem halben Tag genau 2 weitere Wandersleute getroffen und das bei strahlendem Wetter im August.
Wir starten auf dem einzig möglichen Weg hinein ins Wandervergnügen und folgen nach 500 m dem ersten Kungsleden-Hinweis nach links, queren den Sprudelfluss über eine Brücke und steigen dann langsam aber stetig, zunächst durch üppig grünen Birkenwald, später dann durch Knieholz aufwärts. Nach einer knappen Stunde kann man in (oder noch besser vor) der beinahe luxeriös ausgestatteten Rast-

hütte namens ***Jäkkviksgården*** 150 m rechts vom Weg eine gepflegte Pause einlegen, um dann für die nächsten 30 min bei etwa 700 m Höhe über das grüne, baumlose Fjäll bis zum National-Park-Schild zu wandern. Der Weg führt teilweise über Bohlen, auch an 2 Seen vorbei, die Blicke zurück ins weite Land entzücken uns zusehends, und zu allem Glück gibt es gelegentlich Heidelbeeren und sogar richtig reife Moltebeeren zu naschen. Überraschend, wie Indianer in der Prärie, tauchen wie aus dem Nichts Ren-

tiere in Sichtweite auf, die uns aus respektvoller Entfernung beobachten und eskortieren. Hinunter zur ***Pieljekaisestuga*** sind es nur noch 20 min, wir tauchen wieder in die Waldzone ein und befinden uns plötzlich in einem krautigen Birkendickicht, wo man sich ständig beobachtet fühlt und jeden Moment einen kapitalen Elch erwartet. In der Pausenhütte (Trockenklo, Trinkwasser-Bach) schmeißen wir den Ofen an, Grillen unsere Picknickwürste am Stock, räumen wieder alles schön auf und marschieren auf gleichem Weg zurück. Diesmal treffen wir außer unseren Rentieren noch Lemminge, die unter den Bohlen umherhuschen sowie einige schreckhafte Schneehühner und weiden uns an der Fernsicht, die über die grüne Ebene hinweg bis zum nächsten Bergkamm reicht.

Tipp: Fernglas und für einen gemütlichen, entspannten Wandertag ausreichend Proviant einpacken.

Wer **Jäkkvik** als ***Kungsleden***-Wanderer von Norden aus erreichen will, kommt mit dem Motorboot-Shuttle über den ***Hornavan***, den mit 221 m tiefsten See Schwedens. Dieses Monstrum reicht bis zum 60 km entfernten **Arjeplog**, unserem nächsten Ziel, wohin wir durch die übliche Nordland-Mischung aus Wald und Seen, Birken, Sümpfen und Flaschenbürstenfichten schnüren und unterwegs sogar noch 2 Spitzen-**WOMO**-Plätze finden.

(098) WOMO-Campingplatz-Tipp: Aspnäs Naturcamp

GPS: N 66° 12' 03.6" E 17° 16' 39.4". **Öffnungszeiten:** Ganzjährig. **Ausstattung/Lage:** 5 Asphaltbuchten im Wald am See, Trockenklo, Müllbehälter, Picknickbänke, Feuerstellen. Gebühr 2011: 8 EUR/ 70 SEK
Zufahrt: 25 km hinter **097**, vor Ort gut beschildert.

(099) WOMO-Picknickplatz: Östansjön

GPS: N 66° 06' 16.3" E 17° 28' 44.6". **max. WOMOs:** 3-5.
Ausstattung/Lage: Großer Asphalt-Parkplatz 16 m über Straßen-Niveau, Trockenklos, Schutzhütte, Müllbehälter, auf dem Waldhügel verteilt einige Picknickbänke und Feuerstellen und ein prächtiger Ausblick auf den See.
Zufahrt: 14,5 km hinter **098**, 8,2 km nach dem Info-P zu ***Laisdalen***, 120 m rechts hoch.

Um es gleich vorwegzunehmen: **Arjeplog** ist unsere große Liebe in ***Lappland***! Inmitten der unendlichen Weite von Wäldern und Seen haben wir hier eine Oase entdeckt mit einer der beeindruckendsten Kirchen, einem der anrührendsten Museen und sogar einem herrlich gelegenen Campingplatz.

(100) WOMO-Campingplatz-Tipp: Kraja

GPS: N 66° 03' 01.1" E 17° 51' 44.3". **Öffnungszeiten:** Ganzjährig.
Ausstattung/Lage: Sehr gute Ausstattung, gute Ver-/Entsorgung, Spielplatz, Freibad gratis, Gasthaus mit guter Küche, begrenzte Kapazität für Touring-Gäste auf Rasen, aber Ausweichplätze auf Asphalt, Preise 2011: 195/235 SEK.
Zufahrt: Beim Ortseingang von **Arjeplog** links auf einer Landzunge im ***Hornavan***.

Wenn man sich dem Ortszentrum von **Arjeplog** nähert, grüßt schon über die Bucht hinweg die stolze blassrosa Holz-Kirche mit dem Schindelturm, wir biegen zum Zentrum links ab und parken direkt im Herzen des Örtchens neben dem ***Silvermuseum*** (Mitte Juni bis Anfang August tgl. 9-18 Uhr, sonstige Zeit verkürzt, Eintritt, unter 16 J. frei, deutsches „Bildspiel"). Spätestens jetzt erklärt sich der Name ***Silvervägen***, auf dem wir seit der norwegischen Grenze unterwegs sind, denn dort oben im ***Nasafjäll*** wurde Mitte des 17. Jahrhundert erstmals Silber gefunden, und in diesem Museum kann man die größte Ausstellung samischen Silbers bewundern. Sie basiert auf der Sammlung des berühmten ***Lappland***-Doktors ***Einar Wallquist*** (1896-1985), der als junger Arzt 1922 nach **Arjeplog** kam, sein restliches Leben lang hier blieb und schließlich 1965 dieses Museum eröffnete, das nicht nur unzählige kunstvoll verzierte Schmuckstücke, Gürtel und Gefäße aus Silber zeigt, sondern auch viele Exponate, die uns die Kultur der Samen näher bringt. Fazit: eines der besten Museen in ***Schweden***.

Vom zentralen Parkplatz sind es nur ein paar Schritte bis zu ***Arjeplogs Kyrka*** (tgl. 8-20 Uhr), dem von außen respektablen, aber eher bieder wirkenden Gotteshaus.

Um so überraschter sind wir vom prächtigen Innenleben: ungewöhnlicher Grundriss, lichtdurchfluteter Raum, prunkvoll verzierte Kanzel und viele liebenswerte Details mehr, kurzum, wir sind begeistert!
Auf dem Weg nach **Arvidsjaur** ändert sich die Landschaft spürbar, links und rechts der **95** sieht man zunehmend waldbestandene Sandhügel, was auf die Dauer müde Augen macht. Die dünn besiedelte Gegend und vor allem die stabilen Winterverhältnisse mit klirrendem Frost und riesigen zugefrorenen Seen haben mittlerweile viele große Auto- und Komponenten-Hersteller bewogen, ihre Technik hier oben unter Extrembedingungen zu erproben. So gibt es hier in dieser Einöde riesige Test-Zentren von VW/AUDI, FIAT, VOLVO und BOSCH und jedes Jahr kommt etwas neues dazu. Für die regionale Wirtschaft hat das einen kräftigen Aufschwung gebracht, es wurden viele Arbeitsplätze geschaffen und speziell in **Arvidsjaur** hat sich eine bemerkenswerte, für den Winter-Andrang bestimmte Infrastruktur entwickelt mit einem richtigen Flughafen, Hotels, Restaurants und Pubs, beleuchteten Pisten und einem Wintergolf-Platz. Bevor wir nun in der „Boomtown" ankommen, registrieren wir 3,3 km hinter **Norrmalm** noch einen **WOMO**-Platz beim ***Långträsket*** rechts [**101**: N 65° 42' 40.8" E 18° 43' 08.9"], stoßen dann auf die **45**, den ***Inlandsvägen*** und landen beim historisch wertvollsten Teil mit der sehenswerten ***Arvidsjaur Kyrka*** rechts und ***Lappstaden*** links. Anfang des 17. Jahrhundert wurde in ***Lappland*** die erste Kirche gebaut und man begann mit der Christianisierung der ***Sami***. Die Bekehrung der Urbevölkerung erfolgte rigoros bis brutal, die alten Schamanen-Trommeln wurden verboten und tausendfach vernichtet und die als Nomaden

lebenden ***Sami*** zum regelmäßigen Kirchgang verpflichtet. Man errichtete also überall im Norden bei den Kirchen Übernachtungshütten, von denen hier in der ***Lappstaden*** besonders viele gut erhalten sind. Die Koten der ***Wald-Sami*** mit dem charakteristischen Pyramidendach sind alle in Privatbesitz und werden heutzutage bei den jährlichen Treffen, zu Märkten oder schlicht

als Ferien-Quartier gelegentlich noch bewohnt. Man schläft auf Reisig und gewebten Teppichen, in der Mitte wird auf offenem Feuer gekocht, der Rauch entweicht durch das aufgeklappte Dach und als Möbel gibt es nur ein paar Regale. Unbequem aber romantisch: wie Camping halt.

Schauen Sie unbedingt auch noch bei der Kirche gegenüber vorbei, pilgern Sie die Einkaufsstraße hoch und runter und wenn Sie wollen, bleiben Sie über Nacht am ***Lillberget***, unserem **WOMO**-Spezial-Quartier neben dem ***K4-Regiment***, wo Schwedens Elitesoldaten ausgebildet werden oder ckecken Sie ein auf dem zu Recht viel gepriesenen Campingplatz vor Ort.

(102) WOMO-Stellplatz: Arvidsjaur Lillberget

GPS: N 65° 34' 45.5" E 19° 10' 10.8". **max. WOMOs:** 2-3.
Ausstattung/Lage: Asphaltierter Parkplatz am Hochwald links von der Zufahrt zum Aussichtsturm auf dem „Stadtberg" ***Lillberget***, oben schöne Aussicht, Picknickbänke, Feuerstelle und Toilette.
Zufahrt: Von der Hauptstraße (bei der Post) zum Västlundavägen abbiegen, „Utsiktstorn" folgen, nach 1,1 km links abbiegen, dann noch etwa 800 m (an der Kaserne und deren Zaun vorbei).

(103) WOMO-Campingplatz-Tipp: Camp Gielas***

GPS: N 65° 34' 55.9" E 19° 11' 24.5". **Öffnungszeiten:** Ganzjährig.
Ausstattung/Lage: Sehr schöner Platz mit Badestelle, Sportanlagen, Fitness-/Sport-Halle, Grillplätzen, Gastronomie; gute Ausstattung, gute Ver-/Entsorgung, Spielplatz, Preise 2011: 195/225 SEK. www.gielas.se
Zufahrt: Vor Ort ausgeschildert.

Wenn man sich an die Einsamkeit in Lappland erst gewöhnt hat, dann ist so ein Tag im betriebsamen **Arvidsjaur** schon richtig stressig. Zur Erholung verkrümeln wir uns wieder in die Ruhe der Natur, konkret zurück zum ersten Orts-Kreisverkehr, dort auf die **45/Gällivare** und 4,9 km später links weg zum ***Reivo Naturreservat***, dem Ort der totalen Stille. Der Asphalt reicht genau bis zur nagelneuen Winter-Test-Anlage für irgendwas, so sind es noch 6 km „Waschbrett“ bis zum Abzweig nach rechts und weitere 5 km ähnlicher Güte bis zum Paradies. Das ***Reivo Naturreservat*** (Foto S. 90) zählt zu den wertvollsten Urwaldgebieten ***Schwedens*** und wird wegen seiner Seen auch als Angelrevier sehr geschätzt. Für uns ist es einfach eine fantastische Landschaft zum Wandern und Genießen, in der man besonders an so einem sonnigen Abend wie heute die Zeit anhalten und dieses Traumziel wie auch unsere Geheimquartiere niemanden verraten möchte, doch wir wollen mal nicht so sein.

(104) WOMO-Wanderparkplatz: Reivo Wiese

GPS: N 65° 45' 26.8" E 19° 07' 20.1".
max. WOMOs: 2-3.
Ausstattung/Lage: Feuerstelle, Trockenklo, Wanderwege, einsam.
Zufahrt: 650 m hinter einer Miethütte rechts auf dem Wiesengelände.

(105) WOMO-Wanderparkplatz: Reivo Wald

GPS: N 65° 45' 37.1" E 19° 07' 16.7". **max. WOMOs:** 1-2.
Ausstattung/Lage: Großes Picknickareal, Picknickbänke, Schutzhütte mit Feuerstelle, Trockenklo, Info-Tafel, 100 m bis zum See (max. 3 Fische/Tag/Person). **Zufahrt:** 300 m nach dem vorigen Platz links.

(106) WOMO-Wanderparkplatz: Reivo See

GPS: N 65° 45' 56.4" E 19° 07' 58.6". **max. WOMOs:** 1-2.
Ausstattung/Lage: Feuerstelle, Trockenklo, See in der Nähe, dort Picknickbank. **Zufahrt:** 800 m nach dem vorigen Platz rechts.

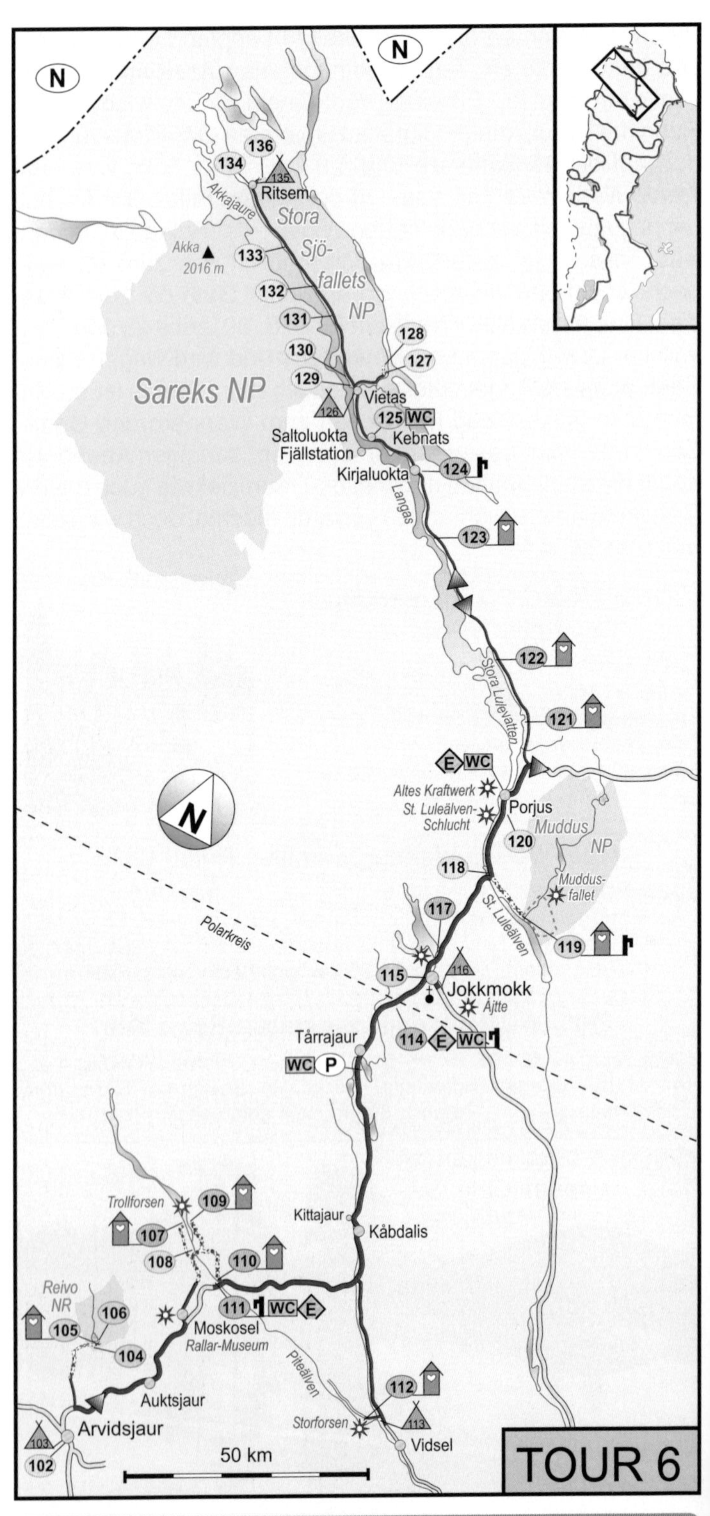

N
Ritsem
Akkajaure
Stora
Sjö-
fallets
NP
Akka
2016 m
Sareks NP
Vietas
Saltoluokta
Fjällstation
Kebnats
Kirjaluokta
Langas
Stora Lulevatten
Altes Kraftwerk
Porjus
St. Luleälven-
Schlucht
Muddus
NP
Muddus-
fallet
St. Luleälven
Polarkreis
Jokkmokk
Ájtte
Tårrajaur
Trollforsen
Kittajaur
Kåbdalis
Reivo
NR
Moskosel
Rallar-Museum
Piteälven
Auktsjaur
Arvidsjaur
Storforsen
Vidsel
50 km
TOUR 6

TOUR 6 (ca. 590 km / 6-8 Tage)

Moskosel - Trollforsen - Storforsen - Jokkmokk - Porjus - Ritsem

Freie Übernachtung:	Piteälven, Trollforsen, Storforsen, Storknabben, Vajkijaure, Stora Luleälven Stausee, Muddus Nationalpark, Harsprånget, Sjöfallsudden, Satihaure, Abstecher nach Ritsem (10).
Campingplätze:	Trollforsen, Storforsen, Polcirkeln Inlandsvägen, Jokkmokk, Stora Sjöfallet, Ritsem.
Besichtigen:	Rallarmuseum in Moskosel, Trollforsen, Storforsen, Jokkmokk (Ájtte, Kirchen, Fjällträdgården, Stencenter, Jokkmokk Tenn), Konstverk Akkat, Harsprånget, Altes Kraftwerk Porjus, Thunborgs Viltaffär.
Wandern:	Muddus Nationalpark.

Wenn man in ***Schweden*** auf der **45**, dem ***Inlandsvägen***, unterwegs ist, kreuzt man gelegentlich die Gleise der ***Inlandsbana***, wie gerade eben wieder bei **Auktsjaur**, 25 Straßenkilometer nördlich von **Arvidsjaur**. In einem nationalen Kraftakt hat man in 40 Jahren Bauzeit (feierliche Eröffnung 1937) etappenweise einen 1.300-km-Schienen-Strang mittig längs durchs Land gelegt, um die Binnen- und Nordregionen besser erschließen zu können. Nunmehr einigermaßen bedeutungslos geworden, fahren jetzt auf der Strecke im Sommer Touristenzüge, um den Fremdenverkehr entlang der Route in Schwung zu bringen, und so werden den Reisenden auf dem nördlichsten Abschnitt zwischen **Östersund** und **Gällivare** unterwegs bei kürzeren und längeren Aufenthalten die örtlichen Attraktionen präsentiert. Wenn Sie nun links nach **Moskosel** hinein fahren und 1,1 km hinter dem ***Lanthandel*** links zum ***Stationsvägen*** abbiegen, können Sie sich im kleinen ***Rallarmuseum*** (Café, Saison 10-17 Uhr, Eintritt Museum: Spende) im ***Bahnhof Moskosel*** viele Dokumente und Erinnerungsstücke zum Bau der ***Inlandsbana*** anschauen und sich einen Pausen-Kaffee genehmigen.

Zwei Mal am Tag (Fahrplan 2012: 11.39-12.09 Uhr und 17.14-17.34 Uhr) wird es allerdings hier etwas voller, dann hält der

Touristen-Zug und die Eisenbahn-Freunde bevölkern das Areal. Unweit nördlich von hier quert der ***Inlandsvägen*** den ***Piteälv***, einen der 4 schwedischen Natur-Flüsse, die noch wild und ohne Wasserkraft-Ausbeutung durchs Land rauschen dürfen. Im Folgenden wollen wir uns diesen urwüchsigen Wasserlauf an verschiedenen Abschnitten seiner „Laufbahn" einmal genauer anschauen. Auch die Bahn quert diesen imposanten Fluss nördlich von **Moskosel** und teilt sich dazu mit der Straße eine Brücke. Ein Kuriosum, das wir uns ansehen wollen. Diesem Lesertipp folgend haben wir die Tourstrecke geändert, halten uns auf neuer Route der **E 45** zunächst fern, biegen vom ***Rallarmuseum*** kommend nach links auf die Ortsstraße und folgen nach 2 km Asphalt den Hinweisen zum ***Trollforsen*** nach rechts. Man rollt über schmale Brückchen, dann auf gnädiger Lehmpiste ohne Hast in Sichtweite der Schienen durch den Wald, nimmt nach 12 km den Abzweig nach links und erreicht nach weiteren 7 km zunehmend hässlicher Naturstraße einen geräumigen Platz direkt am breiten ***Piteälv***, in direkter Nachbarschaft des berühmten ***Trollforsen***, einer unserer Lieblingsstromschnellen.

(107) WOMO-Picknickplatz: Trollforsen Süd

GPS: N 66° 01' 17.6" E 19° 16' 02.1". **max. WOMOs:** >10.
Ausstattung/Lage: Viel Platz 50 m rechts und 300 m links der Zufahrt, Feuerstellen, Trockenklo, Schutzhütte, Basis-(Zelt-)Lager der Wildwasserfahrer, sehr ruhig. **Zufahrt:** Siehe Text.

So richtig elegant kann man von der Südseite aus die Stromschnellen oberhalb nicht erreichen. Das geht viel besser vom anderen Flussufer aus. Bis dort hinüber sind es nur 400 m Luftlinie, doch wenn man zu diesem zunehmend beliebten und (wie man schon von hier aus sehen kann) mittlerweile überlaufenen WOMO-Treff umsetzen möchte, muss man leider an die 20 km (!) Schotter fahren. So rumpeln wir die schon bekannte Piste bis zum 7 km entfernten Abzweig zurück, folgen dann den Hinweisen „N Trollforsen 12“ nach links, registrieren nach 1,4 km einen schönen Pausenplatz links [**108**: N 65° 59’ 07.2” E 19° 20’ 59.9”] und stehen auch schon vor der versprochenen

Rallarbrücke über den rauschenden ***Piteälv***, wo Straße und ***Inlandsbana*** eine 3,80 m breite Stahlbrücke gemeinsam nutzen, eine Art Bahnübergang „in längs“ mit Schranken für gerade mal 2 Züge am Tag. So etwas kannten wir noch nicht. Richtig spannend!
Schon knapp 3 km danach geht es links weg zum schon erwähnten und von der Ferne besichtigten Trollforsen-Platz, auf dem man nach 7 km „Leidens-Weg“ durch die schwedische Nordland-Pampa landet.

(109) WOMO-Picknickplatz: Trollforsen Nord

GPS: N 66° 01’ 25.1” E 19° 16’ 34.7”. **max. WOMOs:** >10.
Ausstattung/Lage: Das Gelände des vormaligen Campingplatzes ist nun kostenfrei nutzbar, zeigt aber schon Siedlungsspuren von Langzeit-Nutzern, die hier den Sommer in Caravans verbringen. Schöne Plätze am Fluss mit Bänkchen und Feuerstellen. Betreuung der Ausstattung (Trockenklo, Müllbehälter, Wasserhahn) und Perspektive unklar.
Zufahrt: Siehe Text.

Am Ende des Platzes beginnt ein 200-m-Wurzelpfad zur Hängebrücke, über die man die Hochwald-Felsen-Insel ***Trollholmen*** erreicht, um die der ***Piteälv*** in seiner hemmungslosen

Variante namens ***Trollforsen*** beidseitig vorbei schäumt. Wir orientieren uns weiter flussaufwärts, finden Schutzhütten, immer weitere schöne Wildwasser-Kaskaden, üppige Blaubeervorkommen, vergessen die Zeit und kommen erst Stunden später zu unserem **WOMO** zurück.

Bis zur **E 45** sind es von hier aus noch 15 km auf zumeist unerfreulichem Belag: 7 km zurück zum Abzweig, nach links 2,6 km weiter und dann nach rechts 5,4 km Richtung **Moskosel**. Folgt man diesem Ziel dann auf der **E 45** nur ein kurzes Stück, wartet schon die nächste Station unserer ***Piteälv***-Tour: schöne Plätze beiderseits der Brücke über den beeindruckenden Sprudelfluss.

(110) WOMO-Picknickplatz: Piteälven Nord

GPS: N 65° 57' 17.4" E 19° 31' 06.8".
max. WOMOs: 3-5.
Ausstattung/Lage: Feuerstellen, Trockenklo, sehr rauschig.
Zufahrt: Vom Abzweig 500 m auf der E 45/Moskosel, direkt vor der Brücke rechts den Fahrweg am Fluss entlang; 5-6 Angler-Plätze alle 50-100 m links direkt am ***Piteälv***.

(111) WOMO-Picknickplatz: Piteälven Süd

GPS: N 65° 57' 08.6" E 19° 31' 11.3".
max. WOMOs: 3-5.
Ausstattung/Lage: Picknickbänke, Toiletten, Latrine, Außenwasserhahn, Müllbehälter, Info.
Zufahrt: Direkt hinter der Straßenbrücke rechts, unübersehbar.

Zum letzten Teil unserer ***Piteälv***-Saga rollen wir zunächst 30 km auf der **E 45** nordwärts, biegen dann rechts auf die **374/ Piteå**, fahren aber nicht etwa bis zur Mündung, sondern nur zu einer 30-km-Stippvisite zum ***Storforsen***, den mächtigsten Stromschnellen Europas, dem ***Piteälv*** in seiner heftigsten Form. Ein Natur-Erlebnis von unbeschreiblicher Wucht, das man nie vergisst. Als Ausgangspunkte für einen intensiven Picknick-Rund-

gang über das malerische Felsenplateau beim Rausche-Giganten kommen bei dezenter Kurzzeit-Nutzung der Parkplatz am Naturreservat und für länger der Campingplatz unten am „Auslauf" in Betracht.

(112) WOMO-Picknickplatz: Storforsen Naturreservat

GPS: N 65° 51' 06.9" E 20° 23' 55.1". **max. WOMOs:** 3-5.
Ausstattung/Lage: Großer asphaltierter Parkplatz im Hochwald, Trokkenklo, Müllbehälter, Info-Tafeln, auf dem Gelände Saison-Gastronomie, Museum, ein großes Felsenplatten-Picknickareal mit Grillstellen, Rund- und Aussichtswege, **keine Caravans**, **kein Camping**.
Zufahrt: Von der **374** den Hinweisen nach rechts folgen.

(113) WOMO-Campingplatz-Tipp: Storforsen

GPS: N 65° 51' 29.5" E 20° 25' 16.6". **Öffnungszeiten:** ganzjährig.

Ausstattung/Lage: Gute Ausstattung, Badestelle, Swimmingpool, **Hundeverbot**, angeschlossenes Hotel mit Restaurant, schöner Blick die Stromschnellen hinauf, Dauerrauschen, Preis 2011: 265 SEK.
Zufahrt: An der **374** kurz hinter dem Abzweig zum ***Storforsen***.

Wir kehren zurück zur **E 45**, dem ***Inlandsvägen***, und streben weiter nordwärts unserer nächsten Station **Jokkmokk** entgegen. Das etwas eintönige Bild aus Wald- und Sumpf-Landschaft wird nur gelegentlich aufgelockert durch Kontakte mit der ***Inlandsbana*** und freundlichen Ortschaften wie **Kåbdalis**, **Kittajaur** mit seinem „***Sami***-Basar" und **Tårrajaur** samt See. Wie mag es erst den Extrem-Radwanderern vorkommen, wenn sie bei Gegenwind stundenlang geradeaus fahren und ihr Tagesziel schon mittags am Horizont sehen können? Einen von denen haben wir heute öfter überholt und treffen ihn schließlich am eher spärlichen ***Polcirkeln***-Zentrum vor **Jokkmokk**. Der junge Holländer ist mit dem Rennrad und knappen Gepäck unterwegs und bestens gelaunt,

obwohl er heute schon an die 150 km im Sattel sitzt. Da helfen wir doch gerne bei den obligatorischen Erinnerungsfotos und steigen wie selbstverständlich auch die Stufen zum Café hinauf, wo man von der Terrasse aus auch den tieferen Sinn der weißen Wackermänner versteht: Sie markieren den Polarkreis und das bis zum anderen Ufer des Sees.

(114) WOMO-Picknickplatz: Polcirkeln Inlandsvägen

GPS: N 66° 33' 01.9" E 19° 45' 47.9". **max. WOMOs:** >10.

Ausstattung/Lage: Parkplatz-Terasse rechts oberhalb und schöne Rasenplätze im Wald dahinter, WC-Häuschen, Latrine und Wasserhahn, Saison-Café, Picknickbänke, Müllbehälter.

Gebühr 2011: ohne/mit Strom 100/140 SEK.

Zufahrt: An der **45** etwa 10 km vor **Jokkmokk**.

Jokkmokk hat an die 3000 Einwohner, ist ein traditioneller Treffpunkt der ***Sami*** für Märkte und Feste, hier tagt das ***Samering***, das Parlament der samischen Minderheit, und der interessierte Besucher findet eine Reihe von lohnenswerten Zielen, zu denen wir am Empfangskreisverkehr nach rechts zur **97/Luleå** abbiegen. Die bekannteste Sehenswürdigkeit von **Jokkmokk** erreicht man nach 900 m: ***Ájtte***, das schwedische ***Fjäll- und Sami-Museum*** (Saison tgl. 9-18 Uhr, sonst verkürzt, deutsche Erklärung, Eintritt, bis 16 J. frei). Wir parken gleich rechts an der Haupt-Straße gegenüber der schmucken weißen Kirche mit dem zartgrünen Dach und begegnen schon auf dem Weg zum Eingang den ersten Exponaten. Drinnen überrascht eine überaus originell und emotional gestaltete Ausstellung, die unterstützt von Bild und Ton das Leben der Sami in den unterschiedlichen Epochen zeigt und anschaulich die Natur im Fjäll erklärt. Es ist gerade Mittagszeit? Versäumen Sie auf keinen Fall, die angegliederte SB-Gaststätte

zu besuchen und die Spezialitäten der samischen Küche zu probieren.
Die ***Neue Kirche*** von 1889 (Saison 8-18, sonst 8-16 Uhr, deutsche Hör-Info) gegenüber ist von ganz besonderem Reiz. Schon von außen mit ihrer grazilen Struktur eine wahre Freude zeigt sie innen eine luftig leichte Frische, garniert mit dezentem Goldschmuck.
Schauen Sie einmal zum nächsten Gebäude ortsauswärts! Das ***Kunskapens Hus***, Sitz der ***Hydro Power University***, hat einen Aufsatz in Form einer samischen Trachtenmütze. Die nächsten **Jokkmokk**-Highlights kann man vom Museum aus gut zu Fuß erreichen, denn sie findet man etwa 500 m Luftlinie südlich: das ***Stencenter*** (Saison Mo-Fr 10-18 , Sa/So 12-15 Uhr) mit kleinen Kunstwerken aus geschliffenen Steinen und Mineralien der Region zum Schauen und

Kaufen und der ***Fjällträdgård*** (Mo-Fr 10-17 Uhr, Eintritt) der hiesige Fjällbotanische Garten, schön angelegt am plätschernden Bach.
Die Besonderheit von ***Jokkmokks Alter Kirche*** besteht darin, dass sie neuer ist als die neue, denn sie ist 1972 abgebrannt und später neu gebaut worden. Wenn Sie in Richtung Ortsmitte unterwegs sind, nehmen Sie die Straße nach links, fahren an der ***Info*** vorbei und schauen sich (150 m danach rechts) das Ergebnis selber an. Wir meinen: auch sehr schön, vor allem der filigrane Glockenturm im klaren Sonnenlicht ***Lapplands***.

Sie haben heute noch keinen Schmuck gekauft? Dann wird es aber Zeit. Beste Möglichkeiten dazu bieten sich in ***Jokkmokks Tenn*** (Saison Mo-Do 6.30-17.30 Uhr, Fr 6.30 -16 Uhr, sonst verkürzt), wo man den Künstlern zuschauen kann, wie sie die

Zinn- und Silber- Objekte gestalten. Man findet diese Manufaktur fast am Ortsausgang in Tour-Richtung, nimmt also beim zentralen Kreisverkehr die **45/Gällivare**, nach 250 m den Abzweig rechts zur Statoil-Tanke und orientiert sich dort nach links unten.

Dank eines Lesertipps können wir neben dem empfehlenswerten örtlichen **Campingplatz** nun sogar mit einem **WOMO**-Platz dienen, sogar einem richtig schönen. Oben beim ***Storknabben***, dem „Hausberg" von **Jokkmokk**, kann man speziell in der Mittsommerzeit einen wunderschönen Ausblick genießen! Und wenn es sein muss, dann genießt man seinen mitgebrachten Prosecco zu ***Johannis*** auch unter Vollschutz.

(115) WOMO-Wanderparkplatz: Storknabben

GPS: N 66° 35' 19.6" E 19° 51' 13.4". **max. WOMOs:** 2-3.

Ausstattung/Lage: Schotterparkplatz im Wald am Ende der Zufahrt, Trockenklo, Mülleimer, Kurzwanderung zum Gipfel mit schöner Aussicht und Öko-Café.

Zufahrt: 250 m östlich von ***Ájtte*** den Hinweisen zum **Storknabben** folgen, dann insgesamt 2200 m, teils auf etwas schmalem Fahrweg durch den Wald bergauf.

(116) WOMO-Campingplatz-Tipp: Jokkmokk Camping Center ****

GPS: N 66° 35' 40.4" E 19° 53' 31.4".
Öffnungszeiten: Juni bis Mitte September.
Ausstattung/Lage: Vorbildliche Anlage am See, Restaurant, Riesen-Spielplatz, beheiztes Freibad, Badestelle,
Preise 2011: 195/235 SEK. www.jokkmokkcampingcenter.com.
Zufahrt: Etwas außerhalb an der **97/Luleå**.

Wenn man **Jokkmokk** auf der **45/Gällivare** verlässt und sich gerade wieder auf eine übliche ***Lappland***-Passage eingestellt

hat, reibt man sich fast die Augen, denn das angekündigte ***Konstverk*** ist das fröhlich bunte ***Wasserkraftwerk Akkat*** am ***Lilla Luleälv*** links. Wir sehen großflächige, „picassoesk“ ver-

fremdete, samische Sinnbilder an einem Bauwerk, das die Natur ausbeutet und samischen Lebensraum vernichtet hat. Neben dieser inneren Symbolik erfreut die Kraft der Farben das Auge des Betrachters und man wünscht sich automatisch etwas mehr Gestaltungsmut beim heimatlichen Energieversorger. Gerade haben wir das allerliebst gestaltete Bild von der winterlichen ***Rentier-Karawane*** (S.120/121 oben) an der Maschinenhalle aus den Augen verloren, sind wir auch schon beim internationalen **WOMO**-Treff am ***Vajkijaure*** links und der ***Inlandsbana***-Station mit Café rechts, wo sich gerade der rot-weiße Touri-Express in Bewegung setzt.

(117) WOMO-Picknickplatz: Vajkijaure

GPS: N 66° 38' 32.3"
E 19° 49' 27.7".
max. WOMOs: >5.
Ausstattung/Lage: Asphaltplatz mit Schotter-Erweiterung 30 m neben der Straße direkt am Stausee, durch Bäume und Buschwerk aufgelockert, Gastronomie gegenüber.
Zufahrt: 4 km hinter **Jokkmokk** links.

Einen **Kvikkjokk**-Abstecher ins Hochgebirge lassen wir aus, ins Land der Berg-Riesen dringen wir erst ein Tal später vor, sind aber schon unterwegs zu unserem nächsten Wanderstütz-

punkt beim ***Muddus Nationalpark***. Wenn man den Staudamm der ***Ligga Kraftstation*** überquert, sieht man links voraus am Ufer des ***Stora Luleälv***-Stausees **WOMO**s auf geräumigem, inzwischen hübsch begrüntem Ödland stehen, wir fahren konsequent den Hinweisen zum ***Muddus NP*** nach, kommen di-

rekt an der Zufahrt von besagtem **WOMO**-Freigelände [**118**: N 66° 48' 50.6" E 19° 53' 25.1"] vorbei, unterqueren die Brücke und haben noch knapp 11 km eher gnädige Schotterpiste bis zu unserem „Basislager" in **Skaite**.

(119) WOMO-Wanderparkplatz: Muddus Nationalpark

GPS: N 66° 46' 16.4" E 20° 06' 37.4".
max. WOMOs: 5-10.
Ausstattung/Lage: Parkplatz am Ende der Zufahrtstraße; Trockenklo, Müllbehälter Feuerstelle, Trinkwasserbrunnen, großes Wandergebiet.
Zufahrt: Siehe Text.

Wandertipp: Muddus Nationalpark (26 km/10-12 h)
Der 500 km² große Nationalpark umfasst Waldgebiete, Sumpflandschaft, bizarre Schluchten, Seen, Stromschnellen und Wasserfälle. Dieser Nationalpark ist bekannt für seine Kiefern-Urwälder. Irgendwo hier steht ein 730 Jahre altes Exemplar, der älteste Baum Schwedens. Von den beiden Rundwanderwegen nehmen wir für unsere Tagestour den kürzeren, der uns im Uhrzeigersinn auf 24 km im Karree führt. Zunächst queren wir den Biwakplatz mit Schutzhütte, Ziehbrunnen und Feuerstelle, streben unserem Zwischenziel ***Muddusfallet*** entgegen, stapfen munter schmale Waldrücken hoch und runter, schnüren durch Hochwald und sehen nach einer halben Stunde erstmals rechts unten den munteren ***Muddusälv*** durchs Tal rauschen. Wir durchsteigen eine steinbruchartige Felsenrinne, die aussieht wie ein Amphitheater, schlagen die möglichen Abkürzungen aus, bleiben bei der Orange-Ringe-Markierung und haben schon wieder eine prima

„Aussichts-Nase“ gefunden: mit rustikaler Bank und Wildwasserblick in die Tiefe. 2 Stunden nach unserem Start unternehmen wir einen Abstecher nach rechts zum ***Askasfallet***. Das ist schon mal ein Stück grandiose Landschaft: eine schmale Wasserfall-Rinne stürzt vom Berg, und der wilde Fluss sprudelt durch die mit Tannen bestandene Felsenschlucht ins Tal. Zurück auf dem Hauptweg gibt es auch schon den Hinweis zur ***Fallstuga***, und wir erreichen auf dem Weg dort hin nach einer Viertelstunde den ***Muddusfallet***. Während ich noch unten hart am Abgrund um die ersten Fotos ringe, ruft und winkt Annegret schon von oben, denn sie hat den Luxus-Picknickplatz mit Feuerstelle und Holzlager schon gefunden, von dem es sich weitaus besser fotografieren lässt. Ich kann damit kaum aufhören, denn der ***Muddusfallet*** ist richtig gewaltig, ein überaus beeindruckendes Naturschauspiel mit erheblichem Verzückungs- und Rauschfaktor. Längst ist das Feuer entfacht, wir grillen die mitgebrachten ***Köttbullar*** am Holzspieß und sind einfach nur glücklich an diesem magischen Flecken Erde. Wir setzen unsere Runde fort, stoßen nach 10 Minuten auf die ***Fallstuga*** (Bezahl-Pritschen), halten uns Richtung ***Sarkavare***-Parkplatz nach rechts und queren über eine solide Holzbrücke den reißenden ***Muddusälv***. Nach einem Stück einfacher Wegstecke durch aufgeräumten Wald geht es über Holzstege einen Landrücken hinauf, lange an Sumpfgebieten vorbei, über den noch zarten ***Askasjokk*** hinweg und wieder aufwärts durch alten Kiefernwald mit Bartflechten. Bis zum nächsten Abzweig schlängeln wir uns auf Wurzelwegen durchs Gehölz, wir bleiben Richtung ***Sarkavare***, queren den schnell fließenden ***Tueljejokk*** über eine stabile Brücke und pausieren eine halbe Stunde später an einem Picknickplatz mit Feuerstelle am See. Die Strecke zieht sich! Obwohl wir (gefühlt) gut vorankommen, schaffen wir kaum Strecke und misstrauen zunehmend den Kilo-

meter-Angaben auf den seltenen Schildern. Bei einer unklaren Weggabelung halten wir uns rechts, der Weg wird schwierig, wir stolpern 1 ½ Stunden über Geröllfelder, dass die Füße schmerzen, kommen an der ***Måskoskårså***, einer 100 m tiefen Felsenschlucht vorbei und stoßen schließlich auf einen Pausenplatz unten am ***Stora Luleälv***. Wir haben nun langsam genug vom Wandern für heute, sind aber noch lange nicht fertig. Die nächste Brücke geht wieder über den ***Tueljejokk***, der hier in mehreren Strängen in den See fließt, eine Stunde auf steinigem Wurzelpfad später wird der finale ***Muddusälv*** überquert, und nach einem schier endlosen Bohlenweg schleichen wir fußlahm durch das Biwak-Lager zum **WOMO** und resümieren: Das reicht jetzt aber wirklich!

Tipp: Wer nicht ganz so lange wandern möchte, kann nach der Pause beim ***Muddusfallet*** die 6 km zum **WOMO** zurück gehen. Mit Abstecher ist das eine Tour von etwa 14 km. Man hat dann den Weg zwar doppelt, aber immerhin auf der am besten zu gehenden Strecke.

Letzter Stand 2011: Duch den Waldbrand 2006 sind einige Areale deutlich gezeichnet, aber es ist nichts mehr gesperrt. Bitte vor der Wanderung ausführlich die Info-Tafel studieren!

In ***Schweden*** werden 50% der Energieversorgung durch Wasserkraft abgedeckt (die restlichen 50% übrigens durch Kernkraft), und dabei spielt der ***Luleälv*** eine bedeutende Rolle. Das mittlerweile auch in Deutschland operierende Unternehmen ***Vattenfall*** hat in den letzten 55 Jahren zwischen ***Lappland*** und der Mündung in ***Luleå*** insgesamt 15 Wasserkraftwerke gebaut. Einige davon haben wir schon gesehen und einige werden noch kommen, so gleich als nächstes das älteste (1951) und leistungsstärkste (2.000 GWh im Jahr) von allen in **Harsprånget**. Von unserem ***Muddus***-Quartier kommend biegen wir nach links auf die **45** und parken nach 6,7 km links, um uns das wild zerklüftete Tal des ***Stora Luleälv*** anzuschauen. Über riesige Felsenplatten hinweg gelangt man bis an den Abgrund dieser bizarren, fast wasserfreien Schlucht und kann sich gut vorstellen, wie der Fluss vor seiner Zähmung hier durchgedonnert ist. Schon 1,8 km danach gibt es links einen offiziellen und sehr schön gestalteten Aussichtsplatz [N 66° 52' 42.8" E 19° 49' 19.5"] von ***Vattenfall***, den man auf keinen Fall auslassen

sollte. Auf aufwändigen Holztreppen-Wegen wird man über den Hang zur finalen Aussichtsplattform geführt und kann eigenheimgroße Felsbrocken im bombastischen Flussbett talwärts der riesigen Staumauer bestaunen. Zur Siedlung der Baukolonne von **Harsprånget** geht es 1,9 km später rechts 300 m hoch, doch die Häuser sind lange weg, eine Schautafel gibt Auskunft über den Lageplan, fast gespenstig stehen überall auf dem Gelände Straßenschilder am Rest-Asphalt, und es gibt einige grüne **WOMO**-Nischen [**120**: N 66° 53' 33.1" E 19° 49' 56.3"] auf diesem spannenden Gedenk-Areal.

In **Porjus** steht schon das nächste Kraftwerk, der gepflegte Ort begrüßt uns mit roten Holz-Villen auf frisch gemähtem Terrain, wir sehen links den Riesen-Backstein-Klotz mit Goldkrone drauf und biegen bei nächster Gelegenheit links ab, denn das ***Alte Kraftwerk Porjus*** kann man besichtigen. ***Vattenfall*** lässt sich nicht lumpen und bietet von Mitte Juni bis Mitte August von 10 bis 17 Uhr stündlich kostenlose Führungen durch dieses Industrie-Museum an, auf Wunsch auch mit deutsch sprechendem Guide. Beim ausgiebigen Rundgang erfährt man von den logistischen Schwierigkeiten, als man 1910 in wegloser Wildnis mit dem Bau des ersten Wasserkraftwerkes begann,

kann die alte Schaltwarte aus feinstem Marmor bewundern und fährt mit dem Aufzug hinab in die Turbinenhalle, die in 50 m Tiefe in den Fels gesprengt wurde.

Kurz darauf gibt es neben der **Porjus-Info** ein WC mit Latrine und danach rechts einen ganz besonderen Laden, den man unbedingt gesehen haben muss: ***Björn Thunborgs Viltaffär***

[N 66° 57' 30.0" E 19° 48' 51.5", große WOMOs fahren 100 m weiter auf den ICA-Parkplatz]. Das rote Häuschen bietet ein kunterbuntes Sortiment: Souvenirs, samisches Kunstgewerbe, alle möglichen Bedarfsartikel von der Zahnbürste bis zur Lederweste, von der Angel bis zum Ski, vor allem aber ***Lappland-Spezialitäten*** für Genießer. Es gibt frischen und in der Kåta geräucherten Edelfisch vom Saibling bis zum Lachs, Elch- und Rentier- Fleisch, verschiedene Sorten Beeren-Marmelade und

vieles mehr. Gemeinsam mit seiner aus Mönchengladbach stammenden Frau ***Birgit*** hat ***Björn*** das Geschäft über viele Jahre aufgebaut, doch 2010 ist er leider nach schwerer Krankheit verstorben. So führt nun ***Birgit*** den Laden weiter und wird dabei unterstützt von Ihrem Sohn ***Asbjörn***, der noch in **Jokkmokk** aufs Gymnasium geht und uns beim 2011er Besuch mit sehr guten Deutsch- und Geschichtskenntnissen verblüfft hat. Damit es diesen unglaublich urigen Laden auch weiterhin gibt, gehen bitte alle **WOMO**-Leser (wie auch schon in den vergangenen Jahren) dort hinein, zeigen diesen Reiseführer vor und bekommen sogar **5% Rabatt** auf ihren Einkauf.

Der folgende Abstecher führt uns bis ins 142 km entfernte **Ritsem**, tief hinein in den ***Stora Sjöfallet Nationalpark*** bis ans Ende der Straße. So richtig Spaß macht das aber nur bei freundlichem Wetter, denn sonst sieht man wenig von den Naturschönheiten und fährt nur endlos und frustriert auf mittelprächtiger Piste an Seen entlang. Wer mitkommen möchte, sollte in **Porjus** noch einmal volltanken und biegt hinter der Kraftwerks-Gemeinde mit uns nach **Stora Sjöfallet** links ab. Alle Nationalparks und Reserate dieser Region von ***Muddus***, über ***Sjaunja***, ***Stora Sjöfallet***, ***Sarek*** bis zum ***Pedjelanta*** gehören neuerdings zum ***UNESCO Weltkulturerbe Laponia***, was am Info-Parkplatz beim Abzweig ausführlich erklärt wird. Vorweg: Die Straßenverhältnisse haben sich streckenweise verbessert, aber nach jedem Winter kann sich der Belag anders präsentieren. Man sollte sich nicht an der Reisegeschwindigkeit der Linienbusse orientieren, sondern gelassen fahren, sich von den Hasardeuren ruhig überholen lassen und Hinweise auf Querrinnen ernst nehmen, sonst fliegen regelmäßig die Badutensilien im hohen Bogen aus dem Regal.

Mit Blick voraus auf den ***Stora Lulevatten*** und Berge in der Ferne geht es los, die Asphaltstraße ist nicht sehr breit, aber glatt. Wenn Sie beim Abzweig von der **45** Ihren Tages-Kilometer-Zähler auf Null gedrückt haben, erreichen Sie bei km 11 den ersten Pausenplatz und 13 km danach den zweiten.

(121) WOMO-Picknickplatz: Sjaunja Ost

GPS: N 67° 06' 02.2" E 19° 44' 20.5".
max. WOMOs: 1-2.
Ausstattung/Lage: Kleiner Parkplatz mit angrenzendem Picknickgelände am reißenden Fluss mit etwas maroden Bänken, Trockenklo, Feuerstelle und Schutzhütte; Info-Tafel zum ***Sjaunja Naturreservat***, straßennah.
Zufahrt: Siehe Text, links der Straße.

(122) WOMO-Picknickplatz: Kapellplats

GPS: N 67° 09' 49.5" E 19° 30' 14.7".
max. WOMOs: 1-2.
Ausstattung/Lage: Kleiner Parkplatz, Trockenklo, Picknickgelände mit 2 Feuerstellen und einem Kultur-Denkmal (Steinhaufen als Erinnerng an eine Kapelle), Info-Tafeln. Durch den Hochwald in Richtung See gibt es noch eine Picknickbank.
Zufahrt: Siehe Text, links der Straße.

Die Straße ist noch recht gut in Schuss und für eine flotte Reise geeignet, voraus sieht man schon felsige Gipfel, nach links schaut man gelegentlich auf die großen Seen und wir stellen schon einmal die nächsten Rastplätze in Aussicht: Einer links und einer rechts der Straße.

(123) WOMO-Picknickplatz: Jaurekaska

GPS: N 67° 18' 36.5" E 18° 58' 28.6".
max. WOMOs: 2-3.
Ausstattung/Lage: Bezauberndes Anglerareal mit einigen dauerhaft abgestellten Caravans, deshalb gelegentlich wenig Park-Platz; Picknickbänke, Bootseinsatzstelle, Badestelle, 150 m neben der Straße.
Zufahrt: 29 km nach **(122)**, hinter dem Ortsschild **Jaurekaska** links.

(124) WOMO-Picknickplatz: Kirjaluokta

GPS: N 67° 24' 08.2" E 18° 47' 16.1". **max. WOMOs:** 3-5.
Ausstattung/Lage: Geräumiger Asphaltparkplatz, Trockenklo, Picknickbänke, Feuerstellen, Schöpfbrunnen, Info-Tafel zum ***Sjaunja Naturreservat***. **Zufahrt:** Knapp 14 km hinter **(123)** rechts.

Wir sind mittlerweile entlang des ***Langas*** unterwegs, sehen waldbewachsene Inseln und werden im ***Stora Sjöfallet Nationalpark*** begrüßt. Die Landschaft wirkt nun recht unwirtlich, überall nur felsiges Steil-Gebirge, doch das frische und sonnige Wetter erfreut sicherlich jene Langstreckenwanderer, die auf ihrer ***Kungsleden-Trekking-Tour*** in **Kebnats** den breiten See mit einem Shuttle-Boot queren, das sie hinüber zur ***Saltoluokta Fjällstation*** bringt. Wir fahren also 8 km nach dem Nationalpark-Schild links hinunter, freuen uns über diesen einsamen **WOMO**-Parkplatz mit Bänken und Toilette [**125**: N 67° 24' 50.5" E 18° 32' 40.6"], denn viel Betrieb ist nicht: Der Boots-Shuttle geht nur 3-mal am Tag.

Wir rollen auf zunehmend ruppiger Straße mit angemessen reduziertem Tempo weiter Richtung **Ritsem**, genießen die imposante Landschaft mit bedrohlich wirkenden Felsenhängen rechts, dem riesigen ***Langas*** links und schneebedeckten Bergen voraus und schauen dann in **Vietas** bei der ***Touristen-Station*** mit Tankstelle und Campingplatz vorbei.

(126) WOMO-Campingplatz-Tipp: Stora Sjöfallet***

GPS: N 67° 28' 54.7" E 18° 21' 22.6". **Öffnungszeiten:** ganzjährig. **Ausstattung/Lage:** Tourist-Station mit Gastronomie und Mini-Shop, Platz mit imposanten Bergpanorama und ordentlicher Ausstattung, Preis 2011: 155/235 SEK. **Zufahrt:** 12 km nach dem **Kebnats**-Abzweig links.

Nun folgt ein kurzer Abstecher zu einem atemberaubenden Ziel, das wir ohne einen Leser-Tipp niemals gefunden hätten. Nur 200 m nach der ***Touristen-Station*** zweigt eine Asphaltstraße nach rechts in ein Seitental ab, das uns total fasziniert. Man passiert einen (offenen) Schlagbaum, die Straße wird etwas rumpliger, unterwegs sieht man alte, knorrige Kiefern vor beeindruckender Bergwelt und eine Rentier-Verladestation. Schließlich stößt man auf einen Staudamm, an dem man links entlang fährt, die Straße wird nun wellig bis löchrig und das

Panorama zunehmend gigantisch: Eine unfassbare Landschaft mit Bergriesen, reichlich Geröll und dem Stausee ***Satihaure***, dekoriert mit dünnem Birkengrün. Nach 8 km ab Straßenabzweig erreicht man eine Gabelung und kann sich für eines der ausstattungsfreien und gelegentlich windanfälligen Nachtquartiere entscheiden: Nach rechts [**127**: N 67° 31' 31.3" E 18° 28' 36.5"] oder nach links [**128**: N 67° 31' 42.4" E 18° 28' 52.4"] zum See.

Es geht zurück zur Tourstraße und auf dieser rechts weg Richtung **Ritsem** weiter, aber 800 m danach gleich wieder links rein ins Gelände zu einem weiteren lauschigen **WOMO**-Areal, wo wir uns plötzlich inmitten einer Rentierherde wiederfinden.

(129) WOMO-Stellplatz: Sjöfallsudden

GPS: N 67° 28' 58.8" E 18° 20' 31.5".
max. WOMOs: 3-5.
Ausstattung/Lage: keine/einsam.
Zufahrt: 1 km nach der Touristen-Station bzw. 800 m nach dem ***Satihaure***-Abzweig vor einer weißen Halle links rein („Sjöfallsudden", Wandermännchen, Zeltsymbol), wenn der brüchige Asphaltweg nach 350 m nach rechts schwenkt, geradeaus halten: wildes, raues Ödland mit netten Emporen, Terrassen und Taschen für **WOMO**s.

Geht man (Nicht mit dem **WOMO** fahren! Keine Wendemöglichkeit!) den unteren Fahrweg weiter, kommt man an eine Fußgängerbrücke, dann zu einem idyllischen Zeltplatz am See und an dessen Ende bis an den original ***Stora Sjöfallet*** heran, der aber ziemlich enttäuschend sehr zahm über die Steine gleitet. Die Straße nach **Ritsem** ist ab hier teilweise richtig schlimm, auch die Landschaft präsentiert sich gewaltig ruppig und wer sich traut, fährt 5 km hinter ***Sjöfallsudden*** links die Schotterpiste runter zum schlichten Stellplatz am ***Kårtjejaure*** [**130**: N 67° 30' 28.6" E 18° 15' 37.0"] oder verschnauft 8 km hinter der Staumauer links gegenüber der ***Kungsleden***-Herberge ***Vakkotavare*** [**131**: N 67° 34' 52.7" E 18° 06' 03.2"]. Am Ufer gegenüber türmen sich die Zweitausender vom ***Sarek*** auf, die Straße kurvt wie eine Achterbahn durch atemberaubend schöne Landschaft am Ufer entlang, wilde Flüsse stürzen von rechts oben nach links unten, wir registrieren einen Pausenplatz mit benachbartem Indianersee am ***Tallholmen*** [**132**: N 67° 36' 48.3" E 17° 57' 41.9"] links und 15 km nach einem Rastplatz mit Felsbrocken am ***Akkajaure*** [**133**: N 67° 38' 55.8" E 17° 45' 28.9"] kommen wir schließlich in **Ritsem**, am Ende dieses unbeschreiblichen Tals an. Hier gibt es nur noch eine Straße zur ***Ritsem Kraftstation***, dem allerobersten Wasserkraftwerk des ***Luleälv*** und drei **WOMO**-Plätze, die eines gemein haben: das traumhafte Bergpanorama mit dem ***Akka***-Massiv (2016 m) gegenüber, aber nur wenn das Wetter stimmt.

(134) WOMO-Stellplatz: Ritsem

GPS: N 67° 43' 05.5" E 17° 28' 36.2". **max. WOMOs:** 1-2.

Ausstattung/Lage: Asphaltierter „Logenplatz" links vor der finalen Hafenzufahrt, ohne Ausstattung. Tags Lärm/Abgase durch Helikopter

Zufahrt: Am Anfang des Ortes, 100 m nach dem Abzweig zur Heli-Platte blauem Schild **„Båtled Akka-Vaisaluokta"** nach links folgen.

(135) WOMO-Campingplatz-Tipp: Ritsem Fjällgården

GPS: N 67° 43' 21.8" E 17° 28' 02.6". **Öffnungszeiten:** ganzjährig.
Ausstattung/Lage: Gute Ausstattung, Service-Gebäude mit Sanitärräumen, Mini-Shop und Café, Chefin stammt aus Hamburg, leider kein richtiger Touringplatz, viele Dauercamper. **Zufahrt:** Am Ortsende.

(136) WOMO-Stellplatz: Ritsem Kraftstation

GPS: N 67° 43' 29.6" E 17° 28' 27.8". 544 m ü. M. **max. WOMOs:** 3-5.
Ausstattung/Lage: Plateau mit Naturbelag, windanfällig.
Zufahrt: Am Camping vorbei den Hinweisen zur „Ritsem Kraftstation" hinauf folgen, dort noch ein Stück vorbei, dann rechts.

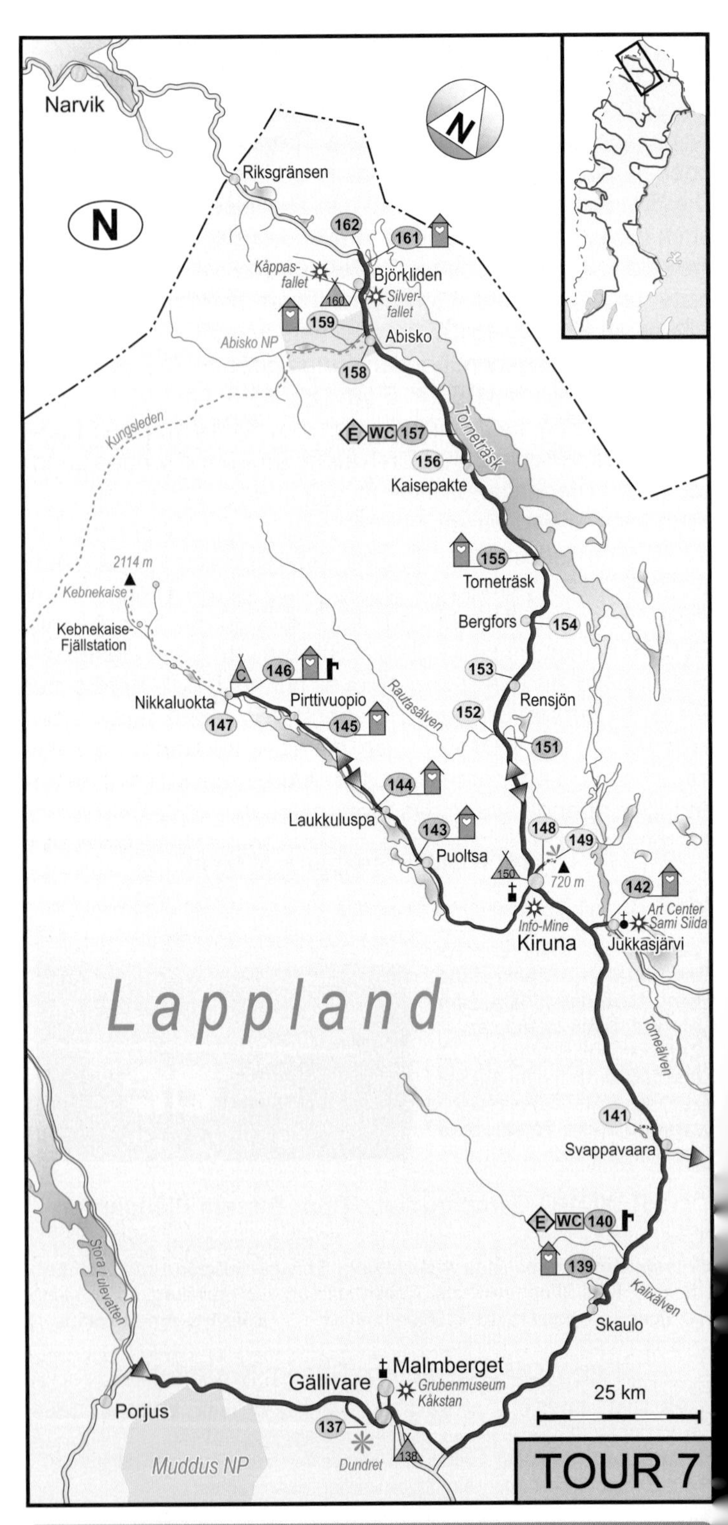

Narvik
Riksgränsen
N
162
161
Kåppas-fallet
Björkliden
160
Silver-fallet
159
Abisko
Abisko NP
158
Kungsleden
E
WC
157
Torneträsk
156
Kaisepakte
155
Torneträsk
2114 m
Kebnekaise
Kebnekaise-Fjällstation
Bergfors
154
153
Rensjön
C
146
Nikkaluokta
147
Pirttivuopio
145
Rautasälven
152
151
144
Laukkuluspa
143
Puoltsa
148
149
150
720 m
142
Art Center
Sami Siida
Info-Mine
Kiruna
Jukkasjärvi
Lappland
Torneälven
141
Svappavaara
E
WC
140
139
Kalixälven
Stora Lulevatten
Skaulo
Malmberget
Gällivare
Grubenmuseum
Kåkstan
25 km
Porjus
137
Dundret
138
Muddus NP
TOUR 7

TOUR 7 (ca. 600 km / 8-12 Tage)

Gällivare/Malmberget - Jukkasjärvi - Nikkaluokta - Kebnekaise - Kiruna - Abisko - Björkliden

Freie Übernachtung:	Dundret, Puoltikasjärvi, Lappesuando, Syväjärvi, Laxforsen, nach Nikkaluokta (5), Kiruna (2), Östra/Västra Rautasälven, Rensjön, Bergfors, Torneträsk, Kaisepakte, Pessisjåkka, Abisko (2), Rallarkyrkogård, Báktájávri.
Campingplätze:	Gällivare, Kiruna, Björkliden.
Besichtigen:	Malmberget (Grubentour, Gruvmuseum, Kirche), Jukkasjärvi (Art Center, Hembygdsgården, Samegården, Kirche), Kiruna (Grubentour zur InfoMine, Rathaus, Kirche).
Wandern:	Dundret, Luossavaara, Kebnekaise, Abisko Canyon, Abisko Naturstig, Njulla-Tour, Silverfallet, Björkliden.

Wenn eine Firma die beiden Hausberge von **Kiruna** im Namen führt, könnte es sich um einen Liftbetreiber oder einen Outdoor-Ausrüster handeln. Doch da liegt man bei der ***Luossavaara Kiirunavaara Aktie Bolag***, komplett daneben, denn mit dem Kürzel ***LKAB*** verbindet jeder Schwede sofort ***Eisenerz in Lappland***. Der High-Tech-Staats-Betrieb ist eines der weltweit größten Erzabbau-Unternehmen mit Gruben in **Malmberget** und **Kiruna**, sowie Export-Häfen in **Luleå** und **Narvik**. Nun sind Bergwerksstandorte für den Touristen selten echte „Hingucker“, was in besonderem Maße für das von uns nicht sonderlich geliebte Doppelstädtchen **Gällivare/Malmberget** mit dem stolzen Titel ***„The Mining Captial of Europe“*** zutrifft, denn seine wahren Werte liegen ja tief im Fels verborgen. Zuerst wollen wir uns das Ganze einmal von oben anschauen, schon der besseren Übersicht wegen. Wir sind auf der **45/Gällivare** unterwegs, gerade an der Nordseite vom ***Muddus Nationalpark*** vorbei gerollt, passieren viel Sumpf und spärlichen Wald und sehen (36 km ab dem Ritsem-Abzweig) das gelb-rote Schild **„Dundret Topstugan“**, dem wir nach rechts folgen, denn hier geht es hinauf auf den Freizeitberg vor den Toren der Erz-Gemeinde. Der automobile Gipfelsturm ist erstaunlich schnell absolviert, das wellige Asphaltsträßchen schafft auf 5,8 km erstaunliche 370 Höhenmeter und bringt uns zum **WOMO**-Platz auf dem kahlen Plateau.

(137) WOMO-Wanderparkplatz: Dundret (744 m ü.M.)

GPS: N 67° 06' 00.6" E 20° 36' 24.4". **max. WOMOs:** 3-5.
Ausstattung/Lage: Geschotterter Parkplatz, leicht schief, Info-Tafel, in der Nähe Sendemasten, Saison-Café, Bergstationen der Winterlifte, dort prächtige Aussicht auf Gällivare, Wanderwegenetz, Platz ist bei Schlechtwetter nicht zu empfehlen. **Zufahrt:** Am Ende der Straße links.

Für einen Ausflug in die Unterwelt von **Malmberget** muss man früh aufstehen, denn die ***LKAB-Bustouren*** 1000 m hinein in den Erzberg starten täglich 9.30 Uhr (Infos und Buchung in der Touri-Info neben dem Stadtmuseum in der Innenstadt; www.gellivarelapland.se). Im Unterschied zu einem ähnlichen Angebot in **Kiruna** führt die 3½-stündige Grubentour in **Malmberget** in ein arbeitendes Bergwerk, daher müssen die Teilnehmer mindestens 12 Jahre alt sein.

Nach **Gällivare** hinein nimmt man unten die **45** nach rechts, passiert die nächste ***Dundret***-Zufahrt, die zu den Lift-Talstationen und zu einem Freizeitdorf führt und erreicht die Stadt mit Blick auf den Camping-Platz rechts.

(138) WOMO-Campingplatz-Tipp: Gällivare***

GPS: N 67° 07' 44.3" E 20° 40' 19.7". **Öffnungszeiten:** 16.5.-18.9.
Ausstattung/Lage: Schöner Platz mit Wiese und großen Bäumen, Spielplatz, gute Sanitär-Anlagen, Hembygdsområde nebenan, Preise 2011: 160/210 SEK.
Zufahrt: Im Süden der Stadt am Ortseingang auf einer Landzunge am Fluss.

In **Gällivare** kann man nett einkaufen, findet mit ***„Nyfiket“*** (Lasarettsgatan 19) sogar eine richtige Bäckerei mit Bistro für das schnelle Baguette-Lunch, kann sich dann nordwärts der „Stadt-Autobahn“ nach **Malmberget** anvertrauen und sich die dortigen Sehenswürdigkeiten zu Gemüte führen. Bleibt man strikt geradeaus, stößt man auf das ***Gruvmuseum*** (14.6. bis 7.8. 14-18 Uhr, Eintritt [N 67° 10' 38.2" E 20° 38' 31.9"]), das die Geschichte des Bergbaus der Region und eine umfangreiche Mineralienausstellung präsentiert. Am nächsten Highlight sind Sie gerade vorbei gefahren, kehren also zum nächst unteren Kreisverkehr zurück, biegen links ab und sehen links schon die ***Allerheiligen Kirche***, ein Geschenk der ***LKAB*** von 1944. Von der bemerkenswerten Innenausstattung fallen besonders

der aus einem Magnetiterz-Block gehauene Altar, der Taufstein aus schwarzem Kiruna-Granit und die florale Deckenbemalung ins Auge. An dieser Stelle wurde die Kirche 1974 zum zweiten Mal gebaut, nachdem sie an einem anderen Standort durch Bergschäden, die in **Malmberget** auch schon mal ein ganzes Stadtviertel haben versinken lassen, unbrauchbar gemacht und schließlich abgerissen wurde. Ganz in der Nähe, 800 m weiter, kann man neben dem nachgebauten Bretterbudenviertel ***Kåkstan***, das wir bisher immer nur als tote Geisterkulisse erlebt haben, auf brüchigem Asphalt bis zum Zaun vordringen und das mittlerweile wieder befüllte Monster-Loch noch erahnen.

Wir lassen uns in Richtung **E10/45/Kiruna** aus dieser Bergwerksstadt heraus zur nächsten führen, schnüren durch typische Nordland-Kulisse mit Wald, Sumpf und Seen und notieren unterwegs zwei **WOMO**-Plätze: einer versteckt am See und der andere beim rauschenden Fluss.

(139) WOMO-Picknickplatz: Puoltikasjärvi

GPS: N 67° 27' 03.7" E 21° 07' 00.3". **max. WOMOs:** 1-2.
Ausstattung/Lage: Angler-Platz, Schutzhütte mit Kamin, Trockenklo, Müllbehälter, Info-Tafel, Picknickbank am See, Weg um den See herum mit mehreren Feuerstellen.
Zufahrt: 6,5 km nach dem Ortseingang **Skaulo** links 200 m hinein.

(140) WOMO-Picknickplatz: Lappeasuando

GPS: N 67° 29' 25.9" E 21° 07' 13.1". **max. WOMOs:** 3-5.
Ausstattung/Lage: Asphaltierter Parkplatz direkt neben der Straße, WC mit Latrine und Außenwasserhahn, Saison-Gastronomie anbei.
Zufahrt: 4,3 km nach **(139)** hinter der ***Kalixälv***-Brücke links.

Die „Flaschenbürsten-Fichten" werden kleiner, es gibt jetzt vermehrt Birken, wir sehen baumbestandene Hügel und sumpfigen Wald. Beim Abzweig der **45**, dem ***Inlandsvägen***, beginnt dann unsere **Tour 8** und wir bleiben auf der **E 10**. Kurz darauf „punktet" **Svappavaara** mit einer (mittlerweiler mit Sichtschutz getarnten) rostbraunen Verladestation für Eisenerz-Pellets, an der man direkt vorbei geführt wird. So richtig einladend wirkt das hier nicht, schon eher der Rastplatz am ***Syväjärvi***, den wir dank eines Lesertipps ganz in der Nähe gefunden haben.

(141) WOMO-Stellplatz: Syväjärvi

GPS: N 67° 39' 26.8" E 20° 58' 27.3". **max. WOMOs:** 2-3.
Ausstattung/Lage: Anglerplatz, Naturbelag und Schotterwiese, Info-Tafel, Sprengzeiten des benachbarten Tagebaus: Mo-Fr. 14-16 Uhr, einsam. Wanderweg um den See herum; 150 m vorher geht es zu einem weiteren Platz am See (Foto rechts).
Zufahrt: 4,6 km nach dem Abzweig der **45** nach **links/Kiviniemi** abbiegen, nach 1,2 km gnädiger Schotterstraße Parkplatz vor dem Schlagbaum links.

Jetzt sind es noch 46 km bis **Kiruna**, doch wir biegen kurz vorher zu einem 7-km-Abstecher nach **Jukkasjärvi** ab, der sich wirklich lohnt. Man findet Entspannung, Kunstgenuss mit gründlicher Abkühlung, Kulturgeschichte, seelische Erbauung und all das genau in der genannten Reihenfolge. Keine 3 km nach dem Abzweig beginnen wir mit Punkt 1:

(142) WOMO-Picknickplatz: Laxforsen

GPS: N 67° 51' 21.3" E 20° 31' 32.7". **max. WOMOs:** 2-3.
Ausstattung/Lage: Asphaltierter Parkplatz, Info-Tafel, Angelmöglichkeit, Trockenklo mit Latrine an der Rückseite, Müllbehälter, Schutzhütte mit Kamin, Picknickbänke und Feuerstellen direkt am breiten Wildwasser-Fluss, sehr romantisch.
Zufahrt: Hinter der Brücke über den ***Torneälv*** links.

Die eigentliche Attraktion von **Jukkasjärvi** ist das imposante ***Icehotel***, das jeden Winter aufs neue gebaut wird. Dann kommen Besserverdienende aus aller Welt, um im eisigen Quartier Grenzerfahrungen zu sammeln: Übernachten auf Rentier-Fellen im Thermoschlafsack. Doch im Sommer, wenn sich das Bauwerk rückstandsfrei in den ***Torneälv*** zurückgezogen hat, ist hier keinesfalls „Tote Hose", denn in einem riesigen ***Art Center***-Kühlhaus gibt es neben Eisskulpturen auch den neuesten Clou zu bestaunen: das ***Mini-Icehotel*** mit 3 Räumen und einer Bar (Einstündige Führungen 11, 13, 15 Uhr, 150 SEK).

„Drinks <u>in</u> the Rocks"

Fährt man weiter in den Ort, kann man links zum schwedischen Raumforschungszentrum ***Esrange*** (Besucher-Touren ab **Kiruna**) abbiegen, oder uns zum Ende der Straße zum „Kulturprogramm“ folgen. Rechts sehen wir den ***Hembygdsgård*** mit historischen Gebäuden, links das ***Sámi Siida***, ein samisches

Freiluftmuseum mit Rentieren und gemütlicher Café-Kåta (28. Mai - 31. August tgl. 10-18 Uhr, Eintritt, Katja spricht deutsch, geführte Rundgänge 10.30, 14.00 und 16.30 Uhr, www.nutti.se) und voraus die kleine rote ***Holzkirche von Jukkasjärvi*** (8-20

Uhr) aus dem Jahre 1608, die älteste Kirche Lapplands. Dieses Kleinod gehört zu unseren Lieblings-Zielen in ***Nord-Schweden***, schon allein wegen der wunderschönen und farbenfrohen Ausstattung und diesem unglaublichen Altar-Triptychon von 1958. Vor allem links geht der Chef-Erwecker ***Lars Levi Laestadius*** mit seinen Schäfchen hart ins Gericht: *„Ihr Säufer, Diebe, Hurenböcke und Huren - bekehrt Euch!“*, und schon wird Schnaps weggekippt, ein geklautes Rentier zurückgegeben, und das sündige Paar guckt auch ganz betreten aus der Wäsche.

Wir rollen nun auf **Kiruna** zu, doch der nördlichsten Stadt Schwedens werden wir uns später widmen, halten uns heute nur 4 Kreisel lang Richtung Centrum und dann Richtung **Nikkaluokta**, denn es geht auf einem 64-km-Abstecher zum idealen Ausgangspunkt für Wander-Touren zum ***Kebnekaise***, dem höchsten Gipfel Schwedens, in vieler Hinsicht der Höhepunkt jeder ***Nord-Schweden***-Reise. Auf noch ganz passabler Asphaltpiste kommen wir halbwegs flott voran, von Hochgebirge ist noch nichts zu sehen, die Straße führt uns an Flüssen und Seen entlang, und ist sogar mit einigen gut präparierten Pausenplätzen ausgestattet. Diese befinden sich alle recht dicht an der Straße, aber es herrscht tagsüber wenig und nachts gar kein Verkehr.

(143) WOMO-Picknickplatz: Puoltsa Naturrastplatz

GPS: N 67° 48' 14.6" E 19° 49' 18.8". **max. WOMOs:** 1-2.
Ausstattung/Lage: Trockenklo, Müllbehälter, Schutzhütte mit Kamin, schönes Picknickgelände mit Feuerstellen am See.
Zufahrt: 27,4 km nach dem Kreisel in **Kiruna** links.

(144) WOMO-Picknickplatz: Laukkuluspa

GPS: N 67° 49' 47.9" E 19° 37' 21.1".
max. WOMOs: 2-3.
Ausstattung/Lage: Angelrevier, Trockenklo, Picknickbänke, Feuerstellen, Müllbehälter, Schutzhütte mit Kamin am Fluss, Dauer-Caravan-Platz nebenan.
Zufahrt: 9,3 km nach **(143)** links.

(145) WOMO-Picknickplatz: Pirttivuopio Naturrastplatz

GPS: N 67° 52' 05.9" E 19° 15' 50.0". **max. WOMOs:** 3-5.
Ausstattung/Lage: Trockenklo, Müllbehälter, überdachte Feuerstellen, Holzlager, Schutzhütten, Picknickbänke am See, Info-Tafel, zuletzt einige „stationäre" Caravans. **Zufahrt:** 16,7 km nach **(144)** links.

(146) WOMO-Picknickplatz: Vistadalens Naturrastplatz

GPS: N 67° 51' 51.6" E 19° 03' 32.7". **max. WOMOs:** 3-5.
Ausstattung/Lage: Schön angelegtes Picknickgelände am Birkenhang, Schutzhütte, Müllbehälter, Trockenklo, Brunnen gegenüber, Wanderwege, zuletzt einige „stationäre" Caravans.
Zufahrt: 8,8 km nach **(145)** rechts.

Nun sind es nur noch 3 km bis nach **Nikkaluokta**, wo man das Ende der Straße in diesem Tal erreicht hat. Als einer der wichtigsten Ausgangspunkte zum Einstieg ins schwedische Hochgebirge ist hier alles auf ***Kebnekaise***-Pilger eingestellt, zum freundlichen Besucherzentrum ***Nikkaluokta Sarri AB*** (9-19 Uhr) gehören Shop, Gastronomie, Unterkünfte, Zelt- und Campingplatz sowie großzügig dimensionierte Parkmöglichkeiten, hier enden die Busse aus **Kiruna**, und Helikopter pendeln zur ***Kebnekaise Fjällstation***. Wir erklären an der Rezeption, dass wir weder die Einrichtungen des Sanitärtraktes noch Strom benötigen und zahlen nicht die 150 SEK fürs Camping mit Strom, sondern nur 20 SEK/Tag fürs Parken auf der großen Stellfläche vom ***Långtidsparkering*** hinter der finalen Dammstrecke links.

(147) WOMO-Wanderparkplatz: Nikkaluokta

GPS: N 67° 51' 05.2" E 19° 01' 09.8". **max. WOMOs:** >5.
Ausstattung/Lage: Gebührenpflichtiger Parkplatz auf Schotter ohne alles; Parkgebühr bei der Rezeption (9-19 Uhr) zu entrichten, nicht einsam, aber ruhig. **Zufahrt:** Siehe Text.

Wandertipp: Kebnekaise (58 bzw. 46 km / 3 Tage)
Nachdem wir am Vorabend bei Regen in **Nikkaluokta** gelandet sind, überrascht uns ein blendender Spätsommer-Morgen und ich beim Frühstück meine kurzzeitig fassungslose bessere Hälfte Annegret mit der Mitteilung, diese tolle Chance unbedingt nutzen zu wollen und überrede sie zu einer 3-Tage-Tour zum ***Kebnekaise***, dem höchsten Gipfel Schwedens. Bei der umfassend hilfsbereiten Rezeption erkundigen wir uns hinsichtlich der Wetter-Prognose, lassen nach positivem Bescheid in der ***Kebnekaise Fjällstation***, unserem Basislager, anrufen und dort ein 2-Bett-Quartier reservieren, verlängern unseren Parkschein und packen anschließend die Rucksäcke für unser kleines Abenteuer, das uns noch lange in Erinnerung bleiben wird.

1. Tag: Nikkaluokta - Kebnekaise Fjällstation (19 bzw. 13 km / 6-7 h)

Wir starten gegen 11 Uhr, finden den Einstieg zum ***Kebnekaiseleden*** ohne Probleme direkt neben der roten Herberge, heben uns die gleichfarbige Kapelle rechts auf dem Hügel für den Rückweg auf, marschieren auf leichtem Weg frohgemut los und sind schon mal ganz stolz auf unseren kühnen Plan. Auch ohne Zelt haben wir einiges an Gepäck dabei, doch wirklich belastend sind die Rucksäcke nicht, und so erreichen wir nach 1 ½ Stunden Wurzel-und-Steine-Pfad durch Birkenhain die Imbiss- und Bootsstation ***Nedre Båtbryggan***, wo man einfach Pause machen muss. Wir belassen es für heute bei einem Kaffee aus der Samen-Kåta und beschließen, heute noch gut bei Kräften, auf den Bootstransfer den See entlang zu verzichten, Das

Boot fährt von hier aus zwischen 8 und 20 Uhr etwa alle 2 Stunden, man ist eine halbe Stunde unterwegs und verkürzt die Wanderung zum Tagesziel ungefähr um 6 km. Nach 1 ½ Stunden guter Wegstrecke passieren wir den Zugang zur ***Övre Båtbryggan***, heute haben wir noch 8,5 km zu gehen und es breitet sich Schritt für Schritt ein immer gewaltigeres Hochgebirgs-Bergpanorama mit schneebedeckten Abschnitten vor uns aus. Zuletzt geht es auf einer Hängebrücke über den reißenden Fluss, der am Fuße einer mit Blümchen dekorierten Felsenschlucht der Schwerkraft talabwärts folgt, und gegen 17.30 Uhr kommen wir schließlich bei der ***Kebnekaise Fjällstation*** an, einem am Hang verteilten Komplex von Holz-Gebäuden. Beim Haupthaus zieht sich jeder im Vorraum die Stiefel aus, und es empfängt uns die Atmosphäre eines freundlichen Berghotels. Wir checken ein, bezahlen für unser 2-Bett-Zimmer mit Dusche/WC auf dem Flur gerne den Luxus-Aufschlag auf den Mannschafts-Raum-Preis, schleichen ganz hinauf zur Hütte ***Liddo*** und beziehen unser spartanisches Quartier. Im Shop wird noch eine detaillierte 1:20.000er Karte vom ***Kebnekaise-Massiv*** gekauft, dann vom leckeren Abend-Büfett geschlemmt und mit allerlei Informationen unser morgiger Gipfelsturm vorbereitet. Wir entscheiden uns gegen die geführte Tour auf dem ***Östra leden*** über den Gletscher und für die Route über den ***Västra leden***: 10 km hoch auf den ***Kebnekaise*** und 10 wieder runter, das alles in 8 bis 9 Stunden gut zu schaffen, sagt man uns. In etwas banger, aber dennoch entschlossener Vorfreude krauchen wir bald in unsere Schlafsäcke und hören noch 2 Zimmer weiter die Wandersleute schnarchen.

2. Tag: Kebnekaise-Gipfeltour (20 km / 14 Stunden)

Heute war bei uns extra früh Wecken, doch als wir 7.30 Uhr nach dem Rucksack-Packen ins Haupthaus zum Frühstücks-Büfett einrücken, marschiert die geführte Tour schon los, was uns aber noch nicht weiter verunsichert. Wir starten 8.30 Uhr, sind ganz begeistert von diesem strahlenden Sonnentag und streben am Hausberg ***Kaipak*** vorbei den faszinierenden Bergriesen entgegen. Der Weg am Hang ist gut zu gehen, führt leicht bergan und man kreuzt etwa ein Duzend Quer-Flüsschen immer nach gleicher Prozedur: ein paar Schritte hinunter, auf Steinen über den meist zarten Wasserlauf und dann wieder hoch auf den Weg. Der ***Östra leden*** hat uns mittlerweile nach rechts verlassen, wir steigen nun längere Zeit kräftig das ***Kitteldalen*** hinauf, immer rechts vom reißenden ***Kittelbäcken*** entlang und müssen schließlich über mehrere seiner Zuflüsse nach links hinüber. Dieses komplizierte Manöver hält uns einigermaßen auf, Annegret findet lange keinen Weg, um trockenen Fußes über diesen heftig rauschenden Wildwasser-Fächer zu kommen, und wir fragen uns, wie diese Passage wohl erst zur Schneeschmelze im Juni zu bewerkstelligen sei. Unser Weg führt nun über

teils schwierige Abschnitte zu einem Sattel hinauf, wo wir uns zur erste Pause niederlassen. Die nächsten 300 Höhenmeter zum ***Vierramvare*** (1711 m ü.M.) hinauf gestalten sich mühsam, denn es geht auf steinigem Stolperweg steil bergauf. Hier oben müssen wir schon wieder eine Verschnaufpause einlegen und vor allem mental die topografische Gemeinheit dieser Route wegstecken, denn gegenüber kann man schon das Gipfelmassiv sehen, muss aber vorher 200 Höhenmeter auf bösem, teilweise bodenlosem Fein-Geröll hinunter zum ***Kaffedalen*** und drüben wieder fast 400 Höhenmeter auf selbigen Geläuf richtig steil hinauf, bevor man sie endlich zu Gesicht bekommt: die

erste ***Toppstuga***, umrahmt von felsigen Schnee-Feldern. Die linke ist die neuere, präsentiert sich aber total verlottert, voller Müll, aber immerhin mit Klo. 200 m rechts davon macht die ältere Schutzhütte einen gepflegteren, wenn auch keinen behaglichen Eindruck. Von hier

aus kann es nicht mehr weit sein bis zum Gipfel, doch wir sind nun in echter Zeitnot, denn es ist bereits 15.30 Uhr und im August ist es auch weit oben im Norden nicht so lange hell. Annegret ist ziemlich erschöpft und muss sich in der Schutzhütte für den Rückweg erholen, so breche ich also alleine zum finalen Gipfelsturm auf und stapfe sehr bald auf geschlossener Schneedecke über die Plateau-Kappe der Gipfelspitze entgegen. Auf dem gut gespurten „Pilger-Pfad“ kommt mir gerade eine glückstrunkene finnische Wandergruppe entgegen, so dass ich den magischen ***Sydtoppen*** des ***Kebnekaise*** (2114 m ü.M.), den höchsten Berg Schwedens, ganz für mich alleine habe. Mein Glücks-Jubel verhallt ungehört, so weit das Auge reicht liegt mir ringsum die Bergwelt zu Füßen, ich schaue auf Riesengletscher hin-

ab und bin schier überwältigt von der Wucht dieser Hochgebirgslandschaft, so auch von dem Monster-Klops dort drüben, der mit seinem langen Schatten schon das Tal verdunkelt. Jetzt wird es allerhöchste Zeit für den Rückmarsch, Annegret hatte eine Stunde Pause, und nun müssen wir uns sputen. Vom Hang der ***Toppstuga*** aus können wir weit in das Tal und dort hinten fast unsere Unterkunft sehen, haben aber bis zum Ziel noch 6 Stunden zu wandern, doch das ahnen wir zu diesem Zeitpunkt noch nicht. Der Rückweg über die Geröll-Pfade hinab, hinauf und hinab ist so mühsam wie auf dem Hinweg, der Abstieg zum ***Kittelbäcken*** ist fast anstrengender als der Aufstieg, und bei der anschließenden Flussquerung suchen wir mit zunehmend weichen Knien noch länger nach einem halbwegs gangbaren Weg durch die sprudelnden Flussarme. Das schaffen wir im letzten Büchsenlicht, später leuchtet uns der Mond und nachdem der sich hinter der einzigen Wolke verzogen hat, stolpern wir noch eine Stunde lang dem roten Licht vom Funkmast beim Ziel entgegen, erreichen unser Quartier gegen 22.30 Uhr in dunkler Nacht und fallen todmüde, aber glücklich in die Betten.

3. Tag: Kebnekaise Fjällstation - Nikkaluokta (19 bzw. 13 km / 6-7 h)

Der Gang zum Frühstück gerät noch ein bisschen staksig, wir lassen es heute ruhig angehen, futtern uns ausgiebig ohne Hast durch das Büfett und treten gegen 10 Uhr den Rückweg zum **WOMO** an. Das Wandern klappt schon wieder erstaunlich gut, wie beflügelt schweben wir durch den sonnigen Tag und greifen heute zur Feier des

Tages auf den Bootsshuttle zurück. Von Ferne hört man das Wasser-Taxi schon kommen, umgehend wird die bunte Wanderer-Fuhre mit wehender ***Sami***-Flagge zur Lappland-Wildnis-Imbiss-Station gebracht, wo wir uns bei ***„Lap Donalds“*** einen köstlichen ***Ren-Burger*** genehmigen. Das Wetter hat gehalten, die restlichen paar Kilometer spulen wir bei freundlicher Nachmittagssonne runter, kraxeln noch eben auf den Hügel zur Kapelle hinauf und sehen von oben sogar schon unser **WOMO** im hellen Licht des Nordens blinken.

Tipps:
Wenn Sie im Juni/Juli auf den ***Kebnekaise*** wollen, dann lassen Sie sich Zeit bei der Gipfeltour, denn es wird ja abends nicht dunkel. Planen Sie viele Pausen ein, nehmen Sie was zu kochen und reichlich Trinkwasser mit. Falls Sie sich nicht sicher sind, ob Sie die Tour gut bewältigen können, dann schließen Sie sich der geführten Gipfel-Tour über den Gletscher an. Diese Route ist wohl auch deutlich kürzer. Wenn Sie Zeit genug haben, warten Sie auf einen Tag mit freundli-

chem Wetter, bei Regen wird die Wanderung zur Tortur. Als Ausrüstung werden dringend stabile Bergstiefel und 2 Stöcke benötigt.

Fazit:
Wir sind nicht mehr die jüngsten, nicht sonderlich gut trainiert, waren (wie zu lesen) auch nicht besonders clever in Bezug auf die Zeitplanung und zum Schluss so richtig platt, doch es war ein unglaubliches Erlebnis, in diesem gigantischen Gebirge unterwegs zu sein, und ein erhebendes Gefühl, es geschafft zu haben.
Trauen Sie sich die Tour ruhig zu!

Nun wollen wir uns **Kiruna** (vom samischen **Girun** = Schneehuhn) zuwenden, einer ganz besonderen Stadt, die ihre Existenz ausschließlich dem Eisenerz verdankt. Als ihr Gründer gilt der erste ***LKAB***-Chef ***Hjalmar Lundbohm***, ein Geologe mit kulturellem Interesse und Visionen: **Kiruna** sollte eine Mustergemeinde werden. Um solchen Wildwuchs wie in **Malmberget** zu vermeiden, wurden die besten Architekten und Städteplaner verpflichtet, und die bauten unter besonderer Berücksichtigung der klimatischen Verhältnisse diese typischen geschlungenen Straßenzüge nach unregelmäßigem Muster, um den Wind zu bremsen. Doch **Kiruna** sorgte nicht nur wegen seiner speziellen Architektur für Aufsehen, die Stadt wurde zu Beginn des 20. Jahrhunderts auch zum sozialen Experimentierfeld, wo man sich um die Arbeits- und Lebensbedingungen der Mitarbeiter kümmerte, ein zu dieser Zeit geradezu revolutionäres System bei der Berufsausbildung einführte und ein besonders vielfältiges und bis heute lebendiges Vereinsleben förderte.
Jetzt sind wir am ersten Kreisverkehr von **Kiruna** angekommen, fahren hier geradeaus rüber, an der nächsten Kreuzung nach links auf den ***Hjalmar Lundbohmsvägen***, am bemerkenswerten ***Rathaus*** vorbei und hinter dem umstrittenen ***„Brutalfunks“***-Wohnhaus-Ensemble von ***Ralph Erskin*** schließlich rechts weg zum Parkplatz vor

dem ***Folkets hus*** mit der ***Touri-Info***. Bevor man das Stadt-Besichtigungs-Programm zusammenstellt, sollte man sich erkundigen, wann am Folgetag die Touren zur ***LKAB InfoMine*** (3 Stunden, Kinder ab 6 Jahre, Preise 2011: 295 SEK, ermäßigt 195 SEK, Kinder 6-15 J. 50 SEK) mit deutschsprachiger Führung stattfinden und gleich buchen. Die Busse zum Besucherbergwerk starten hier vor der Tür, bringen die Touristen 500 m tief hinunter in den kühlen Berg, wo sie dann alles über Abbau und Verarbeitung des Eisenerzes im größten unterirdischen Bergwerk der Welt erfahren. Zum Ende der Tour darf sich jeder noch Eisenerz-Stückchen und Pellets als Souvenirs mitnehmen, bevor es zurück ans Tageslicht geht.
Vom zentralen Parkplatz aus kann man dann zum Stadtrundgang starten, sich an den vielen Läden, den Schneehuhn-Plastiken und dem filigranen Rathausturm samt Glockenspiel erfreuen und sollte aber dabei auf keinen Fall versäumen, die stolze falunrote ***Kiruna kyrka*** zu besichtigen. Das 1912 in Form einer ***Sami***-Kåta gebaute und sehr schön ausgeschmückte Gotteshaus mit dem strahlenden Altargemälde von ***Prins Eugen*** (1865-1947) wurde 2001 zu *„Schwedens schönstem Gebäude aller Zeiten“* gekürt.

(148) WOMO-Stellplatz: Luossavaara Lift (571 m ü. M.)

GPS: N 67° 52' 21.7" E 20° 12' 34.9". **max. WOMOs:** >5.
Ausstattung/Lage: Ohne Ausstattung, einsam
Zufahrt: Den ***Hjalmar Lundbohmvägen*** vom ***Folkets hus*** aus weiter nördlich bis zum Ende folgen, weiter den Hinweisen ***Luossavaara/ Utsiktsberg*** nach (der Orientierungspunkt „Alter Förderturm“ wurde 2011 gerade abgerissen), dann asphaltierter Liftparkplatz rechts. Achtung: Die vormalige Zufahrt von der E 10 aus ist gesperrt.

(149) WOMO-Stellplatz: Luossavaara Utsikt (699 m ü. M.)

GPS: N 67° 52' 39.2" E 20° 13' 25.4". **max. WOMOs:** 2-3.
Ausstattung/Lage: Naturbelassener Logenplatz links der Auffahrt mit Blick weit in die Berge, Kurzwanderung zum Gipfel des ***Luossavaara***.
Zufahrt: Am Liftparkplatz vorbei führt ein Fahrweg von wechselnder Güte in steilen Serpentinen hinauf, zum Schluss Schotter. 2,4 km nach dem Liftparkplatz links.
Alternative: Agile WOMOs fahren 200 m zum finalen Parkplatz weiter.

(150) WOMO-Campingplatz-Tipp: Ripan

GPS: N 67° 51' 37.6" E 20° 14' 27.1". **Öffnungszeiten:** ganzjährig. **Ausstattung/Lage:** Asphaltierte, terrassenförmig angelegte Stellplätze, gute Ausstattung, beheiztes Freibad, Mini-Golf, Restaurant, Preis 2011: 225 SEK. **Zufahrt:** Im Nordwesten der Stadt, ausgeschildert.

Der eigentliche Boom in **Kiruna** begann erst 1903 mit Vollendung der Erzbahn nach **Narvik**, wohin bis heute die endlosen Lorenzüge durch die Berge zum Exporthafen nach Norwegen rollen. Zur damaligen Zeit galt der Bau dieses Schienenweges als sensationelle Pionierleistung, denn es war die nördlichste Eisenbahnstrecke der Welt, und alles was Ihnen von nun an in Verbindung mit dem Wort ***Rallar*** begegnet, hat mit diesem unter englischer Leitung entstandenen Bauwerk zu tun. Meist direkt neben der Bahnlinie wurde auch die **E 10** nach Norwegen ausgebaut, die für die Touristen den schönen Beinamen ***Nordkalottvägen*** erhielt. Auf dem sind wir nun zu einem 110-km-Abstecher in die äußerste Nordwest-Ecke Schwedens unterwegs, um uns erneut der bezaubernden Gebirgslandschaft Nordlapplands zuzuwenden. Schon bald zeigen sich schneebedeckte Berge, Flüsse, Seen und Klein-Birken sowie die ersten **WOMO**-Not-Quartiere am Wegesrand: 20 km hinter **Kiruna** nach der Brücke über den ***Östra Rautasälv*** rechts [**151**: N 67° 59' 31.0" E 19° 55' 15.0"] und 1,7 km später vor jener über den ***Västra Rautasälv*** links [**152**: N 67° 59' 38.8" E 19° 52' 56.0"]. Nun geht es straff auf die Berge zu, durch ein Sumpf-Seen-Gebiet, wir sehen weitverstreut kleine Häuschen im Gelände, wieder einmal konsequent zweisprachige (schwedisch/samisch) Beschilderung und zwei weitere WOMO-Plätze für Anspruchslose auf schmucklosen Asphalt-Karrees: hinter **Rensjön** links [**153**: N 68° 04' 38.8" E 19° 49' 53.7"] sowie 9 km danach bei **Bergfors** rechts [**154**: N 68° 08' 59.2" E 19° 47' 00.5"]. Jetzt schiebt sich erstmals der riesige ***Torneträsk*** ins Bild, an dem wir auf den nächsten 60 km mehr oder weniger dicht entlang fahren werden, eine unserer **WOMO**-Traumstrecken, gespickt mit einzelnen Pausenplätzen nahe der Straße.

(155) WOMO-Picknickplatz: Torneträsk

GPS: N 68° 13' 18.7" E 19° 42' 32.6".
max. WOMOs: 3-5.
Ausstattung/Lage: Asphalt-Parkplatz 50 m neben der Straße, Picknickbänke, Trockenklo, Feuerstellen, Müllbehälter, 24-h-Begrenzung, Richtung „Brygga" noch 2 weitere Picknick-Plätze mit Feuerstellen am Wasser für kleine WOMOs.
Zufahrt: 10 km nach **(154)**, gleich nach dem Ortsschild **Torneträsk** rechts.

(156) WOMO-Stellplatz: Kaisepakte

GPS: N 68° 17' 23.9" E 19° 18' 02.5". **max. WOMOs:** 3-5.
Ausstattung/Lage: Geschotterter Parkplatz und Bootseinsatzstelle für See-Angler unterhalb der Straße, 50 m zum See-Ufer, einige „stationäre“ Caravans.
Zufahrt: 19 km nach **(155)**, 200 m nach Ortsschild **Kaisepakte** rechts, dann 200 m hinunter.

(157) WOMO-Picknickplatz: Pessisjåkka

GPS: N 68° 18' 11.3" E 19° 13' 52.1". **max. WOMOs:** 3-5.
Ausstattung/Lage: Gut ausgestatteter Rast-Platz mit WC, Latrine, Müllbehälter, 24-h-Begrenzung. **Zufahrt:** 3,4 km nach **(156)** rechts.

Uns begeistert jedes Mal aufs Neue die grandiose Kulisse dieses Bergpanoramas mit dem unglaublichen ***Lapporten*** und dem endlosen See, die wir „im Tiefflug“ passieren und schließlich in **Abisko** landen, dem Eldorado der Hochgebirgs- und Trogtal-besessenen Wandersleute aus aller Welt. Vor der Tankstelle geht es rechts zum **Campingplatz** hinunter, der aber nach unserer Wahrnehmung nicht (mehr) für Touring-Gäste vorgesehen ist. Ein kurzes Stück auf der **E 10** weiter erreichen wir die

Abisko Turiststation (Tages-Lunch von 12-14 Uhr, Outdoor-Laden, Wetter-Infos) mit dem benachbarten ***Abisko Naturum*** (8-12 u. 13-18 Uhr), wo man sich auf das Revier einstimmen und dann zu unvergesslichen Kurz-Wanderungen im ***Abisko Nationalpark*** oder gar zur großen ***Kungsleden***-Trekking-Tour aufbrechen kann. Vom nördlichen Ende hier in **Abisko** bis zum südlichen in **Hemavan** (Tour 5) hat man 450 km zu wandern, was wohl für einen **WOMO**-Urlaub etwas üppig wäre, doch ein Stück zum Probieren gibt es schon.

WOMOs in Abisko
In Bezug auf die Stellplatz-Situation haben wir trotz intensiver Gespräche im ***Naturum*** keine plausible Antwort bekommen, was das unklare Verbotsschild auf unserem angestammten Quartier am ***Bahnhof*** gegenüber und neuerdings auch bei der ***Linbana*** bedeuten könnte und empfehlen daher, es zu ignorieren, da offensichtlich keine Sanktionen zu erwarten sind. Wie man hört, wird auf Nachfrage auch schon mal das (einmalige) Über-Nacht-Parken beim ***Naturum*** erlaubt.

(158) WOMO-Wanderparkplatz: Abisko T Bahnhof

GPS: N 68° 21' 25.1" E 18° 46' 53.2". **max. WOMOs:** >5.
Ausstattung/Lage: Idealer Ausgangspunkt für den ***Kungsleden*** und kürzere Wanderungen; Schild: *„No Camping Caravan or Motor Home“.*
Zufahrt: Gegenüber der Einfahrt zur ***Abisko Turiststation/Naturum*** links durch die Bahnunterführung (3,50 m), dann großer Schotterparkplatz links.

(159) WOMO-Wanderparkplatz: Abisko Linbana

GPS: N 68° 21' 42.4" E 18° 46' 09.3". **max. WOMOs:** 2-3.
Ausstattung/Lage: Etwas unebenes Areal bei der Talstation vom Sessellift zum ***Njulla***-Massiv, Trockenklo. Schild: *„No Camping Caravan or Motor Home“*
Zufahrt: Durch die Eisenbahnunterführung (3,50 m), dann nach rechts dem Fahrweg hinauf bis zum Ende folgen.

Wandertipp: Abisko Canyon (2 km/1 h)
Wir starten bei der ***Abisko Turiststation***, gehen an der Ausfahrt zur Straße vorbei, nehmen dann den ***Rallarstigen***, gehen zwischen dem ***Grenzschutzmuseum*** (Mo-Fr 10-16 Uhr, Eintritt frei) und der Feuerstelle Richtung Schlucht und finden dort den Einstieg zum ***Canyon***-Rundweg. Der reißende ***Abiskojåkka*** hat sich hier eine prima Bahn tief in den Schiefer-Fels geschliffen und strebt mit Vehemenz seinem

Ziel im nahen ***Torneträsk*** entgegen. Dieses faszinierende Schauspiel entfesselter Naturgewalt können sich Unerschrockene sogar von der Nähe anschauen. Kleine Mutprobe gefällig? Fast noch in Sichtweite der Hütte führt ein schmaler, nur mit einem Drahtseil gesicherter Treppchenweg am Abgrund entlang links hinunter zum brodelnden Fluss, wo man zur Belohnung einen besonders exklusiven Pausen-Felsen mit Dach vorfindet. Oben geht es auf einem Bohlenweg durch Birkengrün weiter, wir passieren eine Blümchenwiese mit Erklärungstafel und sehen voraus schon das Brückchen über den Rauschefluss, auf dem wir eine ganze Weile mit andächtigem Staunen verharren: unten der wilde smaragdgrüne Fluss, das satte Grün des Birkenteppichs ringsum, der tiefblaue ***Torneträsk*** voraus, dahinter die schneebetupften Berge und über allem dieser zartblaue Himmel des Nordens. Auf der anderen Seite des Canyons geht es auf Bohlenwe-

gen wieder hinauf, doch wir kommen nur langsam voran, da alle paar Meter ein neues Fotomotiv nach Verewigung schreit, und viele Blümchen am Wegesrand bewundert werden wollen. Oben kann man am anderen Ende des Fußgängertunnels gleich zur ***Naturstig***-Runde durchstarten, oder aber zurück zum **WOMO** streben.

WOMO-Cache Nr. 18

GPS: N 68° 21' 35.1" E 18° 46' 39.3". **Schwierigkeit**: leicht.
Tipp: Der Schatz ist beim Einstieg zur Mutprobe versteckt.

Wandertipp: Abisko Naturstig (5 km/2 h)
Hinter dem Fußgängertunnel, unter der Bahnbrücke und der Brücke vom Fahrweg zum Lift hindurch wandern wir direkt links vom ***Abiskojåkka*** flussaufwärts, der uns immer noch heftig entgegenkommt. Der ***Kungsleden*** stößt von rechts zu uns, wir treffen auf eine Abbruchkante mit bizarr geschichteten Felsscheiben und wähnen uns in einem Marmor-Steinbruch. Wie auf einem Parkweg geht es weiter durch einen blumenbestückten Birkengürtel, die letzten Canyon-Felsen haben wir hinter uns gelassen, der Fluss rauscht nun breiter und etwas entspannter, wir dringen gelegentlich nach rechts durch die wuchernde Vegetation zum Gesprudel vor und gönnen uns ein atemberaubendes, fast kitschig schönes Hochgebirgs-Panorama: von Birkengrün gerahmtes Wildwasser vor Schneebergen. Beim „Meditationsplats" kann man seine Picknick-Pause mit schönem Ausblick genießen, um dann den Fluss zu verlassen und dem ***Naturstig*** mit der gelben Blume nach links zu folgen. Hier wechseln sich Bohlen-Weg durch Sumpf und Birken-Pfade ab, wir kommen an einem See vorbei, wo ein paar große alte Kiefern stehen und treffen auf einen Picknickplatz mit Feuerstelle. Durch Wald und über Bohlen setzen wir die Runde fort, sind ganz verzückt über die Berggipfel im Rund, sehen den ***Torneträsk*** schon in der Ferne, die ersten Straßengeräusche künden vom baldigen Ziel unserer Wanderung, wir nehmen den querenden Weg nach links und landen schließlich am viel fotografierten Holz-Tor vom ***Kungsleden***-Einstieg.

Wander-Tipp: Njulla-Tour (4 km/4 h)
Wenn Sie nicht schon an der Talstation vom ***Njulla***-Lift stehen, dann kommen Sie doch mal den Fahrweg hinauf, denn hier geht es los. Wir studieren den Aushang mit den Wetter-Daten von der Bergstation und beginnen die Tour zum ***Njulla***-Gipfel mit dem Sessellift, der uns 25 Minuten lang ausgesprochen entspannt den Hang hinaufschweben lässt. Ringsum zwitschern vergnügt die Vöglein, es ist windstill, klar und sonnig: ein perfekter ***Njulla***-Tag! Wer nun irgendwo etwas wie „der Lift zum Gipfel" gelesen hat, merkt spätestens jetzt, dass man noch 2 km Bergwanderung zum Ziel vor sich hat, wenn man sich nicht

mit dem Blick von der Liftstation ins Tal hinunter begnügen möchte. Der Aufstieg ist gut ausgelatscht, nicht weiter schwierig aber durchaus schweißtreibend und nach einer Stunde absolviert. Die Gipfel-Rast auf 1169 m genießen wir ausführlich, denn wir können nicht genug bekommen von der Fernsicht zu den tiefverschneiten alpinen Winter-

zacken des Hochgebirges, hinab auf die Seen und hinüber zum gigantischen ***Lapporten***, dem Markenzeichen der riesigen ***Kiruna***-Kommune. Der Abstieg geht etwas schneller und nach einer Kaffee-Pause in der Bergstation bringt uns der Lift wieder hinab. Jetzt hat man in Fahrtrichtung die bessere Aussicht, kann den Blick schweifen lassen und den Weg vom ***Naturstig*** noch einmal visuell verfolgen. Über uns kreist ein Adler, lautlos ziehen Boote über den riesigen ***Torneträsk*** und viel zu schnell sind wir wieder unten beim sonnenbeschienenen **WOMO** und messen 40°C außen/30°C innen.

Auf der **E 10** in Richtung **Narvik** folgt ein Steinschlag-Abschnitt mit Halteverbot und 1,8 km nach dessen Ende parken wir hinter der ***Rakasjåkka***-Brücke rechts [N 68° 24° 12.6" E 18° 41' 45.0"], um dieses Fluss-Finale mit dem berühmten ***Silverfallet*** bis ganz hinunter zum Steinstrand vom ***Torneträsk*** zu begleiten: eine lohnende Kraxelei mit Brückchen, vielen Trollblumen und ganz viel weißem Sturzwasser. Gleich 350 **E 10**-Meter weiter biegen wir links ab und kurven hoch zu einem interessanten, wenn auch kostenpflichtigen Wander-Quartier.

(160) WOMO-Campingplatz-Tipp: Björkliden

GPS: N 68° 24' 18.0" E 18° 40' 50.9". **Öffnungszeiten:** Ganzjährig. **Ausstattung/Lage:** Stellplätze auf Feinschotter in mehreren Abteilungen zwischen Dauer-Caravanern, gute Sanitärräume, Einchecken im ***Hotell Fjället*** oberhalb. Preis 2011:190/240 SEK. **Zufahrt:** Siehe Text.

Am nächsten Morgen fahren wir erneut beim Hotel vor und wollen nur mal eben die Wandermöglichkeiten erkunden. Wie die Marienkäfer auf dem Zeigefinger steigen wir am „Nördlichsten Golfplatz der Welt" vorbei immer höher und höher, dann ganz fasziniert an Stromschnellen und Wasserfällen entlang bis hinauf aufs Fjäll. Hier oben pfeift mir der Wind durchs Hemd, denn wir haben nichts weiter dabei, wir wollten doch nur mal gucken. Im Hotel erklärt man uns auf Anfrage, dass wir gerade beim ***Kåppas***-Fall waren, wir nehmen hier noch das „Dagens lunch" und schauen beim Tafeln im Restaurant ***„Lapporten"*** ganz begeistert durch die Riesenfenster zum nämlichen hinüber.
Der nächste Picknickplatz [**161**: N 68° 25' 55.1" E 18° 40' 16.3"] mit 24-h-Limit Richtung Norwegen ist gut ausgestattet wie besucht und bietet zudem verschiedene Wanderwege, so zum 2 km entfernten ***Rallarkyrkogård***, einem merkwürdigen Friedhof für die Opfer des Erzbahn-Baus. Wir ziehen noch 4 km auf der **E 10** weiter zum ***Báktájávri***, dem nördlichsten Stellplatz in diesem **WOMO**-Führer und haben zwei Ratschläge.
Erstens: Die Fahrt nach ***Riksgränsen*** kann man sich getrost verkneifen, falls man sich nicht anschließend vom Büchlein ***„Mit dem Wohnmobil nach Nord-Norwegen"*** von ***Schulz/Roth-Schulz*** führen lassen möchte.
Zweitens: Nehmen wir mal an, es ist ein freundlicher sonniger Abend im Juli, dann erklimmen Sie mit Klappstühlen, Imbiss und feierlichen Getränken den Birkenhang gegenüber vom Stellplatz und verbringen auf dem Fels-Plateau ein unvergessliches Picknick mit umwerfender Aussicht und Sonne bis spät abends.

(162) WOMO-Picknickplatz: Báktájávri

GPS: N 68° 26' 22.3" E 18° 35' 12.6". **max. WOMOs:** 3-5.
Ausstattung/Lage: Asphaltierter Platz mit fester Wiese drum herum, Müllbehälter, Picknickbänke am See, straßennah, aber ruhig.
Zufahrt: Siehe Text.

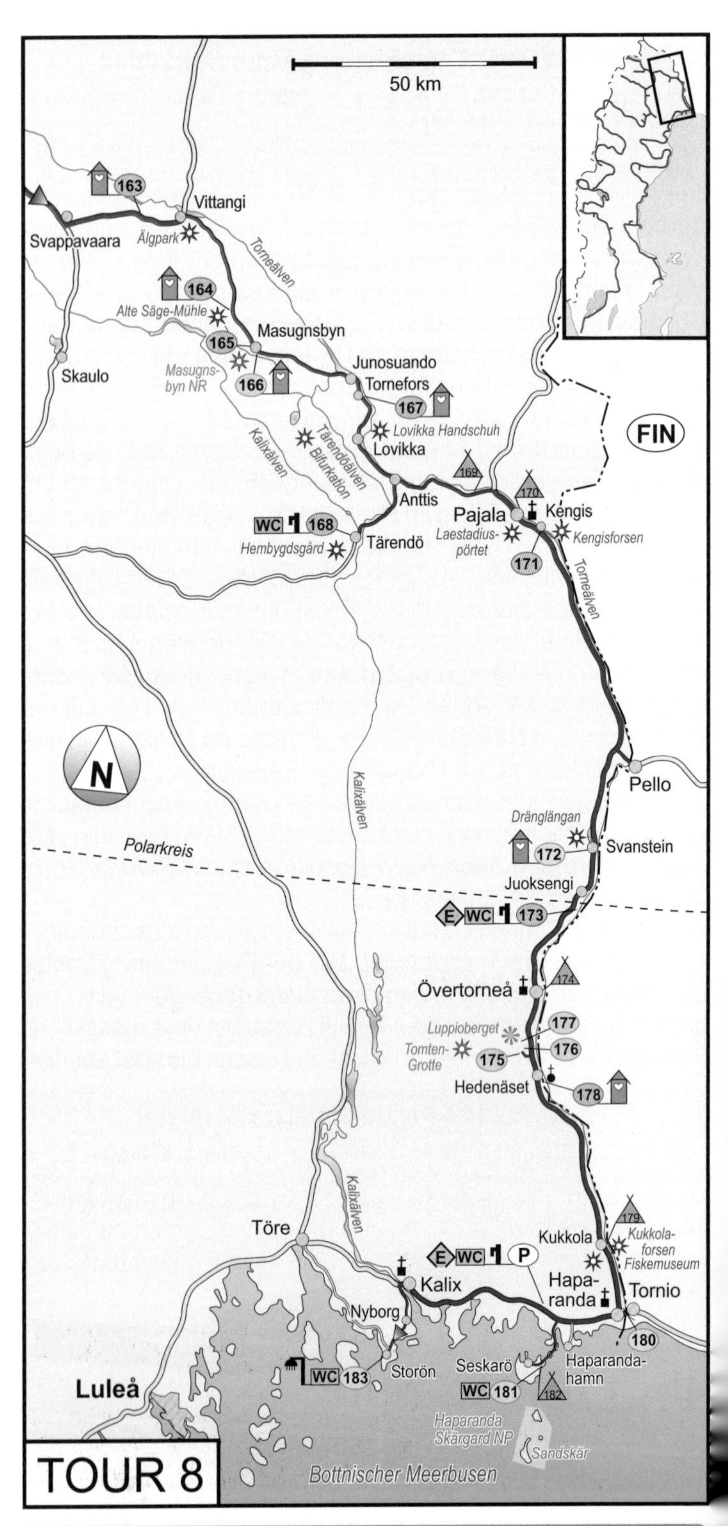
50 km
163
Svappavaara
Vittangi
Älgpark
Torneälven
164
Alte Säge-Mühle
165
Masugnsbyn
Masugns-byn NR
166
Skaulo
Junosuando
Tornefors
167
Lovikka Handschuh
Lovikka
Kalixälven
Tärendöälven
Bifurkation
169
FIN
170
Anttis
Pajala
Kengis
168
Tärendö
Hembygdsgård
Laestadius-pörtet
Kengisforsen
171
N
Kalixälven
Pello
Dränglängan
172
Svanstein
Polarkreis
Juoksengi
E
WC
173
Övertorneå
174
Luppioberget
177
Tomten-Grotte
176
175
Hedenäset
178
Töre
179
Kukkola
Kukkola-forsen Fiskemuseum
P
Kalix
Hapa-randa
Tornio
Nyborg
180
Storön
183
Seskarö
Haparanda-hamn
Luleå
181
182
Haparanda Skärgard NP
Sandskär
TOUR 8
Bottnischer Meerbusen

TOUR 8 (ca. 450 km / 6-8 Tage)

Vittangi - Tärendö - Pajala - Svanstein - Övertorneå - Haparanda - Kalix - Seskarö - Storön

Freie Übernachtung:	Suptallen, Säge-Mühle, Masugnsbyn (2), Tornefors, Svanstein, Kattilakoski, Luppioberget, Hedenäset, Seskarö, Storön.
Campingplätze:	Liviöjoki, Pajala, Övertorneå, Kukkolaforsen, Haparanda.
Baden:	Svanstein, Haparanda, Seskarö, Storön.
Besichtigen:	Vittangi Älgpark, Masugnsbyn, Bifurkation, Hembygdsgård in Tärendö, Laestadiuspörtet in Pajala, Kengisbruk/Kengisforsen, Drängängan in Svanstein, Kirche in Övertorneå, Fiskemuseum Kukkolaforsen, Haparanda (Stadhotel, Kirche von Nedertorneå), Kirche in Kalix.
Wandern:	Masugnsbyn Naturreservat, Luppioberget.

Die großen Flüsse in ***Nord-Schweden*** folgen alle dem selben Schema: Sie kommen aus dem Hochgebirge, fließen von Nordwesten nach Südosten durchs Land und schließlich in den ***Bottnischen Meerbusen***, wo die Städte an der Mündung dann ihre Namen tragen. Für die beiden nördlichsten der vier schwedischen Naturflüsse gilt im Prinzip das Gleiche. Der ***Kalixälv*** speist sich aus den Gletschern des ***Kebnekaise***-Massivs, fließt frei und ohne Wasserkraft-Ausbeutung nach **Kalix**, das eigentlich **Kalixå** heißen müsste, und der ***Torneälv*** als Europas längster unregulierter Strom ist sogar noch etwas freier: Er kommt vom riesigen ***Torneträsk*** und mündet bei der schwedisch/finnischen Zwillingsstadt **Haparanda/Tornio**, manchmal liest man aber auch schon von **Torneå**, doch dazu später. Wir lassen uns nun von diesen leicht eigenwilligen Flüssen zum Meer eskortieren, reisen also durch das nordschwedische „Zweistromland“ und werden bald noch von einem höchst seltenen Natur-Phänomen zu berichten haben, das die beiden miteinander verbindet.

Wir starten nun am Abzweig zur **45** Richtung **Karesuando**, rollen bis **Vittangi** sogar auf der klangvollen ***Via Lappia*** und stoppen unterwegs beim Rastplatz bei der legendären kugelköpfigen ***Suptallen***, der „Saufkiefer“, wo früher die Kutscher ihre Pferde und sich selbst versorgt haben, wenn auch mit unterschiedlichen Getränken.

(163) WOMO-Picknickplatz: Suptallen

GPS: N 67° 40' 09.5" E 21° 24' 20.0".
max. WOMOs: 2-3.
Ausstattung/Lage: Vereinzelt kleine Buchten am Hochwald, Picknickbänke, Feuerstellen, Müllbehälter, Trockenklo, Parkstreifen direkt neben der Straße, aber wenig Verkehr.
Zufahrt: 15,3 km nach dem Abzweig zur **45** links.

Nach 10 km flotter Piste durch den Wald begrüßt uns das beschauliche Örtchen **Vittangi** mit seinem Sägewerk und dem 2005 gegründeten ***Vittangi Älgpark*** (Mitte Juni bis Mitte August, tgl. 10-17 Uhr, Eintritt, www.moosefarm.se [N 67° 40' 42.2" E 21° 36' 44.7"]), den wir gerne, wenn auch schon als dritte Elch-Attraktion, in unser Buch aufnehmen wollen, denn wir sind schließlich in ***Schweden***. Schon die von einem Holzkünstler gestalteten Gebäude verbreiten eine ganz besondere Atmosphäre. Als uns dann ***Lars Björk*** nach einem 10-Min-Einführungs-Video zu den

Tieren ans Gehege führt, kommen ***Tuva***, ***Mooses*** und ***Hilma*** schon angetrabt, nur der alte ***Foppa*** hält sich fern. Dann sagt der Elchflüsterer einem der Riesen etwas Lustiges ganz leise ins Ohr, und es sieht tatsächlich aus, als ob der lächelt. Wir kraulen die beiden noch etwas staksigen Kälbchen und meinen: Ein Besuch hier lohnt sich ganz bestimmt.

Wenn man im Ort der **45** nach links folgt, kann man kurz darauf den seeartig erweiterten ***Torneälv*** bewundern. Wir verabschieden uns jedoch nach rechts zur **395/Pajala**, kommen am Fontäne-See, Läden und der Kirche vorbei und schnüren dann weiter durch eine Landschaft aus Wald und sumpfigen Seen. Als wir uns in dieser einsamen Gegend gerade mal wieder nach einem schönen **WOMO**-Platz sehnen, wird unser Wunsch überraschend prompt erfüllt.

(164) WOMO-Picknickplatz: Alte Säge-Mühle

GPS: N 67° 31' 46.9" E 21° 54' 49.7".
max. WOMOs: 1-2.
Ausstattung/Lage: Picknickgelände mit alten Gebäuden, Feuerstelle, Trockenklo, Müllbehälter, Sumpfsee mit Mücken.
Zufahrt: 20,4 km nach dem Ortsausgang von **Vittangi,** bzw. 2 km nach dem Abzweig nach **Merasjärvi** rechts, beim Hinweis **„Kvarnmiljö"** 100 m hinein.

Alten Spuren der traditionellen Erzverarbeitung begegnen wir in einem Dorf, das seine Bestimmung schon im Namen trägt: **Masugnsbyn**, das Schmelzofen-Dorf, also ein frühes **Eisenhüttenstadt**, klingt aber viel besser. Zum ***Bruksgård*** mit dem historischen Hochofen-Ensemble geht es 1,4 km nach dem Ortseingang nach rechts, wo es einen ***Hembygsgård*** mit Sommer-Café (Mitte Juni bis Mitte Juli 9-19 Uhr) und einer kleinen Ausstellung, ein Picknickgelände und sogar einen bescheidenen **WOMO**-Parkplatz [**165**: N 67° 27' 05.9" E 22° 02' 54.1"] auf weißem Schotter mit Hinweisen zu den nahen Naturschönheiten gibt. Die beschriebene Felsenschlucht mit der üppigen Vegetation interessiert uns sehr, wir wechseln nur den Standort, kehren zur **395** zurück, biegen nach rechts auf und finden 1,2 km danach rechts unseren Schlummerplatz beim (Treppen-)Einstieg zum ***Masugnsbyn Naturreservat***.

(166) WOMO-Wanderparkplatz: Masugnsbyn Naturreservat

GPS: N 67° 26' 59.1" E 22° 04' 41.2". **max. WOMOs:** 2-3.
Ausstattung/Lage: Geschotterter Platz, Trockenklo, Info-Tafel und Wanderwege, 30 m von der Straße, Windschutz mit Feuerstelle und Holzlager anbei am Hang. **Zufahrt:** Siehe Text.

Wandertipp: Masugnsbyn Naturreservat
Eine richtige Wanderung wird das zwar nicht, sondern eher eine spannende Erkundungstour mit Fitness-Komponente. Von der kleinen Aussichtsplattform kann man schon mal einen Blick in die tiefe baumbestandene Eiszeit-Schlucht riskieren, dann bringt uns ein Bohlenweg durch den Wald zur aufwändigen Treppen-Konstruktion, und wir steigen auf (selbst gezählten) 275 Stufen am Hang hinunter ins tiefe schmale Tal. Hier unten plätschert ein munteres Bächlein, fröhlich zwitschern die Vögelchen, wir ergötzen uns an der kraftstrotzend wuchernden Vegetation mit rekordverdächtigen Farnen und genießen die besondere Atmosphäre zu Füßen

der wildromantischen Felsen-Wände. Einen Pfad nach rechts durchs Birken-Grün, gibt es nicht mehr, da eine ordentliche Portion Hang-Geröll den Weg verschüttet hat. Bleibt uns nur noch das schweißtreibende Treppen-Steigen, das man bei Bedarf zur Halbzeit auf der Pausenbank unterbrechen kann, um sich einen ausführlichen Blick zurück zu gönnen.
Oben kann man sich über die Blaubeeren hermachen, beim roten Windschutz ein Grill-Picknick zelebrieren oder vom Parkplatz aus auf dem rollstuhlgerecht ausgebauten Holz-Podest-Weg 200 m in die andere Richtung spazieren und dieses wunderschöne Tal von der finalen Aussichtskanzel genießen.

Nach weiteren 14,5 km auf der nun etwas ruppigen **395/Pajala** halten Sie bitte vor der Brücke rechts, denn der ***Tärendöälv*** vor ihnen ist nicht irgendein Fluss, sondern etwas ganz besonderes: eine ***Bifurkation***, die zweitgrößte der Welt.

Bifurkation
Unter einer ***Bifurkation*** versteht man, einfach gesagt, eine Querverbindung zwischen zwei parallel fließenden Flüssen. In unserem konkreten Fall zweigt der ***Tärendöälv*** wenige Kilometer links von hier vom ***Torneälv*** ab, fließt vor uns von links nach rechts vorbei und nach 52 km in **Tärendö** in den ***Kalixälv***. Dabei verliert der ***Torneälv*** im Durchschnitt 56% seines Wassers an den ***Kalixälv***, bei niedrigem Pegel 81%, bei hohem Pegel 43%. Man ist sich nicht sicher, wie diese ***Bifurkation*** entstanden ist. Wahrscheinlich war das ***Torneälv***-Bett irgendwann durch heftigen Eis-Gang verstopft, so dass sich die abfließenden Wassermassen ein neues Flussbett gesucht haben. Dieses seltene Naturphänomen gibt es weltweit nur einmal noch größer: in ***Südamerika*** zwischen ***Rio Negro*** und ***Orinoko***.
Wieder was gelernt! Nicht wahr?

Wir sind nun sogar im „Dreistromland" unterwegs, werden uns in **Tärendö** noch die Mündung in den ***Kalixälv*** ansehen, haben aber ab **Junosuando** erst einmal den ***Torneälv*** zur Linken, dem man den kräftigen „Aderlass" überhaupt nicht ansieht, denn er schäumt und sprudelt nach Herzenslust, dass es uns eine Freude ist, ihm dabei zuzuschauen.

(167) WOMO-Picknickplatz: Tornefors

GPS: N 67° 24' 00.2" E 22° 34' 17.1". **max. WOMOs:** 1-2.
Ausstattung/Lage: Kleiner gepflegter Angler-Platz 30 m neben der Straße an den Stromschnellen, Trockenklo, Picknickbänke, Feuerstelle mit Holzlager, Wildblumen-Pracht, Info zur Schmelzofen-Ruine, **kein Camping**, **24-h-Begrenzung**.
Zufahrt: An der **395**, 800 m hinter dem Ortsschild **Tornefors** links, weißes Schild: **Masugnruin**.

Nach weiteren 9 km auf der **395** erreichen wir **Lovikka**, wo eine ganz spezielle Sorte Fausthandschuhe hergestellt wird, die echten ***Lovikka-Handschuhe*** eben. Wir erleben gerade einen Super-Sommer, schwitzen seit Tagen bei 30°C und tun uns etwas schwer, an kalte Hände zu denken, doch wir wissen genau: Der nächste Winter kommt bestimmt. Leider ist die kleine Handschuhfabrik namens ***Lovikkavanten AB*** im Jahre 2008 geschlossen und ausgeräumt worden, so dass am Ende

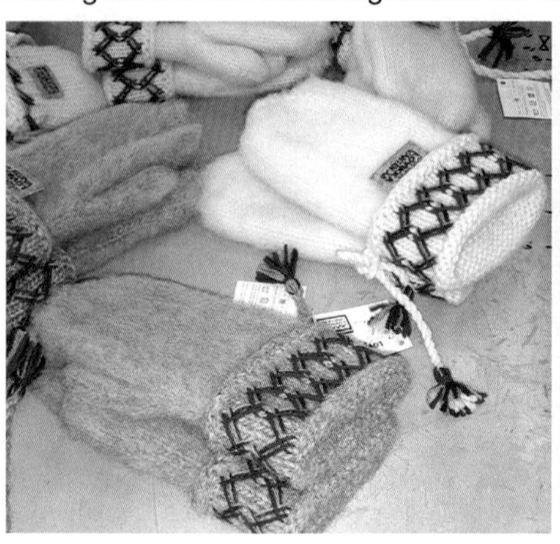

des gepflegten Ortes links nur noch die „Turm-Vitrine" mit dem Riesen-Exemplar zu bestaunen ist. *„Der größte Lovikka-Handschuh der Welt"* mit 3,50 m Höhe, 23 kg Material und 367.000 Maschen steht sogar im ***Guinness Rekordbok***. Angefangen hat alles mit ***Erika Aittamaa*** (1866-1952), die hier im Jahre 1892 anfing, mit vorgewaschener Wolle diese eigenwilligen verfilzten Handschuhe zu stricken. Später tat man es überall im Dorf, und die Handschuhe wurden zur Markenware: besonders dichtmaschig, strapazierfähig, extra warm und dazu mit Stickereien in den samischen Farben verziert. Bleibt abzuwarten, wer die Tradition in diesem Strick-Dorf weiterführen und in Zukunft zumindest den Touristen-Bedarf an diesen bemerkenswerten Fausthandschuhen decken wird.

Wir biegen in **Anttis** zur **394** für einen Abstecher nach **Tärendö** rechts ab und wollen nun das Finale der ***Bifurkation*** besichtigen. Sumpfgebiete mit puscheligem Wollgras und Sandmoränen wechseln sich ab, wir zweigen unterwegs noch kurz zum ***Tärendö Turism - Forest Hotel*** rechts ab, wo wir eine regionale Spezialität probieren: ***Souvas***, „so was" wie Geschnetzeltes aus leicht geräuchertem Rentier-Fleisch, kredenzt mit Quetschkartoffeln und Preiselbeeren. Sehr zu empfehlen! Nun also nach **Tärendö**: An der ersten Brücke kommt der ***Tärendöälv*** von rechts, an der zweiten der ***Kalixälv*** von rechts und hinter der Fluss-Insel ist letzterer dann deutlich breiter, weil vom ***Torne-***

älv kräftig bezuschusst. Der örtliche ***Hembygdsgård*** (Eintritt, Führung) gehört zu den besseren der Region und präsentiert anschaulich das Leben der letzten 300 Jahre, wir erkunden zu Fuß die ***Bifurkations***- und Event- Insel ***Tärendoholmen***, adeln den Schatten spendenden Hain davor zum **WOMO**-Platz [**168**: N 67° 09' 44.2" E 22° 38' 03.4"] (- es gibt Wasserhahn und Toilette -), kehren zur **395** zurück und streben gen **Pajala**. Majestätisch breit begleitet uns der ***Torneälv*** und beim ***Naturrastplatz Liviöjoki*** [**169**: N 67° 14' 50.8" E 23° 09' 22.0"] gibt es einen Kiosk mit *Rökt fisk* und gegen Kronen einen einfach ausgestatteten **WOMO**-Platz auf einer netten Camping-Wiese am Fluss. Kurz darauf bekommt man jedoch im **Pajala Camping** für etwas mehr Geld deutlich mehr geboten, aber vor dem Einchecken schauen wir uns im Örtchen noch ein wenig um. Wer das Buch oder den Film ***„Populärmusik aus Vittula“*** kennt, wird hier mit wissender Miene herumlaufen. In ***Nord-Schweden*** wird immer alles ordentlich groß gebaut, so auch in **Pajala**. Hier hockt ein großer hölzerner Bartkauz auf einem Pfahl, dort steht die größte Sonnenuhr der Welt und sogar die gelbe Holzkirche aus dem 18. Jahrhundert ist eine der größten ihrer Art im Lande. Auch deren Innenleben ist von skandinavisch kühler Schönheit: eine Mischung aus heller Frische und farbenfrohen Schnitzereien. Ganz in der Nähe kann man das Haus von ***Lars Levi Laestadius***, das ***Laestadiuspörtet*** (Mitte Juni-Mitte August 10-18 Uhr, Eintritt, Parkplatz anbei) besichtigen, das der berüchtigte ***Lappland***-Missionar in seinen letzten Lebensjahren bewohnte. Gegenüber im Park steht ein Gedenkstein mit Büste, auf dem sein Wirken in dieser Reihenfolge gewürdigt wird: Prediger, Kämpfer für die Abstinenz, Botaniker. Er ist schon mit 61 Jahren gestorben. Kein Alkohol ist eben auch keine Lösung.

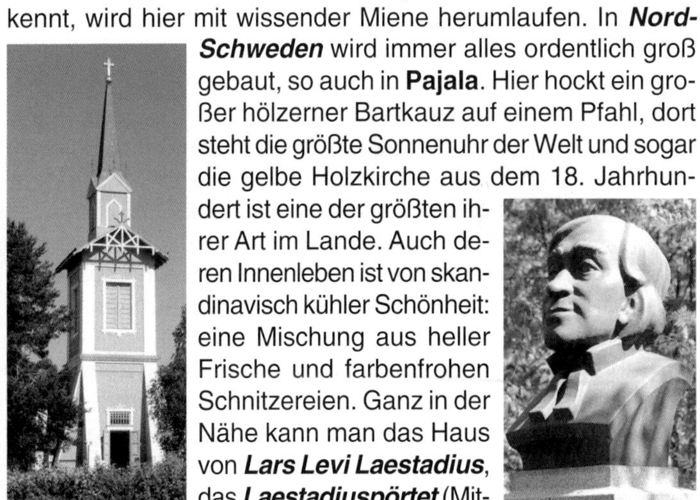

(170) WOMO-Campingplatz-Tipp: Pajala

GPS: N 67° 12' 13.1" E 23° 24' 24.8". **Öffnungszeiten:** 1.5.-30.9.

Ausstattung/Lage:
Sehr gepflegter und schön gelegener Platz oberhalb des Flusses, Stellplätze auf Golfrasen und Asphalt, gute sanitäre Anlagen, Spielplatz, Gastronomie, gute Ver-/Entsorgung, Preis 2011: 160/190 SEK.

Zufahrt: Im Ort ausgeschildert, unter der stolzen Brücke durch.

Etwa 4 km nachdem wir **Pajala** auf der **99/Övertorneå** verlassen haben, folgen wir den Hinweisen **Kengisbruk/Kengisforsen** nach links. Gegenüber vom alten Hüttenwerk toben sich diese berühmten Stromschnellen des ***Torneälv*** aus, die mit

ihrer beeindruckenden Urgewalt eine imposante Show bieten. Das Sommarcafé gibt es leider nicht mehr, aber den örtlichen Parkplatz [**171**: N 67° 11' 28.6" E 23° 30' 29.8"] können wir uns sehr gut als Not-Quartier vorstellen.

Wir kehren zur **99** zurück und begleiten von nun an den ***Torneälv*** südwärts bis zur Mündung. Auf den nächsten Kilometern passiert nicht viel, man sieht mehr oder weniger viel vom Fluss, gegenüber schon ***Finnland*** liegen und kann seine Gedanken fliegen lassen, ohne aber dabei die unberechenbaren Rentiere zu übersehen. Wenn Sie dann links auf die **402** nach **Pello** abbiegen und über die ***Torneälv***-Brücke rollen, können Sie direkt in die Tour 7 unseres Reiseführers ***„Mit dem Wohnmobil nach Finnland"*** einsteigen, oder uns zu einem 7-km-Abstecher bis zur Ortsmitte begleiten, um in einem EURO-Supermarkt mal wieder Roggenbrot zu kaufen oder etwas günstigeren Diesel zu tanken.

Wieder zurück auf der schwedischen Seite rollen wir weiter das fruchtbare ***Tornedalen*** hinunter und erreichen **Svanstein** - *Dorf des Jahres 2005* -, das originellerweise seinen Namen den ersten beiden Hüttenbesitzern namens ***Svanberg*** und ***Steinholz*** verdankt. Heutzutage fährt man zur Kur hierher, doch wir interessieren uns eher für ***Dränglängan*** (sommers 10-18 Uhr) einen von außen recht unscheinbaren Künstler-Hof 1 km nach

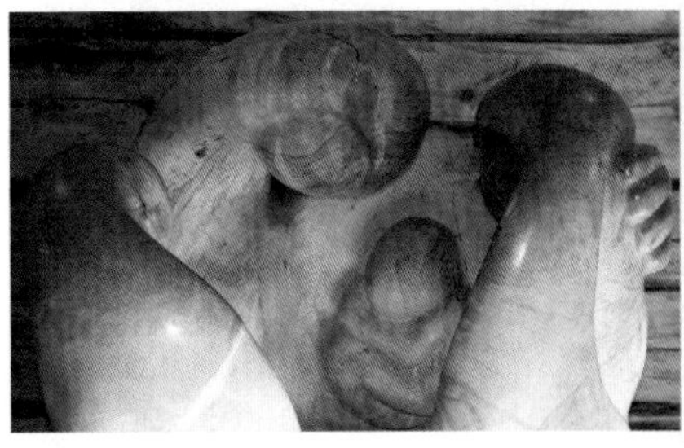

dem Ortseingang rechts. Hier sollte man sich Zeit nehmen und vor allem die Galerie mit den Holzskulpturen ausführlich würdigen. Man kann fast alles davon kaufen, auch die Antik-Exponate im nächsten Haus, oder vielleicht etwas vom erlesenen Sortiment im Souvenir-Shop. Haben Sie gesehen? Bilderrahmen aus alten Holzfenstern, ein hölzernes „Puller-

Männchen" und die wunderschön gestalteten Anlagen! Genehmigen Sie sich einen Kaffee und lassen Sie diesen reizenden Ort auf sich wirken!

(172) WOMO-Badeplatz: Svanstein

GPS: N 66° 39' 15.6" E 23° 51' 36.4".
max. WOMOs: 1-2.
Ausstattung/Lage: Badestelle am ***Torneälv***, Trockenklo, Picknickbänke, Spielplatz, Feuerstelle, Wiese, Müllbehälter, straßennah.
Zufahrt: An der **99**, 800 m nach ***Dränglängan*** links.

Weiter auf der **99** gen Süden wird im lang gestreckten **Juoksengi** Vorfreude auf das ***Polarkreiszentrum*** erzeugt, dass sich aber als publikumsfreies Café am Wegesrand entpuppt. Touri-Magneten sehen anders aus. Wir registrieren aber den „Übertritt" und freuen uns über den 2002 neu gestalteten Pausenkomplex 4,2 km danach bei den zarten Stromschnellen links, der es sogar als Luftbild-Titel auf die ***Rastplatskarte 2005*** vom ***Vägverket*** geschafft hat.

(173) WOMO-Picknickplatz: Kattilakoski

GPS: N 66° 31' 56.1" E 23° 46' 55.1".
max. WOMOs: 2-3.
Ausstattung/Lage: Architektonisch anspruchsvolles Info-Center-Gebäude mit Gastronomie (10-20 Uhr), WC-Haus mit Latrine und Außenwasserhahn, Picknickgelände mit Feuerstellen am Fluss, sogar auf der Felsen-Halbinsel bei den Stromschnellen.
Zufahrt: Siehe Text.

Richtung Süden nimmt die Attraktionsdichte entlang der **99** spürbar zu, so biegen wir nach links zur Ortsdurchfahrt von **Övertorneå** ab, passieren den freundlichen **Campingplatz** [**174**: N 66° 23' 41.6" E 23° 38' 35.6"] neben dem Freibad am Fluss und erreichen kurz danach ein unübersehbares Ensemble von ***Kirche*** (10.30-18 Uhr, Hör-Info, Führungen) und bebildertem ***Glockenturm***, dem unser nächster Besuch gilt. Das Gotteshaus aus dem 17. Jahrhundert überrascht uns mit seinem

opulent gestalteten, fast barock anmutenden Innenleben. Die goldene Pracht-Orgel aus **Spandau** (damals bei, jetzt in **Berlin**), die filigran geschnitzte, üppig ausgeschmückte Kanzel und die mittelalterlichen Holzskulpturen, unter ihnen die berühmte „Schutzmantelmadonna", werden uns besonders nachhaltig in Erinnerung bleiben.

Am nächsten Abzweig kehren wir zu unserer Straße nach **Haparanda** zurück, sehen gerade nicht so viel von unserem „Leit-Fluss", doch das wird sich gleich entscheidend ändern, denn wir biegen 9 km später rechts zum ***Luppioberget*** ab, dem Berg, in dem vermutlich der ***Weihnachtsmann*** wohnt. Wir müssen nämlich dringend mal wieder auf einen Gipfel klettern. Bei der 1,3-km-Auffahrt haben wir 70 Höhenmeter gewonnen, sehen unser vormaliges Wanderquartier [**175**: N 66° 18' 33.6" E 23° 36' 50.3"] im Umbau, fahren weiter sehr behutsam teils recht steil bergan, finden erst einen kleinen Parkplatz rechts in einer Asphaltbucht [**176**: N 66° 18' 38.3" E 23° 36' 45.6"] und dann noch einen ganz großen, neuen, geschotterten am Ende der Auffahrt [**177**: N 66° 18' 42.2" E 23° 36' 43.0"]. Die alte ***Café-Stuga*** liegt in Trümmern, wir starten also ohne Einkehr eine lustige Kraxelei über Felsen und Treppchen Absatz für Absatz aufwärts, immer fest die Gipfelfahne im Visier. Oben können Kinder und besonders gelenkige Erwachsene noch das Gipfel-Türmchen (N 66° 18' 48.0" E 23° 36' 31.0") erklimmen, doch auch ohne diese finale Akrobatik bietet sich ein großarti-

ger Ausblick über das weite ***Tornedalen*** und die unendlichen Wälder. Unterhalb kommt man noch zur ***Tomte-Grotte*** (N 66° 18' 42.7" E 23° 36' 33.3"), kann dort noch extra spannende Felsformationen bestaunen und möchte am liebsten sofort anfangen, hier Indianerfilme zu drehen.

Wieder auf der **99** rollen wir mit Sichtkontakt am ziemlich stoisch fließenden ***Torneälv*** entlang, biegen 10,8 km nach dem ***Luppio***-Abzweig am Ortsende von **Hedenäset** nach **links/Hietaniemi/Kyrka** ab und finden dort schöne Pausen-Plätze.

(178) WOMO-Picknickplatz: Hedenäset

GPS: N 66° 12' 55.2" E 23° 42' 54.6. **max. WOMOs:** 2-3.

Ausstattung/Lage: Picknickplätze am Fluss und an der Badestelle dahinter, hier Trockenklo, Feuerstelle, Windschutz.

Zufahrt: Links an der schmucken Holzkirche vorbei auf schmalem Fahrweg nach 300 m Plätze beim „Alten Marktplatz“, 100 m weiter noch Plätze bei einer Badestelle.

Abends streifen wir noch interessiert über das Kulturdenkmal gegenüber, suchen nach Resten des alten Marktfleckens, studieren verwitterte Info-Tafeln, werden aber bald von der Mücken-Meute in die Flucht geschlagen. Die folgende Flusslandschaft sieht wirklich aus wie ein besonders ertragreiches Zuchtgebiet für diese Plagegeister, man betreibt Landwirtschaft und Viehzucht und auf dem eher geruhsamen ***Torneälv*** wird von Booten aus geangelt. Ein Stückchen flussabwärts ist damit dann Schluss, denn wir erreichen die ***Kukkolaforsen***, eine unserer

Lieblingsstromschnellen. Genau wie auf der finnischen Seite gegenüber wird auch hier mit langstieligen Keschern von Holzgerüsten aus den ***Felchen*** nachgestellt. Die Fischerei-Rechte werden jedes Jahr aufs Neue versteigert und die Berechtigten keschern dann mehr oder weniger ausdauernd mit der Strömung, denn die Fische schwimmen schließlich flussaufwärts. Unten beim Besucher-Zentrum rauscht die sprudelnde Pracht kraftvoll vorbei, hier findet man Gastronomie, Fischräucherei und am Ende der alten Fischer-Kolonie ein kleines ***Fiskemuseum*** (Eintritt: Spende). Früher galten strikte Regeln: Es wurde hier jeden zweiten Tag Punkt 18 Uhr losgekeschert. Der dafür maßgebliche Uhrturm zeigt sogar heute noch die richtige Zeit an. Noch viel besser als die geräucherten Felchen schmecken uns allerdings die gegrillten. Das feste weiße Fleisch ist ausgesprochen köstlich. Auf der finnischen Seite werden die stattlichen Fische auf grob geschnitzte Stöcke gespießt, an den Seiten ordentlich geschlitzt, dann am Feuer gegrillt und gleich samt Holzspieß verkauft. Wie man von der Ferne sieht, gibt es dort drüben mittlerweile sogar eine nett gestaltete **WOMO**-Wiese, doch das komfortablere Quartier findet man sicherlich hier.

(179) WOMO-Campingplatz-Tipp: Kukkolaforsen

GPS: N 65° 57' 41.6" E 24° 02' 22.9". **Öffnungszeiten:** Juni bis August. **Ausstattung/Lage:** Wiesen-Plätze, gute sanitäre Anlagen, Sauna frei, Spielplatz, Gastronomie mit Frühstücksbrötchen-Verkauf, Fisch-Räucherei, Preise 2011: 220/250 SEK.
Zufahrt: 36 km nach dem **Hietaniemi**-Abzweig nach links, nach 300 m Zufahrt rechts.

Nach dem heftigen Aufbegehren an den ***Kukkolaforsen*** fließt der ***Torneälv*** nun breit, ruhig und gefasst seinem Ende bei der schwedisch-finnischen Doppelstadt **Haparanda-Tornio** entgegen. So wie man jetzt die europäische Einheit wie selbstverständlich lebt, stand man früher im Fokus der Weltgeschichte.

Haparanda
Im Jahre 1621 wurde **Tornio** vom schwedischen König ***Gustaf II. Adolf*** gegründet, denn Finnland gehörte damals zum schwedischen Königreich. Knapp 200 Jahre später eroberte Russland das heutige Finnland, der ***Torneälv*** war plötzlich schwedisch-russischer Grenz-Fluss und **Tornio** für Schweden verloren. So wurde **Haparanda** gegründet, zu einer wichtigen Handels- und Grenzstation ausgebaut und später gerne als Basis für Geheimdienst-Aktivitäten und Schmuggel-Geschäfte genutzt. Am Ende des zweiten Weltkrieges war der Norden Finnlands zerstört, in Tornio stand kaum noch ein Haus, doch **Haparanda** war dank schwedischer Neutralität unversehrt, und der Krieg hatte in der Grenzstadt sogar zu einem wirtschaftlichen Aufschwung geführt. So wanderten tausende finnische Familien nach Schweden aus und viele blieben gleich in **Haparanda**. Da lag es nahe, im Rahmen der europäischen Einigung nunmehr die **„Eurocity Haparanda-Torneå"** zu gestalten. Viele Institutionen arbeiten zusammen, die Menschen beider Städte pendeln wie selbstverständlich über den Fluss, sogar das leidige Problem der unterschiedlichen Währungen wird gemeistert (der EURO gilt auch in **Haparanda**), bleibt also nur noch die ärgerliche Stunde Zeitverschiebung als Grund für Verstimmungen wegen fehlgeschlagener Verabredungen.

Schon vor der **Eurocity** haben wir mit der ***Green Zone*** links ein bildhaftes Beispiel für das harmonische Miteinander: ein ***Golfplatz*** mit 13 Löchern in Schweden und 5 Löchern in ***Finnland***. Zur gemeinsamen ***Touri-Info*** beider Städte müssen wir beim Begrüßungs-Kreisel links weg, mal eben nach Finnland rüber, halten uns anschließend am selbigen Richtung **Haparanda Centrum** und irren trotz Stadtplan einigermaßen orientierungslos durch seltsam kahle Straßen. Immerhin finden wir die moderne ***Kirche von Nedertorneå*** mit dem gruseligen Werkhallen-Design, das ***Kriegsgefangenen-Denkmal*** vom ersten Weltkrieg auf dem dortigen Friedhof, das prächtige ***Stadshotel***, wo man einst

geheime Geschäfte besprach und schließlich sogar noch einen **WOMO**-Platz bei der Fluss-Wiese.

(180) WOMO-Badeplatz: Haparanda

GPS: N 65° 50' 12.9" E 24° 08' 34.9". **max. WOMOs:** >5.
Ausstattung/Lage: Beim Wiesengelände, Sportplatz, Bootseinsatzstelle, Badestelle.
Entwarnung: Von einem Übernachtungsverbot konnten wir im Juli 2011 nichts mehr entdecken.
Zufahrt: Den Hinweisen zur Jugendherberge folgen, dort flusswärts zum asphaltierten Parkplatz links oder auf die angrenzende Landzunge.

Wer sich für einen Tagesausflug mit dem Motorboot in den Dünen-Insel-Archipel des ***Haparanda Skärgård Nationalparks*** interessiert, sollte das gleich hier in der ***Touri-Info*** klar machen. Die Touren starten 8.30 Uhr in ***Haparanda hamn*** am Ende der Halbinsel südlich von **Nikkala**, man bekommt einen Imbiss und die Gelegenheit, auf der Hauptinsel ***Sandskär*** auf Erkundung zu gehen.
Nun sind wir also am Meer angekommen, genau gesagt am nördlichen Ende des ***Bottenviken***, oder im reizvollen Deutsch dem ***Bottnischen Meerbusen***, wo viele wasserreiche Flüsse münden und sich dem Badegast am folgenden Küstenabschnitt praktisch Süßwasser-Strände im Meer bieten. Eines gleich vorweg: Nicht nur wir wollen bei sommerlichen Temperaturen nun unbedingt baden gehen, sondern ganz viele Schweden ebenso, deshalb sind die nördlichsten Bade-Plätze bei entsprechendem Wetter gut besucht und meist mit Campingplätzen garniert. Beide Bedingungen erfüllt unsere erste Bucht-Station auf der ***Insel Seskarö***. Es ist Sonntag, seit Tagen gibt es Sonne pur und dazu an die 32°C (Wirklich!!!), wir rollen auf der **E 4/ Sundsvall**, biegen 13 km hinter **Haparanda** links ab und streben zügig über Dämme, Inselchen und eine schwungvolle Brücke unserem ersehnten Badespaß entgegen und sind am Ziel nicht alleine.

(181) WOMO-Badeplatz: Seskarö

GPS: N 65° 42' 52.3" E 23° 45' 41.5".
max. WOMOs: 3-5.
Ausstattung/Lage: Geschotterter Parkplatz am Hochwald, befestigter Fußweg 150 m zum Sandstrand mit sehr schöner Badestelle, dort WC, Spielplatz, Grillplätze, **keine Caravans**.
Zufahrt: Den Hinweisen und am Ende **„Parkering“** und **„Badplats“** nach links folgen.

(182) WOMO-Campingplatz-Tipp: Seskarö

GPS: N 65° 42' 46.1" E 23° 45' 20.7". **Öffnungszeiten:** 1.5.-15.9.
Ausstattung/Lage: Gute sanitäre Anlagen, Mini-Shop, Café, schöne Stellplätze mit Buchtblick im Hochwald, wenig Schatten, Sandstrand, Preise 2011: 225 SEK, Vor- und Nachsaison 160 SEK.
Zufahrt: Beim Abzweig zum **„Parkering"** noch 400 m weiter fahren.

Nur ein kurzes Stück auf der **E4/Sundsvall** weiter findet man auf dem **Picknickplatz Aavajoki** eine WC-Station mit Latrine und Außenwasserhahn, dann gibt es beidseits buschigen Birkenwald, in **Sangis** Armeebestände zu kaufen und anschließend ungewohnte Gerüche der Zellstoff-Fabriken in die Nase. Dann kommt schon **Kalix** in Sichtweite, eine Stadt, die nach ***Asterix*** und ***Obelix*** klingt, in der man gut einkaufen und mal wieder eine sehenswerte Kirche besichtigen kann. Wir achten auf den Abzweig nach rechts zur **Vägkyrka**, der ***Kalix kyrka***, eine der ältesten Kirchen weit und breit mit bewegter Geschichte: Vermutlich schon Mitte des 15. Jahrhunderts gebaut, 1595

gründlich abgebrannt, anschließend unter Opfern noch einmal gebaut, dann von den Russen geplündert und später als Stall genutzt. Heute gilt sie als Kleinod für Kirchenhistoriker, man bestaunt uralte Grabplatten, wunderschöne Holzfiguren am wertvollen Altarschrein sowie die geschnitzte Kanzel . Wir überqueren noch mit der **E 4** die Mündung des ***Kalixälv***, nehmen am nächsten Kreisel die Ausfahrt nach **Nyborg** und steuern unserem 16 km entfernten Tour-Finale, dem Badequartier in **Storön**, entgegen.

(183) WOMO-Badeplatz: Storön Havsbad

GPS: N 65° 43' 40.6" E 23° 05' 04.2". **max. WOMOs:** 3-4.
Ausstattung/Lage: Gepflegte Badestelle mit Sandstrand, lange flaches Wasser, Volleyball-Feld, Spielplatz, Feuerstelle, Café, Dusche, WC, Küche, Bezahl-Platz auf der Wiese, Preis 2011: 100/150 SEK.
Zufahrt: Über **Nyborg** nach **Storön**, dort geradeaus durchfahren und am Ende dem Bademännchen nach.

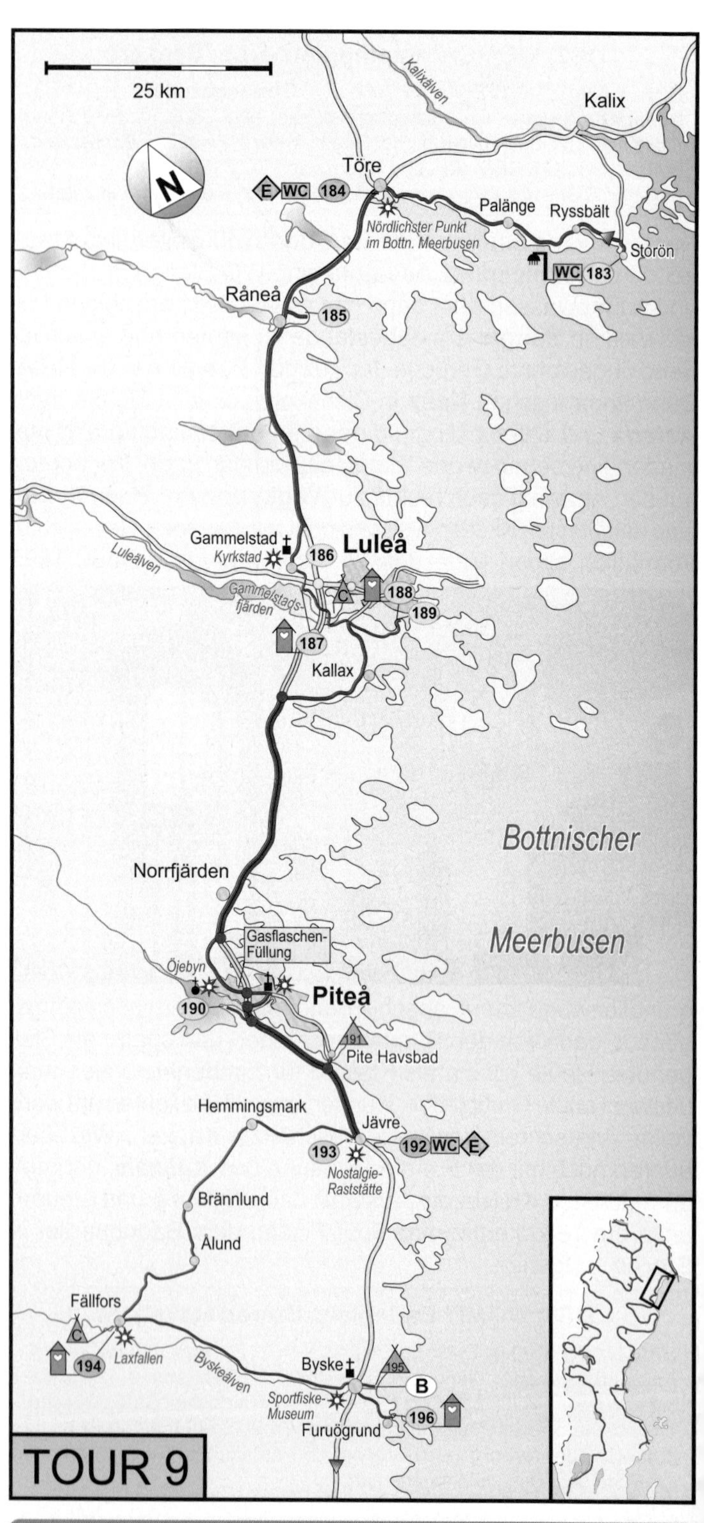
25 km
N
Kalixälven
Kalix
Töre
E
WC
184
Nördlichster Punkt
im Bottn. Meerbusen
Palänge
Ryssbält
Storön
WC
183
Råneå
185
Gammelstad
Kyrkstad
186
Luleå
Luleälven
Gammelstads-
fjärden
C
188
189
187
Kallax
Bottnischer
Meerbusen
Norrfjärden
Gasflaschen-
Füllung
Öjebyn
190
Piteå
191
Pite Havsbad
Hemmingsmark
Jävre
193
192
WC
E
Nostalgie-
Raststätte
Brännlund
Ålund
Fällfors
C
194
Laxfallen
Byskeälven
Byske
195
B
Sportfiske-
Museum
196
Furuögrund
TOUR 9

TOUR 9 (ca. 260 km / 4-6 Tage)

Gammelstad Luleå - Piteå - Jävre - Fällfors - Byske

Freie Übernachtung:	Töre, Kängsön, Gammelstad, Gammelstadsfjärden, Lulviken (2), Hemlunda, Jävre, Arkeologstigen, Fällfors, Svartnäsudden.
Campingplätze:	Pite Havsbad, Byske Havsbad.
Baden:	Kängsön, Gammelstadsfjärden, Lulviken, Pite Havsbad, Byske Havsbad, Svartnäsudden.
Besichtigen:	Gammelstad mit Nederluleå Kyrka, Piteå, Raststätte Jävre, Laxfallen und Lachsobservatorium in Fällfors, Sportfiskemuseum und Kirche in Byske.
Wandern:	Arkeologstigen.

Man kann sich das heute kaum vorstellen: Vor 500 Jahren standen weite Flächen der heutigen Küstenlandschaft Nord-Schwedens 5 Meter unter Wasser. Doch weder ein ***Tsunami*** noch eine ***Katrina*** waren dafür verantwortlich. Nein, hier hat Erdgeschichte stattgefunden und sie geht weiter! Vom Druck des Eispanzers der letzten Eiszeit befreit, ist das Land-Niveau stetig gestiegen und diese ***Landhebung*** setzt sich fort: mit 85 cm in 100 Jahren. Auch auf dem Weg von **Storön** über **Ryssbält** und **Påläng** nach **Töre** stehen all die Häuschen, Pferde und Silos auf Neuland und die Wege zur Küste werden länger, wie noch zu sehen sein wird. Wir stoßen auf die **E 4/Luleå**, fahren gleich nach 600 m wieder runter zum **Picknickplatz Töre** [**184**: N 65° 54' 26.3" E 22° 39' 22.1"], wo man ein WC mit Latrine, ein **WOMO**-Not-Quartier und ganz in der Nähe in **Töre Hamn** eine spezielle Boje vorfindet, die den nördlichsten Punkt vom ***Bottnischen Meerbusen*** markiert, falls diese Bucht nicht unterdessen verlandet ist. Gegenüber dem Bootshafen findet man auch einen Campingplatz und eine kleine Gastwirtschaft bei der Rezeption, wo man einfache Gerichte nach guter Hausfrauenart bekommt.

Wieder zurück auf der **E 4/Sundsvall** unterwegs verlassen wir diese nach 17 km mit dem Ziel **Kangsjön**, um einem Tipp vom Verlegerehepaar

Schulz zu folgen, die nachfolgenden Platz in ihrem Nord-Norwegen-Buch als Transit-Quartier verewigt haben.

(185) WOMO-Badeplatz: Kängsön

GPS: N 65° 50' 26.6" E 22° 22' 12.5". **max. WOMOs:** >5.
Ausstattung/Lage: Verlassenes Campingplatzgelände, nette Stellplätze auf einer Landzunge am See und einer Wiese mit Badestelle nebenan, Trockenklo beim Bootshafen.
Zufahrt: Richtung **Kängsjön**, dann halblinks bleiben, am Wasser angelangt an roten Häusern vorbei durch den Hafen, schließlich durch die (hoffentlich stets) offene Schranke. Insgesamt 2,5 km ab **E 4**.

Jetzt düsen wir weitere 25 km auf der **E 4** Richtung **Sundsvall** bis zum Abzweig **Gammelstads Kyrkstad**, folgen diesem Ziel und landen nach 4 km auf dem südlichen Besucherparkplatz vom alten **Luleå**, 1996 aufgenommen ins ***UNESCO Weltkulturerbe***.

(186) WOMO-Stellplatz: Gammelstad

GPS: N 65° 38' 51.9" E 22° 01' 43.9".
max. WOMOs: 3-5.
Ausstattung/Lage: Schotterparkplatz am Ortsrand mit grünem Rahmen beim Souvenierladen für den gehobenen Anspruch ***ShopinLapland***.
Zufahrt: Siehe Text.

In den nächsten Stunden streifen wir durch die größte Kirchstadt Schwedens, wo sich über 400 Holzhäuschen rund um den Kirchberg und die imposante Kirche scharen. Schon bald nachdem hier am alten Handelsplatz an der ***Luleälv***-Mündung 1621 die Stadt **Luleå** gegründet wurde, war der Hafen wegen der ***Landhebung*** zu seicht geworden, und man baute das heutige **Luleå** 10 km entfernt an die Küste. Von Wasser ist heute in der **Gammelstad** nichts mehr zu sehen, dafür aber viele interessante Winkel mit geschichtsträchtigen Gebäuden, wie ***Margaretas Värdshus*** aus dem 19. Jahrhundert, ein anspruchsvolles Restaurant mit Flair, dem ***Kaptensgården*** mit der 200 Jahre alten ***Gammelstad-Delikatessen-Butik*** oder die

Sockenstugan, dem Kirchen-Sommer-Café für die folkloristische Kaffee-Pause. Mehr über das Leben von damals erfährt man im liebevoll betreuten Freiluftmuseum ***Hägnan*** im Nordosten des Kirchdorfes (in Sichtweite vom Stellplatz), wir besichtigen nun die im Jahre 1492 geweihte ***Nederluleå kyrka*** (tgl. 9-18 Uhr, Führungen gegen Gebühr), den Mittelpunkt dieses bemerkenswerten Stadt-Ensembles. Schon von außen mit dem mächtigen weißen Turm und dem aus 90 verschiedenen Steinarten gebauten, wehrhaften Kirchenschiff eine überaus imposante Erscheinung, sind wir drinnen dann überwältigt von der überraschend reichen Ausstattung: Mittelalterliche Kalkmalereien an Decke und Wänden, eine farbenfrohe, wunderschön gestaltete Holz-Kanzel und vor allem der barocke Altarschrank mit unzähligen filigran geschnitzten Holzfiguren, gefertigt 1520 in **Antwerpen**. Ein Traum! Unsere Besichtigung mussten wir uns beim letzten Besuch allerdings richtig erkämpfen, denn diese prominente Kirche ist speziell an Wochenenden Schauplatz von Trauungen mit großer Gesellschaft im Stundentakt. Dafür hatten wir am Abend großes Glück und konnten ein wunderbares Konzert mit Orgelmusik und Sopran-Gesang genießen. Ein ganz besonderes Erlebnis und das sogar bei freiem Eintritt.

Eine Visite im neuen **Luleå** haben wir uns verkniffen, queren die ***Gammelstad***, folgen zunächst der Richtung **Piteå**, empfehlen den viel gepriesenen Campingplatz ***First Camp Luleå*** [N 65° 35' 45.2" E 22° 04' 18.0"] und bieten nachfolgend noch 3 nette Plätze in der Umgebung an.

(187) WOMO-Badeplatz: Gammelstadsviken

GPS: N 65° 37' 19.3" E 22° 01' 42.3".
max. WOMOs: >5.
Ausstattung/Lage: Breiter Parkstreifen an der Zufahrt, großer Sandhang mit Strand und Badesteg, Trockenklo, Feuerstelle, Müllbehälter.
Zufahrt: Richtung **Piteå**, dann aber **nicht** auf die **97**, sondern man folgt beim Kreisel links der Richtung **E 4/ Gäddvik** und beim nächsten Kreisel dem „Bademännchen" nach rechts, dann 600 m durch den Wald.

(188) WOMO-Badeplatz: Lulviken

GPS: N 65° 32' 41.2" E 22° 09' 19.8". **max. WOMOs:** >5.
Ausstattung/Lage: Parkstreifen am Hochwald oberhalb der Badestelle, Sandstrand, Müllbehälter, Trockenklo, straßennah, wenig Verkehr, evtl. Lärm-Belästigung vom Flugplatz.
Zufahrt: Beim Abzweig nach **(187)** weiter Richtung **Piteå**, 3 Kreisel geradeaus, die **E 4** queren, hinter der ***Luleälv***-Brücke links wie später rechts Richtung **Kallax**, dann links zur ***Lulviken***.

(189) WOMO-Stellplatz: Lulviken Bootshafen

GPS: N 65° 32' 29.8" E 22° 10' 46.5". **max. WOMOs:** 2-3.
Ausstattung/Lage: Schotter-Parkplatz links am Hochwald ohne alles.
Zufahrt: Vom Platz **(188)** noch 1,2 km weiter der Straße folgen, vor der finalen Wendestelle links.

Wir rollen von letztgenannten Platz zurück zum Abzweig, passieren wieder den stolzen ***Saab Delta Jäger*** am Eingang der Airbase, biegen links ab nach **Kallax/Antnäs** und schnüren 16 km zur nächsten **E 4**- Auffahrt, auf die wir Richtung **Sundsvall** auffahren. Nach 29 km verlassen wir diese Rennpiste schon

wieder, denn wir wollen uns das alte **Piteå**, die historische Holzstadt **Öjebyn** anschauen. Wir staunen über einen ungewöhnlich großen Besucherandrang und wissen auch bald warum: Es ist gerade ***Öjeby Kyrkmarknad*** (www.kyrkmarknaden.se), der jährliche Markt mit Händlern und tausenden Besuchern aus ganz Nordskandinavien. Doch bevor wir uns ins bunte Getümmel stürzen, wollen wir unbedingt die regionale Spezialität namens ***Pitepalt***, einen mit Schinkenspeck gefüllten Kartoffelkloß, probieren und rücken dazu zielstrebig in das berühmte und deshalb gut besuchte ***Paltzerian*** neben der OKQ8-Tanke ein. In einer Mischung aus Kantine und Volksküchen-Gastronomie gibt es hier ein recht preiswertes Tages-Büfett mit ***Pitepalt*** in verschiedenen Darreichungsformen, dazu diverse Kartoffelzubereitungen, Geschnetzeltes vom Ren, die unvermeidlichen, aber immer wieder leckeren Fleischbällchen, Rohkostsalate und anderes Zubehör wie Knäcke, Butter und Getränke. So richtig konnten wir uns allerdings für die ausgesprochen kompakten Spezial-Klöße nicht begeistern, allerhöchstens noch in der Variante

„gewürfelt und gebraten". Total vollgefuttert über einen nordschwedischen Riesenmarkt zu schlendern ist nun auch ziemlich doof, denn den dortigen, diversen Imbiss-Verlockungen konnten wir dann rein gar nichts mehr abgewinnen. Rund um die wunderschöne ***Öjeby Kyrka*** herum steht hier für 3 Tage im Jahr eine ziemlich unübersichtliche Verkaufsbudenstadt mit einem breiten Angebotsspektrum von Klamotten über Gasmas-

ken und Angelkram bis zu Lappland-Wurst, Tunnbröd und Rentier-Burgern. Wir lauschen noch kurz dem Landfrauen-Chor, verlassen dann diesen turbulenten Ort und wechseln zum neuen **Piteå** hinüber. Wer gerade knapp mit Gas ist, freut sich sicherlich wie wir über einen Lesertipp zu einer Füllstation im benachbarten Gewerbegiet: ***Gasol*** bei der ***Piteå Transport AB*** (Mo-Fr. 7-16 Uhr, 11.30 - 12.30 Mittagspause) im Bjälkvägen 4 [N 65° 20' 05.4" E 21° 25' 53.3"]. Nun geht es aber Richtung **Piteå Centrum**, wir queren die **E 4** und parken schließlich in der Sundsgatan (N 65° 19' 04.3" E 21° 28' 59.7"), direkt bei der ***Kirche zu Piteå*** (Mo-Fr 11-19 Uhr). Die älteste erhaltene Holz-Kirche ***Norrlands*** gilt als kulturhistorisches Juwel der Stadt.

Als 1721 russischen Truppen auf ihrem verheerenden Küsten-Streifzug ganz **Piteå** niederbrannten, blieb die Kirche wie durch ein Wunder unversehrt und verbirgt heute unter ihrem äußerlichen, dezenten Schwarz-Weiß ein ausgesprochen schmuckes Innenleben. Die reich verzierte Holz-Kanzel ähnelt der in ***Gammelstad***, der Altaraufsatz aus dem 17. Jahrhundert zeigt wertvolle Schnitzereien und auch die Orgel ist von kompakter Schönheit. Bei

unserem kleinen Rundgang durch diese lebendige Kleinstadt wandeln wir durch die quirlige Fußgängerzone, erfreuen uns an gepflegten Grünanlagen, aber auch an stattlichen historischen Gebäuden wie dem ***Stadshotel*** von 1906, nahe unserem kostenlosen 3-Stunden-Parkplatz.

Für ein Nachtquartier in dieser Gegend hat man die Wahl zwischen zwei extrem verschiedenen Varianten, doch zunächst lassen wir uns zur **E 4** führen, auf der es Richtung **Sundsvall** weiter geht und überqueren sogleich den breiten ***Piteälv***. Jetzt muss man sich entscheiden zwischen einem kleinen Schotterparkplatz an einer Badestelle in **Hemlunda** oder einem riesigen Campingplatz, zu dem man 10 km danach abzweigt.

(190) WOMO-Badeplatz: Hemlunda

GPS: N 65° 19' 50.4" E 21° 21' 48.1". **max. WOMOs:** 3-5.
Ausstattung/Lage: Schotterparkplatz auf einer Landzunge am Waldrand, Sandstrand- und Steinstrand- Badebucht anbei, Müllbehälter, Ferienhäuser in der Nähe.
Zufahrt: Direkt nach der ***Piteälv***-Brücke **rechts/373** abfahren, nach 400 m rechts weg nach **Hemlunda**, dann nach 2,6 km links.

Als Testfahrer für unsere Leser schrecken wir ja vor nichts zurück und übernachten also probeweise tapfer auf dem größten Campingplatz, den wir jemals gesehen haben und registrieren Vollkomfort-Ausstattung mit Erlebnisbad, Life-Shows, Breitband-Gastronomie, vielfältiger Kinderbelustigung und Kirche. Wir fanden dieses Gewimmel ehrlich gesagt jedoch ziemlich grausam und auch den gepriesenen Bade-Strand von ***Norrlands Riviera*** eher enttäuschend, der durch Niedrigwasser und/oder Landhebung lange nur sehr flaches Wasser bietet. Wenn Sie auf all das stehen oder Ihren Kiddies für ein paar Tage Highlife gönnen wollen, dann könnte das etwas für Sie sein.

(191) WOMO-Campingplatz-Tipp: Pite Havsbad

GPS: N 65° 14' 10.3" E 21° 31' 48.1"
Öffnungszeiten: Ganzjährig.
Ausstattung/Lage:
Siehe oben; www.pite-havsbad.se
Zufahrt: Siehe Text.

Wir rollen auf der **E 4** weiter südwärts, verlassen aber die flotte Piste 10 km nach dem Campingplatz-Abzweig an der Ausfahrt **Jävre** und besichtigen ein Stück Nostalgie: die alte ***Raststätte in Jävre*** ([N 65° 08' 32.0" E 21° 30' 17.9"], Mo-Sa 10-19, So 10-16 Uhr) aus dem Jahre 1967: in Architektur und Innenausstattung ein echter Hingucker, nicht nur für Sixties-Fans. Heute ist hier die regionale ***Touri-Info*** samt Cafeteria zu Hause, viele Accessoires von der Bestuhlung über die immer noch gut hörbare Hitparade bis zum Auto erinnern an die fast vergessene Zeit, als ***Schweden*** gerade von Links- auf Rechtsverkehr umgestellt wurde, das historische Ereignis vom 3. September 1967, 5 Uhr!

Gegenüber, gleich jenseits der vielbefahrenen Straße beim markanten Leuchtturm, sieht man dutzende **WOMOs** stehen. Hier ist in den letzten Jahren ein komfortabler, kostenloser, aber eben ziemlich lauter Transitplatz entstanden. Wer es gesellig mag und einen festen Schlaf hat, wird hier glücklich werden.

(192) WOMO-Picknickplatz: Jävre

GPS: N 65° 08' 36.0" E 21° 30' 29.9".
max. WOMOs: >10.
Ausstattung/Lage:
Großes, in Abteilungen gegliedertes Parkplatz-Areal, Trinkwasser, WC, Abwasserentsorgung, Kassetten-Entleerung (auf dem Rastplatz gegenüber, Fußgängertunnel), Kiosk, Müllbehälter, Marina, Badestelle.
Zufahrt: Brücke über die **E 4**, dann rechts halten.

Wer einen lauschigen Platz inmitten der Natur sucht, kommt besser mit uns auf den Berg. Nur 300 m Richtung **Hemmings-**

mark, dann links rein und dann den „Knack-Weg“ zum ***Arkeologstigen*** hinauf. Das Ziel rechtfertigt die recht schmale und ziemlich rustikale 2-km-Zufahrt durchaus und bietet frühgeschichtlich Interessierten und allen Ruhesuchenden ein erquickendes Areal.

(193) WOMO-Wanderparkplatz: Arkeologstigen

GPS: N 65° 08' 03.0"
E 21° 28' 53.8".
max. WOMOs: 2-3.
Ausstattung/Lage: Stellplätze am Hochwald (Vorsicht Sandkuhlen!), Picknickbank mit Feuerstelle, Müllbehälter; Info-Tafel mit markierten Archäologie-Rundwanderwegen zu Fundstätten, Aussichts- und Rastplätzen, Blaubeerwald, einsam.
Zufahrt: Siehe Text.

Nun wollen wir uns im charmanten Bogen zum Herzen vom ***Byske Laxdal***, dem Angler-Eldorado **Fällfors** heranpirschen und dann entlang dem legendären Lachs-Fluss ***Byskeälv*** zur Küste nach **Byske** zurückkehren. Also fahren wir durch das hübsche Örtchen **Jävre** Richtung Autobahn, biegen dann aber links nach **Hemmingsmark** ab, der ersten Station unserer kleinen Kreuzfahrt durch das Hinterland der schwedischen Küstenlinie. Nun gondeln wir entspannt durch ländliche Gegend mit weit verstreuten Häusern, Wald und Wiesen und manchmal auch durch sumpfige Abschnitte mit Wollgraspuscheln. In **Hemmingsmark** nehmen wir die querende Straße nach **Ålund**, passieren in **Brännlund** die „Grenze“ von ***Norrbotten*** nach ***Västerbotten***, rollen durch viel Wald und werden schließlich ab **Ålund** nach **Fällfors** geführt. Nach dem Willkommens-Schild folgen wir der Hauptstraße nach rechts, biegen im freundlichen Ort **links/Laxdalen** ab, sehen den Kirchturm voraus und beziehen gleich hinter der ***Byskeälv***-Brücke links unser Quartier.

(194) WOMO-Picknickplatz: Fällfors

GPS: N 65° 07' 28.7"
E 20° 47' 25.5".
max. WOMOs: 2-3.
Ausstattung/Lage: Geschotterter Parkplatz in einer gepflegten Anlage, Picknickwiese mit Bänken, Feuerstelle, Trockenklo, wilder Fluss anbei, Info-Tafel, schöner Rundweg über den ***Laxfallen***.
Zufahrt: Siehe Text.

Über komfortable Bretter- und Treppchenwege kommt man zu den schönsten Plätzen auf den Felsen direkt an den brodelnden ***Laxfallen*** heran, wo man kleine Kinder besser an die Hand nimmt. Etwas oberhalb kann man sich noch die alte Kraftwerksstation ansehen oder gleich auf einer stabilen Holzbrücke auf die andere Seite der „Fluss-Rodelbahn" zum ***Lachs-Observatorium*** wechseln. Ein paar Treppchen hinab und schon sitzt man im kühlen Auditorium und starrt auf das sprudelnde Breitwand-Aquarium, wo nun die Lachse unter Beobachtung vorbeiziehen sollten, um stromaufwärts die Lachstreppe zu passieren. Tun sie aber gerade nicht. Wir gehen dann auf dieser Fluss-Seite hinauf, essen im

Folkets hus (11-19 Uhr) eine recht ordentliche ***Lachs-Pasta*** und schauen noch beim angeschlossenen **Campingplatz** am Fluss vorbei, dem Basislager für Lachsangler aus nah und fern. Wenn man in dieser Gegend die Hauptstraßen verlässt, ist man sofort auf Schotter unterwegs, deshalb lassen wir Suchexkursionen zu verschwiegenen Natur-Plätzen schon bald sein und nehmen die Straße durch das ***Laxdalen*** nach **Byske** zum Meer, immer schön am rauschenden ***Byskeälv*** entlang. So

dachten wir. In Natura führen von der soliden Straße gelegentlich schlecht zu fahrende Angler-Pfade in den Wald, vom Fluss weit und breit keine Spur. Plötzlich sind wir auch schon in **Byske** angekommen, haben voraus die **E 4** im Blick, biegen aber kurz vor der Brücke nach rechts in die ***Bankgatan***, dann links in die ***Kyrkgatan*** ab und folgen Hinweisen zum ***Sportfiske-Museum*** (Di-Do 12-18 Uhr, Fr/Sa 10-16 Uhr, Eintritt, www.sportfishingmuseum.eu; [N 64° 57' 17.0" E 21° 11' 26.7"]), dem größten seiner Art weltweit. Für Angelfreaks ein absolutes Muss! Vielleicht wollen Sie ja nur eine gepflegte Kaffee-Pause auf der Terasse einlegen, doch unzählige Ruten, wertvolle Rollen, eine Unmenge an künstlichen Fliegen und viele einzigartige Accessoires zum Thema warten drinnen darauf, von Ihnen bestaunt zu werden.
Nun geht es noch auf den nahen Kirchberg hinauf, denn wir wollen uns die ***Byske Kyrka*** (werktags 9-17, Sa/So 10-17 Uhr), diese weiße, achteckige Steinkirche ansehen. Auf Knopfdruck ertönen deutsche Erklärungen, der helle Raum wirkt vornehm

kühl und so bleibt uns diese Kirche in überaus freundlicher Erinnerung mit ihren wunderschönen farbigen Kirchfenstern und dem riesengroßen Altargemälde.
Wir rollen die ***Kyrkgatan*** wieder runter, fahren unter der **E 4** durch und dann im Ort nach rechts zum ***Byske Havsbad***, wo uns ein großzügiger Parkplatz begrüßt. Endlich mal ein richtiges Strandbad nach unserem Geschmack! Das Gelände ist hübsch gestaltet, beim ***Café Byscaya*** lässt es sich gut aushalten, man findet Kiosk und Taverne, Schatten spendende Bäume, eine sehenswerte Minigolf-Anlage, Picknickbänke und Toiletten und vor allem einen weiten Sandstrand. Nach einer übersichtlichen Abkühlstrecke kann man hier sehr bald schwim-

men, das glasklare, kaum salzige Wasser intensiv genießen und wem das hier zu frisch ist, der geht halt ins benachbarte Bezahl-Freibad und hat sogar noch eine Wasser-Rutsche. Neuerdings hat dieser Strandparkplatz eine Schranke und gehört dem benachbarten Campingplatz, so dass hier nur ein Tagesaufenhalt in Frage kommt. Falls Sie sich aber gerade in diese Badebucht verliebt haben, dann bleiben Sie für ein paar Tage auf diesem wirklich erstklassigen Campingplatz, der mit seinen beispielhaft gepflegten Anlagen Maßstäbe setzt.

(195) WOMO-Campingplatz-Tipp: Byske Havsbad***

GPS: N 64° 56' 51.8" E 21° 14' 05.8". **Öffnungszeiten:** 16.5. - 2.9. **Ausstattung/Lage:** Spitzen-Platz, man spricht deutsch, deutsches Prospekt, Preise 2012: 330 SEK inkl. Strom, Nebensaison (bis 17.6. und ab 6.8.) 220 SEK inkl. Strom, Quick-Stopp 22-09 Uhr 170/140 SEK; www.byskehavsbad.com **Zufahrt:** Siehe Text.

Wem das hier zu quirlig ist, der findet ganz in der Nähe eine einsame Alternative. Dazu folgt man in **Byske** den Hinweisen nach **Furuögrund**, biegt dann aber nach 4,6 km, noch vor dem Ort, nach **links/Svartnäsudden** ab und fährt 200 m später rechts zum Strand-Parkplatz ins Wäldchen.

(196) WOMO-Badeplatz: Svartnäsudden

GPS: N 64° 55' 04.7" E 21° 13' 40.7". **max. WOMOs:** 1-2. **Ausstattung/Lage:** Einige Plätze im lichten Wald, teilweise sandiger Boden, Trockenklo, Müllbehälter, 100 m zum vergleichsweise bescheidenen Badestrand mit Feuerstelle, gut geeignet für **WOMOs bis 6 m Länge**. **Camping verboten!** **Zufahrt:** Siehe Text.

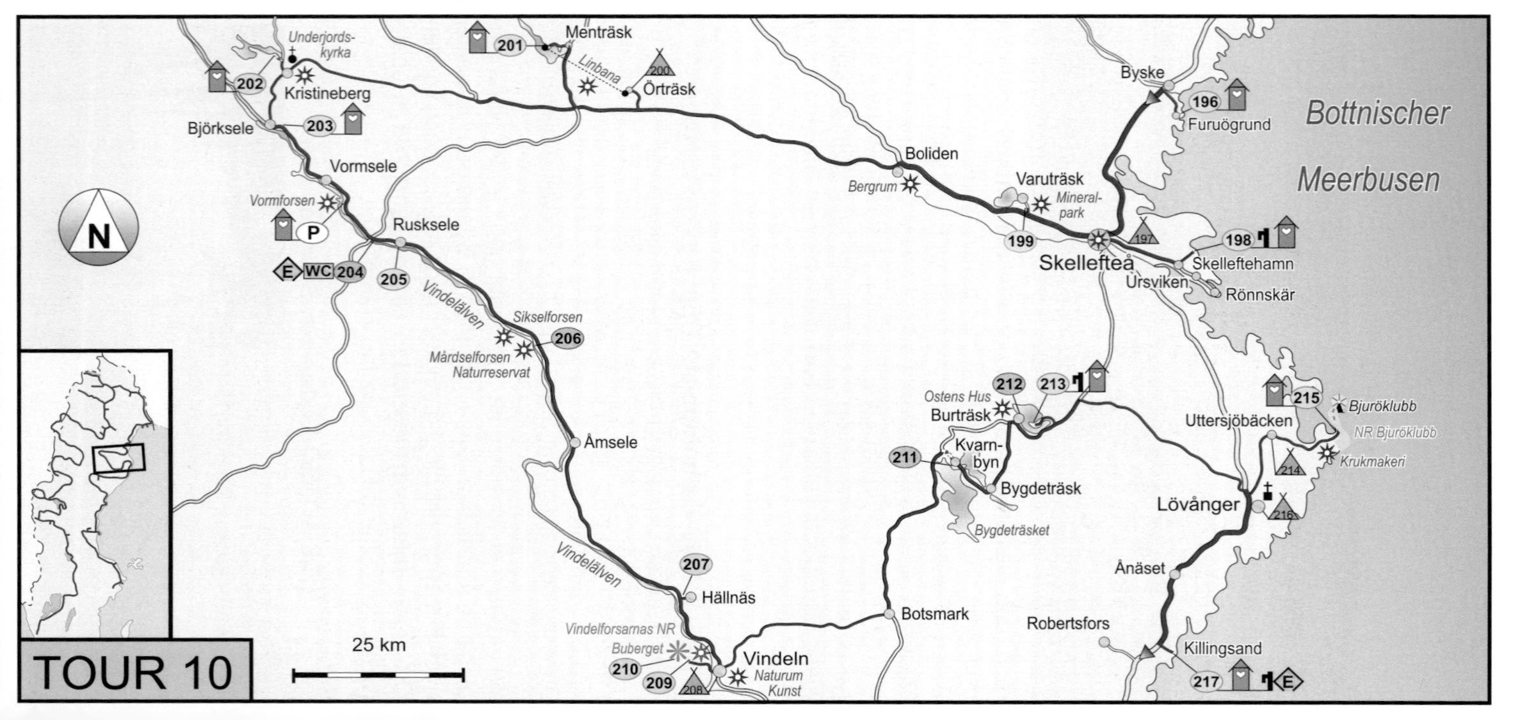
TOUR 10
Bottnischer Meerbusen
N
25 km
Menträsk
Linbana
Örträsk
Underjords-kyrka
Kristineberg
Björkselе
Vormsele
Vormforsen
P
Rusksele
E
WC
Boliden
Bergrum
Varuträsk
Mineral-park
Skellefteå
Byske
Furuögrund
Skelleftehamn
Ursviken
Rönnskär
Vindelälven
Sikselforsen
Mårdselforsen Naturreservat
Åmsele
Hällnäs
Vindelforsarnas NR
Buberget
Vindeln
Naturum
Kunst
Botsmark
Ostens Hus
Burträsk
Kvarn-byn
Bygdeträsk
Bygdeträsket
Uttersjöbäcken
Bjuröklubb
NR Bjuröklubb
Krukmakeri
Lövånger
Ånäset
Robertsfors
Killingsand
196
197
198
199
200
201
202
203
204
205
206
207
208
209
210
211
212
213
214
215
216
217

TOUR 10 (ca. 550 km / 6-8 Tage)

Skellefteå - Varuträsk - Boliden - Örträsk - Mensträsk - Kristineberg - Vindeln - Burträsk - Bjuröklubb - Lövånger - Killingsand

Freie Übernachtung:	Harrbäckssand, Varuträsk Mineralpark, Mensträsk, Hornträskbadet, Björksele, Enebacken, Rusksele, Mårdselforsen, Hjukenåsarna, Buberget, Kvarnbyn, Burträsk, Långnäset, Bjuröklubb, Killingsand.
Campingplätze:	Skellefteå, Örträsk, Vindelälven, Utersjöbäcken, Lövanger.
Baden:	Harrbäckssand, Mensträsk, Hornträsbadet, Björksele, Rusksele, Långnäset, Bjuröklubb, Killingsand.
Besichtigen:	Skellefteå (Stadspark, Innenstadt), Forum Museum Rönnskär, Lilleputtlandet, Varuträsk Mineralpark, Bergrum Boliden, Seilbahn Örträsk-Mensträsk, Unterirdische Kirche in Kristineberg Stromschnellen des Vindelälv, Vindelälven Naturum, Ostens hus in Burträsk, Krukmakeri Björn Larsson, Kirche in Lövånger.
Wandern:	Hjukenåsarna, Buberget, Naturreservat Bjuröklubb.

Von wegen *„So richtig reich ist nur der Scheich“*. Können Sie sich 175 Tonnen Gold vorstellen? Oder 46.000 Goldbarren? Dabei ist Gold nur ein winziger, wenn auch faszinierender Teil der Produktionsstatistik der Schmelzhütte **Rönnskär**, wo seit den 40er Jahren auch 3.000 Tonnen Silber, 700.000 Tonnen Kupfer und mehr als 2 Mio Tonnen Zink aus dem Erz unzähliger Gruben des ***Skellefteå***-Feldes gewonnen wurden. Die reichhaltigen Bodenschätze der Region zwischen ***Skellefteälv*** und ***Vindelälv*** waren die Basis für die wirtschaftliche Entwicklung ***Schwedens*** und trugen entscheidend zum Aufschwung dieser Region in den vergangenen 80 Jahren bei. Wir sind auf der **E 4** nach **Skellefteå** unterwegs und werden gerade im ***Guldriket***, dem ***Goldreich***, begrüßt, wo uns im Verlauf dieser Tour einige hochinteressante Sehenswürdigkeiten erwarten. Doch wenden wir uns zunächst der „Goldstadt“ **Skellefteå** zu, wo wir am nördlichen Stadtrand den freundlichen **Campingplatz** [**197**: N 64° 45' 40.7" E 20° 58' 28.4"] passieren, uns Richtung **Centrum** orientieren, hinter der Eisenbahn den Parkplatz-Hinweisen nach **rechts/Kanalgatan** und kurz darauf nach **links/Sta-**

tionsgatan folgen und direkt beim ***Stadspark*** einen gebührenpflichtigen Schräg-Parkplatz (N 64° 44' 56.6" E 20° 57' 01.1") ergattern. So bleibt uns die langwierige Suche nach einer der hiesigen Besucherattraktionen erspart, denn zum 11.000-teiligen ***Kaktus-Kunstwerk*** mit Stadtwappen und dem romantischen gusseisernen ***Springbrunnen „Johanna i parken"***, der an den Bau des ers-

ten städtischen Trinkwassernetzes 1899 erinnert, sind es bloß wenige Schritte. Beim letzten Besuch fanden wir unser geliebtes Kakteen-Ensemble im Park leider nicht mehr vor, sondern nur Teile davon in einem Eisenring in Flussnähe wieder. Da uns das vormals viel besser gefallen hat, belassen wir es bei dem alten Foto. Vom zuletzt nicht mehr ganz so hingebungsvoll gepflegten ***Stadspark*** zu Füßen des Rathauses ist es nicht weit zur lebendigen Innenstadt, wo uns einige Skulpturen auffallen,

besonders die am ***Torget***. Man weiß als Fremder nicht so genau, ob man es hier am Tor zum ***Goldreich*** mit Bohrkernen aus dem Bergbau oder gar mit Fruchtbarkeitssymbolen zu tun hat. Ein kleiner Stadtrundgang gefällig? Wir schlendern die Fußgängerzone westwärts, werden gleich magisch von einem (in der Innenstadt selten zu findenden) historisch anmutenden Gebäude angezogen und sitzen umgehend im ***Café Lilla Mari*** (Köpmansgatan 13, Mo-Fr 9-17, Sa 9-16 Uhr) in einem ganz entzückend eingerichteten Gastraum, genießen richtig guten Kaffee und dazu liebevoll hergestellten Kuchen und sind deshalb entsprechend begeistert, da man das alles zusammen in Schwe-

den ja leider nicht an jeder Ecke findet. Geht man in westliche Richtung noch ein Stückchen weiter, findet man links hinter dem Theater die ***Bonnstan***, eine gut erhaltene Kirchstadt mit roten Holzhäusern, in denen sich diverse Galerien und Kunsthandwerker angesiedelt haben. Nun kann man in Flussnähe wieder Richtung ***Stadspark*** zurückschlendern und kommt unterwegs noch an einem besonders üppig gestalteten Kinderspielplatz vorbei.
Wenn man zum nachfolgenden Badestellen-Quartier Richtung **Skelleftehamn** zum Meer fährt, kann man einen Abstecher zur oben erwähnten Schmelzhütte unternehmen, dort das ***Forum Museum Rönnskär*** besuchen und sich eventuell mit dem aktuell gerade wieder grassierenden ***Goldfieber*** anstecken.

(198) WOMO-Badeplatz: Harrbäckssand

GPS: N 64° 43' 03.6" E 21° 13' 51.6". **max. WOMOs:** 2-3.
Ausstattung/Lage: Toilette, Wasserhahn, Spielplatz, Schutzhütte, Müllbehälter, kleine, steinige und ziemlich flache Badebucht.
Zufahrt: 16 km vom Stadtzentrum: in **Skellefteå** der **372/Skelleftehamn** folgen, 500 m hinter dem Ortsschild **Ursviken** nach links immer an den Hinweisen zur **Badestelle Harrbäckssand** orientieren.

Wir verlassen **Skellefteå** auf der **95/Bodö**, und falls Sie bei Ihren Kinder etwas gut zu machen haben, dann nehmen Sie den Abzweig zum ***Lilleputtlandet*** (Ende Juni - Anfang August 11-17 Uhr, freitags zu, Eintritt), oder fahren noch 10 km weiter und kommen mit uns zur ***Vildmarksgruvan Varuträsk*** (Ende Juni - Ende August tgl. 12-15 Uhr, Eintritt, bis 17 Jahre frei; www.vildmarksgruvan.se) wo Sie Ihre kleinen Monster im allerliebst gestalteten Kinderbergwerk abgeben können. Den Hobby-Mineralogen aus aller Welt bieten sich auf dem 20 ha großen Gelände ungeahnte Erfolgserlebnisse, denn man findet über 50 verschiedene, teils seltene Mineralarten wie ***Turmaline*** in vielen Farben und ***Varulith***, das nach seinem Fundort **Varuträsk** benannt wurde. Besonders spannend sind die Führungen durch einen 20 m tiefen unterirdischen Stollen des 1946 stillge-

legten Bergwerkes, wo funkelnde Felswände für eine märchenhafte Atmosphäre sorgen. Bei einem Rundgang über das Areal kann man einem Messerschmied zusehen und sich als Steinschleifer oder Goldwäscher versuchen. Im architektonisch anspruchsvollen Besucherzentrum gibt es eine umfangreiche Mineralausstellung zu bestaunen, ein günstiges Lunch und Eimerchen zum Vollsammeln zu kaufen.
Achtung! Vergessen Sie nicht, Ihre Kinder wieder mitzunehmen!

(199) WOMO-Stellplatz: Vildmarksgruvan Varuträsk

GPS: N 64° 48' 02.7" E 20° 44' 38.9". **max. WOMOs:** 2-3.
Ausstattung/Lage: Waldgesäumter Schotterparkplatz, Müllbehälter, straßennah, wenig Verkehr.
Zufahrt: Beim Hinweis von der **95** nach rechts abbiegen, 500 m zum Besucherparkplatz links.

Nach weiteren 19 km auf der **95** durch eine Hügel-Landschaft mit Wald, Wiesen und Seen erreichen wir den Abzweig nach **Boliden**, die nächste Station unserer ***Guldriket***-Tour. Die Gemeinde wurde 1926 mitten im Wald rund um das Bergwerk herum gebaut, es war damals das erste in ***Västerbotten*** und bald schon die reichste Goldmine Europas. Man sorgte sich sogar um die Gesundheit der Grubenarbeiter, entwickelte hier das erste Solarium ***Schwedens***, wo nach jeder Unter-Tage-Schicht künstliche Sonne getankt werden sollte und führte zur Früherkennung der im Bergbau typischen Lungenkrankheiten die ersten regelmäßigen Schirmbilduntersuchungen durch. Im ehemaligen Verwaltungsgebäude der ***Boliden AB*** kann man sich im Gruben- und Mineralmuseum, dem ***Bergrum Boliden*** (Anfang Juni - Ende August tgl. 10-16 Uhr, Eintritt frei) auf Zeitreise durch die Erdgeschichte begeben. Nach dem Einführungs-Filmchen (auch auf Deutsch) kann man sich der umfangreichen und außerordentlich akribisch gestalteten Ausstellung zum Themenkreis Bergbau und Geologie widmen, ein Erdbeben nachempfinden, die Bodenschätze von ihrer Entstehung bis zur heutigen Verwendung verfolgen, im Keller (quasi mit Erfolgsgarantie) Gold waschen und die Beute-Körnchen als echtes ***Guldriket***-Souvenir

mit nach Hause nehmen. Ab den 40er Jahren gewann neben der Mine auch die Erzaufbereitung in **Boliden** an Bedeutung, doch weil in den schwierigen Kriegszeiten für den Erztransport weder LKW noch Treibstoff in erforderlichem Umfang zur Verfügung standen, entschied man sich für eine revolutionäre wie kühne technische Lösung und baute 1942 in nur einem Jahr eine 96 km lange Seilbahn zum Bergwerk nach **Kristineberg**. Auf diese Weise wurden zwischen 1943 und 1987 in 1500 Förderkörben mit je 1,2 Tonnen Ladung viele Millionen Tonnen wert-

volles Erzkonzentrat und somit auch einige Tonnen Gold transportiert. Wir nehmen ab **Boliden** die **370/Malå**, sehen die Betonmasten dieser verrückten Seilbahn in der Landschaft stehen und sind unterwegs zur Sektion IV dieses gigantischen Bauwerkes, wo seit 1989 auf einer Strecke von 13 km zwischen **Örträsk** und **Mensträsk** Touristengondeln verkehren, ein absolutes Muss für jeden ***Nord-Schweden***-Liebhaber: ***Världens längsta linbana*** oder auch ***Die längste Seilbahn der Welt***. Die Gondeln fahren in beide Richtungen, wir wollen in **Örträsk**

starten, verlassen nach 39 Nordland-Kilometern durch Wald, Sumpf und am ***Skellefteälv*** entlang die **370** nach rechts, folgen den entsprechenden Hinweisen und erreichen den ***Linbana***-Komplex mit den vielen alten Erzgondeln, einem Café (12 - 16 Uhr) im 40er-Jahre-Stil, dem ***Linbana***-Museum, einem Film-Auditorium, der Gondelstation, ***„Kalles Järnväg“*** (Feldbahn für Kinder) und der preiswerten wie schlichten Campingwiese für Über-Nacht-Gäste.

(200) WOMO-Campingplatz-Tipp: Örträsk

GPS: N 65° 00' 30.5" E 19° 36' 43.6". **Öffnungszeiten:** Linbana-Saison. **Ausstattung/Lage:** Campingwiese mit Picknickbänken, WC und Dusche in ca. 150 m unter dem Café, Museum, Linbana anbei, Preis 2011: 40 SEK. **Zufahrt:** Siehe Text.

Im Idealfall kommt man am Vormittag oder schon am Vorabend hier an, macht sich mit den örtlichen Gegebenheiten vertraut, bucht im Café die ***Linbana-Tour*** (Ende Juni - Anfang August tgl. 13 Uhr, Preise 2011: Erw. 270, 8-16 J. 100, Familie 690 SEK, bis 7 J. frei), bestellt die individuell bestückte Picknick-Tüte (sehr zu empfehlen: Kartoffelsalat mit zart geräuchertem Ren-Fleisch) für unterwegs, schaut sich zur Einstimmung im Museum um und besucht 12.30 Uhr die Info-Filmvorführung im Kleinst-Kino. Anschließend gehen alle gemeinsam zur „Start-Rampe“ dieses Industriedenkmals, dann jeweils vier Kandidaten (zu zweit ist es komfortabler) in eine Kabine und schließlich (nach Einweisung: Sicherheit, Töpfchen) eine nach der anderen auf die Reise. Wenn man den Bordtisch herunterklappt, zeigt sich

eine Karte zur besseren Orientierung und es beginnt das knapp 2 Stunden währende herrlich schwerelose Schweben vorbei an Baumwipfeln, über Flüsse, Sümpfe und Seen, sogar über eine Straße hinweg, immer schnurgerade 13 km durch die Landschaft. Unser GPS misst zwischen 5 und 10 Stundenkilometer, zur Halbzeit dieser faszinierenden, besinnlichen und niemals langweilen Seilbahn-Reise kommt der Gegenverkehr aus **Mensträsk** vorbei (Winken!), Technik-Freaks haben unterwegs die Spannstationen bestaunt und statistisch Interessierte insgesamt 73 Betonmasten gezählt. Wenn schließlich links voraus ein runder Turm erscheint, ist der Spaß auch fast vorbei, man verlässt die Kabine am Zielpunkt auf der Halbinsel ***Bäckerudden*** und bedient sich im urigen Restaurant ***Krogen i skogen*** bei den kostenlosen Getränken. Auf dem weitläufigen Areal am ***Mensträsket*** gibt es romantische Picknick-Stellen mit Feuerstellen am See-Ufer, wo man sich die Zeit bis zur Rückfahrt vertreiben kann, doch schon kommt der güldene ***Guldriket***-Bus mit den **Mensträsk**-Startern aus **Örträsk** herbei und liefert uns nach einer halben Stunde wieder an unserem Ausgangspunkt ab. Wer das ***Linbana***-Abenteuer in **Mensträsk** beginnen möchte, findet dort nicht nur die landschaftlich reizvollere Umgebung und die bessere Gastronomie, sondern ganz in der Nähe auch eine Badestelle mit geräumigem Parkplatz.

(201) WOMO-Badeplatz: Mensträsk

GPS: N 65° 04' 28.2" E 19° 22' 12.2".
max. WOMOs: 3-5.
Ausstattung/Lage: Großer Asphaltparkplatz gegenüber der Badestelle mit Rutsche und kleinem Spielplatz, Trockenklo, nachts einsam.
Zufahrt: Beim Abzweig nach **Örträsk** noch 9,3 km auf der **370** weiter, dann rechts auf die **365/Glommersträsk** abbiegen und den ***Linbana***-Hinweisen folgen, 200 m vor der Seilbahn-Station **Mensträsk** links.

Wir haben zum Abschluss noch ein besonderes ***Guldriket***-Highlight im Programm, bei dem man in einzigartiger Weise eine Bergwerksbesichtigung und einen Kirchenbesuch miteinander verknüpfen kann. Wir wollen nach **Kristineberg**, dem damaligen Endpunkt der Erz-***Linbana*** zum einst mit über 1000 m tiefsten Bergwerk ***Schwedens***, in dem vor allem Zink und Gold gefördert wurden. Wir dringen also noch weiter ins Landesinnere vor, kehren zunächst von **Örträsk** zur **370** zurück, rollen noch 23 km Richtung **Malå** und dann weitere 29 km zu unserem nächsten Ziel, wo wir uns zum ***Thornégård***, dem Haus des Minen-Gründers lotsen lassen. Heute dient das schmucke Holzhaus als Jugendherberge und Startpunkt für ganz spezielle ***Bus-Touren ins Bergwerk*** (Mitte Juni - Mitte August tgl. 13 und 15 Uhr, Preise 2011: Erw. 160, 7-12 J. 100, bis 6 J. frei). Die in den 30er Jahren in der schwedischen Wildnis neu

gegründete Bergwerkssiedlung übte eine ungeahnte Anziehungskraft aus, hatte bald 1500 Einwohner und wurde berühmt durch ein Wunder: Am 29. November 1946 begann für den Bergmann ***Albert Jönsson*** die Schicht um 5 Uhr in der Früh, er schaute als erstes nach dem Ergebnis der Sprengung vom Vortag, und im Scheinwerferlicht sah er etwas Unglaubliches, denn an der Wand zeigte sich eine silbrig glänzende, 2 m große Christusgestalt im Gestein, für die gläubigen Bergleute keine Quarzitader, sondern die Offenbarung des Erlösers. Immer mehr Pilger strömten herbei, um dieses Wunder in 107 m Tiefe zu bestaunen, was aber zu Behinderungen im Grubenbetrieb führte, so dass man den „Wunder-Stollen“ schließlich wieder verfüllte. Der Mythos lebte jedoch weiter und so wurde ganz in der Nähe in 90 m Tiefe in einer Felsenkammer die unterirdische Kirche ***St. Anna*** eingerichtet, benannt nach der Schutzheiligen der Bergleute und versehen mit einer Nachbildung der unvergessenen Christusgestalt an der Wand. Unsere Besucher-Gruppe passt gerade so in einen VW-Bus, wir starten mit einer kleinen Ortsrundfahrt mit Erläuterungen zur Geschichte, dann erreichen wir die Grubenanlagen mit dem Tor zur „Unterwelt“ und die junge Frau am Steuer fährt uns routiniert und zügig die schmale Schachtstraße hinunter. Als Beifahrer stehe ich sofort auf der nicht vorhandenen Bremse, denn in dem dunklen „Schlauch“ ist vor Staub und Nebel kaum etwas zu sehen. Wir landen nach wenigen Minuten unversehrt in einer Mini-Parkplatz-Nische und beginnen den Rundgang gleich mit der Hauptattraktion **Kristinebergs**, der berühmten ***Underjordskyrka***. Unser Guide-Mädchen spricht ein gutes Deutsch, so dass wir alles ganz genau erklärt bekommen. Die feierlicher Atmosphäre in dieser stimmungsvoll beleuchteten Unter-Tage-Kirche nimmt uns gefangen, der nachgemachte Christus ist gut zu erkennen und wir sind ganz still, beeindruckt, ja fast etwas ergriffen an diesem besonderen Ort. Im Nachbargewölbe gibt es gratis Kaffee, Tee und Küchlein, im Shop diverse Souvenirs und anschließend noch eine Kurzführung im angeschlossenen Bergwerks-Museum mit Maschinen, Gerätschaften und vielen Infos zum Thema. Nach 1 ½ Stunden sehen wir wieder schwedisches Himmelsblau und wer-

den zurück zum ***Thornégård*** kutschiert, wo schon die ersten Interessenten der nächsten Tour warten. Wir rollen zum nachfolgenden **WOMO**-Quartier und erleben passend zum Tage auch noch einen göttlichen Nachmittag mit Badespaß, viel Sonne, Grill-Würstchen und Heimat-Bier.

(202) WOMO-Badeplatz: Hornträskbadet

GPS: N 65° 05' 28.9" E 18° 32' 45.5". **max. WOMOs:** 1-2.
Ausstattung/Lage: Klarer See, schöner Strand, Rutsche ins Wasser, Spielplatz, sehr einsam.
Zufahrt: Kristineberg nordwärts Richtung **Malå** verlassen, rechts/links um das Bergwerk herum, nach 2,6 km Gebietsschild **„Malå Kommun"**, 300 m danach links den Schotterweg hinein, noch 1,1 km zum Ziel.

Nachdem wir uns ausführlich einigen Stationen der ***Guldriket***-Serie gewidmet haben, interessieren uns ab sofort wieder die Naturschönheiten dieser zauberhaften Landschaft. So kehren wir nach **Kristineberg** zurück und nehmen Kurs auf **Björksele**, sehen schon bald die Kirchturmspitze und streben einem der 4 ungezähmten Flüsse ***Nord-Schwedens***, dem ***Vindelälv*** entgegen, um ihn ein Stück in Richtung Meer zu begleiten. Wir schauen gleich einmal von der Fluss-Brücke, wo er uns zunächst als breiter, recht gelassen fließender Strom mit gut besuchter Badeinsel begrüßt, dann geht es flussabwärts auf der **363/ Rusksele** und sogleich findet sich auch ein Badequartier, jedoch nicht am Fluss, sondern gegenüber im Wald.

(203) WOMO-Badeplatz: Björksele

GPS: N 64° 59' 10.5"
E 18° 32' 39.7".
max. WOMOs: 1-2.
Ausstattung/Lage: Sehr gepflegte Anlage mit Trockenklo, Sauna, Spielplatz, Picknickbänken, Feuerstelle und Müllbehälter.
Zufahrt: 1,6 km nach dem Abzweig auf die **363** dem Bademännchen nach links folgen, nach 300 m Schotter erreicht man das vom kühlen Gebirgsbach gespeiste Waldbad.

Auf den nächsten Kilometern auf der **363** erleben wir den ***Vindelälv*** abwechselnd von seiner milden und von seiner wilden Seite. Eben noch als ruhiger breiter Strom, dann beim ***Linaforsen*** schon recht munter, in **Vormsele** wieder gemächlich und 4 km darauf beim ***Vormforsen*** [N 64° 52' 05.5" E 18° 43' 19.1"]

sehr heftig und dazu außerordentlich fotogen. Vom neu angelegten Parkplatz führt ein Rollstuhl-gerechter Fußweg zum wildromantischen Picknickgelände mit Schutzhütte, Feuerstelle und Trockenklo direkt bei den Stromschnellen, wo sich unsere Snack-Pause deutlich länger als gedacht gestaltet, weil wir uns kaum trennen können von diesem magischen Ort, wo man ganz fasziniert endlos den entfesselten Naturgewalten zuschauen möchte. Wer noch wandern will, findet einen Rundweg über den Aussichtspunkt, wir schnüren weiter am Fluss entlang, der sich nun seeartig verbreitert mit Inselchen präsentiert und zwei **WOMO**-Plätze für uns bereit hält, einen fürs Picknick und einen fürs Baden.

(204) WOMO-Picknickplatz: Enebacken

GPS: N 64° 49' 27.0" E 18° 48' 00.3". **max. WOMOs:** >5.
Ausstattung/Lage: Sehr schön gestaltete Anlage, WC mit Latrine, Parkbuchten mit Picknickbänken und Grillplätzen, Müllbehälter, Spielplatz, 70 m Fußweg zur Grillhütte am Fluss, straßennah.
Zufahrt: 7 km hinter den ***Vormforsen***, an der Kreuzung **363/365**.

(205) WOMO-Badeplatz: Rusksele

GPS: N 64° 48' 40.8" E 18° 54' 37.4". **max. WOMOs:** 1-2.
Ausstattung/Lage: Sandstrand, erfrischender Badespaß, Schutzhütte, Feuerstellen, finale Abfahrt ist nur für agile WOMOs geeignet, die anderen bleiben besser oben, in der Nähe Ferienhäuser.
Zufahrt: 5,5 km nach **(204)** bzw. 4 km nach Ortseingang **Rusksele** dem Bademännchen nach rechts folgen.

Mit Blick auf den breiten Fluss geht es weiter, dann queren wir Waldgebiete, passieren kleine Ufer-Siedlungen und halten rechts bei der nächsten Stromschnelle, dem ***Sikselforsen*** [N 64° 41' 24.5" E 19° 12' 25.7"], wo schon einmal das ***Naturreservat Mårdseleforsen*** angekündigt wird, für uns der imposanteste Abschnitt des ***Vindelälv***. Nach genau 1,8 km lotst uns ein Kaffee-Tassen-Symbol nach rechts auf den Parkplatz vom ***Mårdseleforsen Cafe & Restaurant*** ([N 64° 40' 56.2" E 19° 14' 22.4"] sommers 12-19 Uhr), wo seit einigen Jahren ***Peter Green*** und seine kleine Mannschaft die Gäste mit anspruchsvoller Küche verwöhnt, wobei seine Partnerin und sein Koch (beide aus Frankreich) deutliche Akzente setzen. Wir probieren ***Warme Waffeln mit Sahnecreme und Moltebeeren*** und sind rest-

los begeistert. Wer hier vorbei fährt, dem ist nicht zu helfen! Vom Parkplatz führt eine solide Holztreppen-Konstruktion zum tobenden Fluss hinunter, der hier in breiter Front zwischen insgesamt 40 Inselchen hindurchbraust, die über einige Hängebrücken miteinander verbunden sind: ein ideales Picknickgelände mit vielen Feuerstellen im rauschenden Naturparadies. Wer den ***Mårdsele***-Dauerton aushält, für den findet sich sogar ein **WOMO**-Plätzchen am Fuße der Hangtreppe, dann muss man zum Genuss-Tempel allerdings die Treppen hinauf.

(206) WOMO-Picknickplatz: Mårdseleforsen

GPS: N 64° 40' 54.7" E 19° 14' 21.4". **max. WOMOs:** 1-2.
Ausstattung/Lage: Picknickbank, Feuerstelle, Hütte mit Holzvorrat, Trockenklo oben am Parkplatz, Wanderwege im Naturreservat.
Zufahrt: 450 m nach der ***Sikselforsen***-Parkbeule bzw. 300 m nach dem **„Vindelns kommun"**-Schild rechts rein (grüner+roter Radweg), zuerst Asphalt, dann naturell aber glatt am Fluss entlang, 1,4 km nach dem Abzweig Stellplätze auf dem Seitenstreifen.

Der untere Fahrweg trifft 1000 m später wieder auf die **363**, schon hat sich der ***Vindelälv*** wieder beruhigt, vor **Åmsele** fährt man auf der Notlandebahn des benachbarten Flugplatzes, anschließend wieder durch Hügellandschaft mit Wald und Sumpf, während unser Fluss in einem ausführlichen Rechtsschlenker den schwer erreichbaren ***Trollforsen*** herunter sprudelt. Wem der Sinn gerade mal wieder nach Wandern steht, der verlässt die **363** nach **links/Hällnäs**, biegt gleich 50 m später erneut links ab und findet nach 100 m leicht zugewachsenem Busch-

Weg ein verschwiegenes Quartier im Kessel und Tafeln mit interessanten Vorschlägen für Kurzwanderungen.

(207) WOMO-Wanderparkplatz: Hjukenåsarna

GPS: N 64° 18' 50.4" E 19° 35' 36.5". **max. WOMOs:** 1-2.
Ausstattung/Lage: Unbefestigter Platz; markierte Wanderwege mit Aussichtspunkten, Info-Tafeln. **Zufahrt:** Siehe Text.

Auf der **363/Umeå** sind es noch 13 km bis nach **Vindeln**, wir bewegen uns jetzt zwischen Eisenbahnlinie und ***Vindelälv***, der hier gerade wieder etwas munterer wird, und wenn man dem Hinweis zu ***Vindelforsarnas naturreservat*** nachfährt, kann man ihn noch einmal in Bestform erleben. Man findet ein Hotel mit dem ***Vindelälvens Naturcentrum*** (Mitte Juni - Mitte August 11-17 Uhr), die Verkaufssausstellung ***„Konst i Kvarn"*** in der alte Mühle direkt an den ungestümen Stromschnellen, und man

kann sich auf einem Uferweg mit Brückchen noch einmal ganz hautnah dem brodelnden Wildfluss nähern, bevor sich unsere Tourstrecke von ihm ab- und sich anderen Höhepunkten zuwendet. Wer sich noch nicht trennen mag, kann gleich hier sein Komfort-Quartier beziehen oder sich zur einsamen Variante ganz in der Nähe verkrümeln.

(208) WOMO-Campingplatz-Tipp: Vindelälvens Camping

GPS: N 64° 12' 39.3" E 19° 42' 29.9". **Öffnungszeiten:** Ganzjährig.
Ausstattung/Lage: Gastronomie, Spielplatz, Mini-Golf, gute Sanitärausstattung, Stellplätze mit Wasser, Abwasser und TV- Anschluß, Preis 2011: 180 SEK mit Strom. **Zufahrt:** Siehe Text.

(209) WOMO-Wanderparkplatz: Buberget unten

GPS: N 64° 12' 45.6" E 19° 40' 46.4". **max. WOMOs:** 1-2.

Ausstattung/Lage: Natureller Parkraum rechts des Fahrweges, einsam.

Zufahrt: auf der **363** nach **Vindeln** hinein, dann nach **rechts/ Lycksele/Buberget-Lift**, 1,2 km nach der Fluss-Querung rechts die Rubbelstraße hinauf, 800 m nach dem Abzweig kleiner Parkplatz rechts.

(210) WOMO-Wanderparkplatz: Buberget oben

GPS: N 64° 13' 30.2" E 19° 39' 03.9". 320 m ü. M. **max. WOMOs:** >5.

Ausstattung/Lage: Kurz unterhalb vom Gipfel geräumiger Parkplatz links oder bei der Liftstation geradezu, sehr einsam.

Zufahrt: Ab **(209)** 2 km ziemlich schlimmer Fahrweg, 160 Höhenmeter aufwärts.

Schon 700 m nach dem Ortsschild von **Vindeln** nehmen wir in der Ortsmitte den Abzweig links nach **Botsmark**, bleiben dieser Richtung 29 km lang treu und durchqueren dabei ein Gebiet mit Wald, Wiesen und Seen. Die Gegend ist geprägt durch Landwirtschaft mit Pferdehöfen und Kuhweiden, wir erreichen **Botsmark**, folgen der kreuzenden **364** nach **links/Burträsk**, fahren weiterhin durch beschauliches Bauernland und sehen rechts in einiger Entfernung den großen ***Bygdeträsket*** mit Inseln liegen. Schließlich verlassen wir die Asphaltstraße nach **rechts/Kvarnbyn/Bygdeträsk** und nehmen für einige Kilometer Rumpelstraße in Kauf, obwohl unser nächstes Ziel **Burträsk** geradeaus eleganter zu erreichen wäre. Wozu also der

Haken? Wegen der Birken! Ab **Avaborg** holpern wir gemächlich und zumindest optisch gesehen auf absoluter Genuss-Strecke, einer fast 10 km langen Birkenallee, der längsten in Europa mit insgesamt 1.300 ausgewachsenen Exemplaren. Zwischendurch überqueren wir in ***Kvarnbyn*** den sprudelnden Mühlenbach, der den ***Bygdeträsket*** rechts mit dem ***Göksjö*** links verbindet, finden hinter der Brücke rechts ein knappes **WOMO-Quartier** [**211**: N 64° 27' 07.7" E 20° 28' 48.2"] mit Grillhütte, verschiedene ländliche Kunst-Galerien sowie einige für diese Gegend typische Scheunen, und

schon setzt sich die Birken-Orgie bis **Bygdeträsk** fort. Dort geht es links nach **Burträsk**, wo wir 12 km später ankommen und uns rechts/links zur örtlichen Hauptattraktion führen lassen: dem ***Ostens Hus*** (Mo-Sa 9.30-17 Uhr, So 12-15 Uhr, Eintritt für die Ausstellung), dem Zentrum vom ***Ostriket***, dem ***Käsereich***. In dem modernen Gebäude erfährt man auf unterhaltsame Weise alles über den (zumindest in ***Schweden***) viel gerühmten ***Västerbottenkäse***, der 1872 von der ledigen, tüchtigen und gestrengen Meierin ***Eleonora Lindström*** vermutlich versehentlich erfunden wurde und sein spezielles Aroma der einjährigen Lagerung verdankt. Im Obergeschoss kann man den hinter Glas tätigen Käsewerkern in ihren blitzblanken und hochmodernen

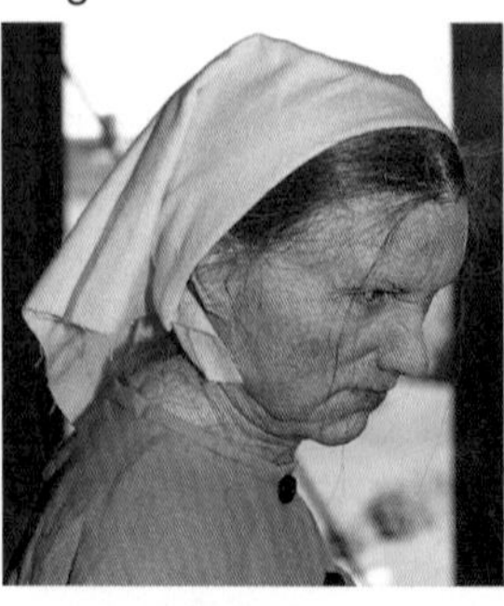

Arbeitsräumen auf die Finger schauen, von bereitstehenden Kostproben naschen, sich anschließend im Laden eindecken und/oder sich im ***Café Eleonora*** zur Lunch-Pause niederlassen. Wer hier über Nacht bleiben möchte, kann wählen: im Ort mit Seeblick oder auf der Landzunge gegenüber mit Badestrand.

(212) WOMO-Picknickplatz: Burträsk

GPS: N 64° 31' 00.5" E 20° 39' 35.2". **max. WOMOs:** 3-5.
Ausstattung/Lage: Geschotterter Platz mit Parkanlage, „Brokkoli"-Bäumen und Picknickbänken am Bootshafen, Müllbehälter.
Zufahrt: Vom ***Ostens Hus*** Richtung ***Burträsket***, dann über die querende Straße hinweg zum Parkplatz am See.

(213) WOMO-Badeplatz: Långnäset

GPS: N 64° 30' 29.8" E 20° 42' 38.2". **max. WOMOs:** >5.
Ausstattung/Lage: Geräumiger Rasen-Parkplatz unter Birken, breiter Sandstrand, Trockenklo, Picknick- und Feuerstellen, Müllbehälter, tagsüber Kiosk.
Zufahrt: In **Burträsk** Abzweig auf die **364/Skellefteå**, nach 7,5 km **links/Åbyn/Nymyran** weg und dann noch 3 km Schottterpiste bis zur Badestelle.

Wir rollen weiter auf der **364** gen **Skellefteå**, biegen 5 km hinter dem Badeplatzabzweig nach **rechts/Lövånger** ab und streben auf asphaltierter, wenn auch leicht rumpliger Straße an Seen entlang, an Pferden, Kühen und roten Häusern vorbei dem Meer entgegen. Nach 28 km treffen wir auf eine querenden Straße, folgen ihr nach **rechts/Lövånger**, werden zur **E 4/Umeå** geleitet, die wir aber 1,1 km später nach links wieder verlassen, um zum ***Naturreservat Bjuröklubb*** (24 km) hinaus zu fahren, einer in vielen Belangen interessanten Halbinsel im Meer. Unterwegs in **Uttersjöbäcken** registrieren wir ein **WOMO**-Zeichen, das uns auf ein neues Quartierangebot bei der ehemaligen Schule hinweist.

(214) WOMO-Campingplatz-Tipp: Uttersjöbäcken Skola

GPS: N 64° 27' 59.4" E 21° 23' 37.0". **Öffnungszeiten:** ganzjährig.
Ausstattung/Lage: Jugendherberge mit Stellplätzen; Sanitärräume, Waschmaschine, Gastronomie (deutsches Bier), Spiel- und Sportplätze, Gasflaschentausch, man spricht deutsch; Preis 2011: 20 EUR mit Strom. www.botnia.cc. **Zufahrt:** 11 km nach Abzweig von der **E 4** links.

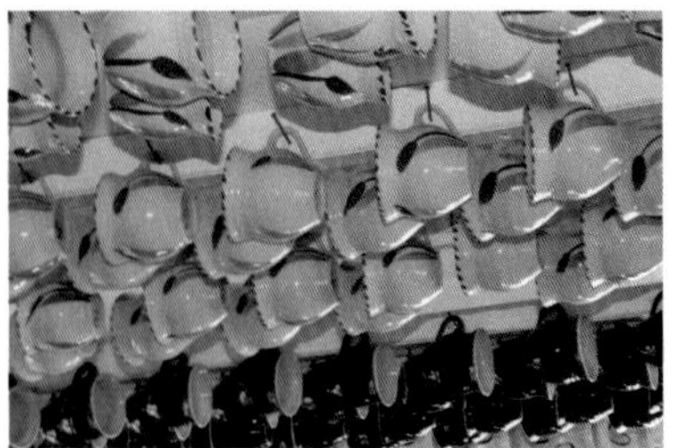

Auf dem Weg nach ***Bjuröklubb*** geht es gegen Ende dieses Abstechers rechts rein zur bezaubernden ***Krukmakeri*** von ***Björn Larsson***, einem Designkünstler und Doktor der Philosophie, in der sich Annegret ausführlich und überaus erfolgreich nach gebrauchsfähiger Haushalts-Keramik umschaut, und 2,6 km später findet man links nachfolgenden Badeplatz.

(215) WOMO-Badeplatz: Bjuröklubb

GPS: N 64° 27' 40.7" E 21° 35' 02.2". **max. WOMOs:** 3-5.
Ausstattung/Lage: Waldgesäumter Parkplatz 30 m neben der Straße, Heide, Sandstrand-Bucht, Picknickbänke, Spielplatz, Trockenklo.
Zufahrt: Siehe Text, 1,7 km nach dem blauen Reservatsschild unangekündigt links rein.

Vom finalen Parkplatz (4-h-Begrenzung) am Ende der erlaubten Straße brechen wir zur Erkundung dieser bizarren Landspitze auf, die sich erst vor 4000 Jahren aus dem Meer erhoben hat. Der Name ***Bjuröklubb*** ist nicht nur fester Bestandteil des

schwedischen Seewetterberichtes, sondern gilt auch als Geheimtipp für Freunde stiller Naturbeobachtungen auf diesem abwechslungsreichen Areal mit einsamen Sandstränden und schärenartiger Felsenküste. So sitzt hier manch einer stundenlang mit dem Fernglas am Ufer und hält Ausschau nach seltenen Vögeln, wir hingegen erspähen das erste ***Fisk***-Schild, folgen hoffnungsvoll den Hinweisen bis zum Hafen, wo wir uns im schwimmenden **Fischladen** (12-17 Uhr, montags zu) mit Räucherlachs eindecken und mit einem ordentlichen Posten fangfrischer Heringsfilets schon mal ein köstliches Abendbrot sichern. Oberhalb gibt es ein gemütliches Café, von dem aus eine aufwändige rollstuhlgerechte Holzweg-Konstruktion über einen mit unzähligen großen und kleinen Wackersteinen über-

säten Felsenhang hinauf zum Leuchtfeuer führt, wo sich, wie erwartet, ein großartiger Rund-Blick bietet.
Wir kehren auf gleicher Route zur **E 4/Umeå** zurück, verlassen sie aber nach 1000 m gleich wieder nach links, um in **Lövånger** die trutzige ***Steinkirche*** (Mo-Fr 8-15.30, Sa 9-18, So 9.30-15.30 Uhr) aus dem Mittelalter zu besichtigen, in der uns die historischen Sternengewölbe, die reich geschmückte Kanzel, die farbigen Glasfenster und die alten Holzskulpturen besonders beeindruckt haben. Gefallen hat uns die kreative Nutzung der roten Kirchstadt-Holzhäuschen gegenüber als Außen-Quartiere der benachbarten Jugendherberge und auch der „in der Tiefe des Raumes" gut versteckte wie gepflegte Campingplatz nahe des Naturreservates hat uns überzeugt.

(216) WOMO-Campingplatz-Tipp: Lövanger Kyrkstad

GPS: N 64° 22' 14.6" E 21° 19 '08.1". **Öffnungszeiten:** ganzjährig.
Ausstattung/Lage: Schöne Campingwiese, WC, Duschen, Sauna, Entsorgung, Gastronomie; Preise 2011: 100/150 SEK
Zufahrt: Hinter der Kyrkstad, grobe Richtung: rechts unten.

Die weitere Strecke der **E 4/Umeå** führt durch ländliches Gebiet mit sanften Hügeln und saftigen Kuh-Wiesen, bei **Ånäset** stehen als letzter ***Ostriket***-Abschiedsgruß zwei riesige Käsehobel an der Straße und 10 km später verlassen wir die **E 4** nach links Richtung ***Killingsand*** zum Meer. Nun trennen uns nur noch 700 m Straße und nach der Gabelung nach links noch 1,4 km Kilometer Lehmpiste vom komfortabel ausgestatteten **WOMO**-Quartier mit Sandstrand, wo dem abendlichen Badespaß der kulinarische Höhepunkt des Tages folgt: eine Pfanne voll Bratfisch aus ***Bjuröklubb***.

(217) WOMO-Badeplatz: Killingsand

GPS: N 64° 10' 38.8" E 21° 02' 05.5". **max. WOMOs:** >5.
Ausstattung/Lage: Schöne Badebucht mit Sandstrand, Trockenklo, Edelstahl-Latrine bei der Einfahrt, Trinkwasser-Pumpe, Husvagn-Parkbuchten im Wald mit Feuerstellen und Stellplätze auf dem Grün-Park-Streifen am (rechten) Fahrweg zum Strand. **Zufahrt:** Siehe Text.

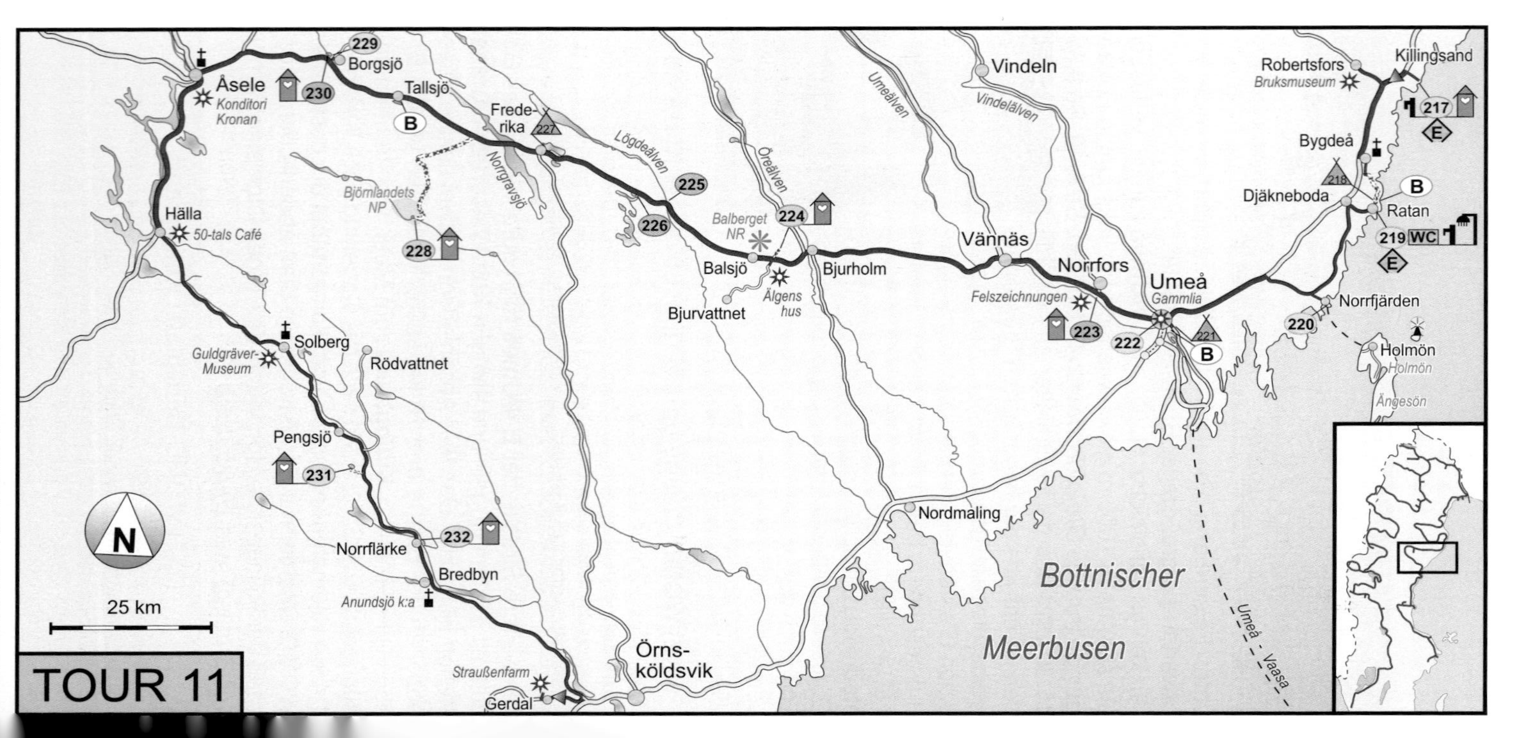
Åsele
Konditori Kronan
229
Borgsjö
230
Tallsjö
B
Frede-rika
227
Lögdeälven
Norrgravsjö
Björnlandets NP
228
Hälla
50-tals Café
225
226
Balberget NR
224
Öreälven
Umeälven
Vindelälven
Vindeln
Balsjö
Bjurholm
Älgens hus
Bjurvattnet
Vännäs
Norrfors
Felszeichnungen
223
Umeå
Gammlia
222
221
B
Robertsfors
Bruksmuseum
Killingsand
217
E
Bygdeå
218
Djäkneboda
B
Ratan
219 WC
E
Norrfjärden
220
Holmön
Holmön
Ängesön
Solberg
Guldgräver-Museum
Rödvattnet
Pengsjö
231
Norrflärke
232
Bredbyn
Anundsjö k:a
Nordmaling
Bottnischer
Meerbusen
Umeå - Vaasa
N
25 km
TOUR 11
Straußenfarm
Gerdal
Örns-köldsvik

TOUR 11 (ca. 500 km / 5-7 Tage)

Robertsfors - Umeå - Åsele - Hälla - Solberg

Freie Übernachtung:	Ratan, Norrfjärden, Umeå, Fiskodlingen, Balberget Naturreservat, Logdeälven, Stensjön, Björnlandet Nationalpark, Borgsjö, Storåskasjön, Flärkensbadet.
Campingplätze:	Storsand bei Ratan, Umeå, Frederika.
Baden:	Storsand, Umeå, Tallsjö, Borgsjö, Storåskasjön, Flärkensbadet.
Besichtigen:	Robertsfors Bruksmuseum, Ratan, Gammlia mit Västerbottens- und Ski-Museum in Umeå, Älgens hus bei Bjurholm, Kult-Cafés in Åsele und Hälla, Goldgräbermuseum und Kirche in Solberg, Kirche in Anundsjö, Straußen-Farm in Gerdal.
Wandern:	Ausflug zur Insel Holmön, Balberget Naturreservat, Björnlandet Nationalpark.

Die Traditionspflege gilt in ***Schweden*** als hohes Kulturgut und als durchreisender Gast staunt man, wie engagiert Jung und Alt dieses Geschichtsbewusstsein praktizieren. Was dem ländlichen Raum der ***Hembygdsgård***, ist in den Keimzellen der industriellen Entwicklung das ***Bruksmiljö***, wo in ehemaligen Manufaktur- und Fabrikgebäuden an regional bedeutsames Gewerbe erinnert wird. Zu einem wenig spektakulären, dafür aber besonders hingebungsvoll betreuten Beispiel biegen wir 4,4 **E 4**-Kilometer südlich vom **Killingsand**-Abzweig rechts nach **Robertsfors**, dann noch vor diesem Ort zu einem Golfhotel links ab und und finden links dahinter das ***Robertsfors Bruksmuseum*** (Ende Mai bis Anf. September Mo-Fr 10-16 Uhr, Sa/So 12-16 Uhr, Eintritt: Spende). Das Hauptgebäude ist aus Schlackeziegeln gebaut und vollgestopft mit historischen Kutschen,

Schlitten und Eisenbahnwaggons, Exponaten aus Eisenhütte und Gießerei sowie allerlei Sammelsurium. Der Führer erklärt uns sein Reich mit Feuereifer, wenn auch schlecht verständlich und zeigt uns auf dem weiten Areal noch einen Schuppen mit restaurierten E-Loks, sogar mit einer aus **Berlin** aus dem Jahre 1915.

Die **E 4/Umeå** führt uns durch Wiesenlandschaft, wir nehmen den Abzweig nach **Bygdeå** und wem der Sinn nach einer Kirchenbesichtigung steht, findet hier ein äußerst lohnendes Ziel aus dem Mittelalter in Altrosa, und im ansonsten schmucklosen Dorf den Hinweis nach **Ratan**, der uns auf Waschbrett-Piste durch Felsen-Wald auf eine Biege zum Meer führt.

(218) WOMO-Campingplatz-Tipp: Storsand

GPS: N 64° 00' 07.9" E 20° 53' 33.8".
Öffnungszeiten: Ganzjährig.
Ausstattung/Lage: Naturcamping, Toilette, Freiluft-Küche mit Wasserhahn, gepflegte Campingwiese mit Picknickbänken, Müllbehälter, Spielplatz, Feuerstelle, Badestrand gegenüber (Hundeverbot), Preis 2011: 50 SEK.
Zufahrt: Nach 5 km Naturstraße rechts.

Im beschaulichen Hafenörtchen **Ratan** können Sie Ihren Wortschatz erweitern, indem Sie ***Mareografen*** kennen lernen: Apparaturen zur Messung der Landhebung, also des Meeresni-

veaus. Eine Vielzahl von historischen Sehenswürdigkeiten wie alte Wasserstands-Marken warten darauf, entdeckt zu werden, und im eleganten ***Tullgården*** gibt es nicht nur eine Touri-Info und Ausstellungen, sondern auch ein Gasthaus mit guter Küche. Jetzt gibt es in **Ratan** sogar eine Kurzzeit-Bleibe in zentraler Lage, wenn auch eine kostenpflichtige.

(219) WOMO-Stellplatz: Ratan Gästehafen

GPS: N 63° 59' 26.3" E 20° 53' 24.1".
max. WOMOs: 4.
Ausstattung/Lage: Quick-Stopp für 24 Stunden neben dem „Magazin" beim Gästehafen, Schotterplatz, Sanitärhaus mit WC, Dusche, Aufenthaltsraum, Küche, Waschmaschine und Trockner, Picknickbänke, Wasser und Entsorgung, Feuerstelle, Müllbehälter, Gebühr 2011: 100 SEK.
Zufahrt: Im Ort links (unterhalb) der Straße beim Gästehafen.

Nun geht es weiter nach **Djäkneboda**, dort Richtung **E 4**, wir halten uns aber vorläufig von der Rennpiste fern, folgen beharrlich den Schildern zum ***Passbåt Holmön*** nach **Norrfjärden** und rollen durch schwedisches Küstenhinterland zum Ausgangspunkt für einen Ausflug zur Insel ***Holmön*** (Infos zu Sommertheater und den Musik-Festivals: www.holmon.com). Die Fähre verkehrt 4- mal am Tag, transportiert nur Fußgänger und Fahrräder, die Überfahrt dauert 45 Minuten und das Schönste kommt zum Schluss: Alles ist gratis! Unser Tipp: Vormittags mit den Rädern aufs Schiff, drüben startet die ausführliche

Inselerkundung mit Leuchtfeuer und Bootsmuseum, wer möchte, strampelt bis zur Südspitze, muss aber die Abfahrtzeit des letzten Schiffes zurück nach **Norrfjärden** im Auge behalten und das geht heute 18.30 Uhr (jeweils aktueller Fahrplan: www.trafikverket.se, Sök: Holmönleden). Auch der gerade erweitere Parkplatz vor dem Anleger links ist im Sommer tagsüber sehr voll. Man sollte daher abends anreisen.

(220) WOMO-Stellplatz: Norrfjärden

GPS: N 63° 51' 50.6" E 20° 44' 15.7". **max. WOMOs:** 3-5.
Ausstattung/Lage: Schotterparkplatz, tagsüber WC im Fähr-Warteraum, Infos zu ***Holmön***, abends ruhig. **Zufahrt:** Am Ende der Zufahrt links.

Nun rollen wir auf glatter Asphaltpiste zur **E 4** und auf dieser nach **Umeå**, einer pulsierenden Stadt mit 26.000 Studenten und auffallend vielen Birken, die nach dem großen Stadtbrand von 1888 großflächig angepflanzt wurden. Wir biegen gleich an der ersten Kreuzung links ab zur Fähre nach **Vaasa/Finnland**, doch nur für 600 m bis zum freundlichen Komfort-Quartier links.

(221) WOMO-Campingplatz-Tipp: First Camp Umeå****

GPS: N 63° 50' 33.8" E 20° 20' 26.3".
Öffnungszeiten: Ganzjährig.
Ausstattung/Lage: Schöne Stellplätze auf Rasen zwischen Bäumen und Büschen, sehr gute Sanitärräume, nette Kinder-Einrichtungen, Sportanlagen, Gastronomie, aufwändig gestaltete Minigolf-Anlage; Preise 2011: Nach Saison und Platz-Ausstattung gestaffelt. In der Hochsaison ist hier viel Betrieb, da sollte man besser vorbuchen: www.firstcamp.se/umea.
Zufahrt: Siehe Text.

Gleich hinter den Sportanlagen sieht und hört man schon das Spaßbad ***„Umelagun"*** und das Freibad am ***Nydalasjö***, wo es an schönen Sommer-Tagen schon mal eng werden kann auf dem Bezahl-Parkplatz. Wir kehren zurück zur Empfangs-Kreuzung, fahren nun Richtung **Centrum** und lassen uns ab 2. Kreisel nach ***Gammlia*** (10-17 Uhr), einem weitläufigen, von Birken dominierten Freiluftmuseum führen. Wir parken gleich rechts

bei der Zufahrt beim Gasthaus ***Sävargården***, einem restaurierten Gutshofgebäude von 1806 und pilgern über das liebevoll gestaltete Areal, wo in der Sommersaison sehr authentisch in historischen Bauernhöfen und Herrenhäusern wie in alten Zeiten gearbeitet wird. Man kann allerlei Bauersleuten, Knechten und Gesinde bei ihrem Tagewerk zusehen, den Frauen am Webstuhl auf die flinken Finger schauen und in der ***Back-Stuga*** miterleben, wie ***Tunnbröd***, das traditionelle schwedische Fladenbrot hergestellt wird. Die Bäckerin verrichtet auf mehligen Holzdielen routiniert wie behände und in stetiger Zwiesprache mit den interessierten Zuschauern ihren Job, der Teig wird ausführlich gewalzt und geriffelt, anschließend überraschend kurz am offenem Feuer auf Stein gebacken und das lederne Endprodukt noch warm an das Publikum verkauft. Draußen gibt es Pony-Reiten für Kinder, auf der Wiese grasen die Schafe und der stolze Ziegenbock entspannt sich unter seiner Lieblingsbirke im Schatten. Auf dem Gelände findet man unschwer das Klinkerhaus mit ***Västerbottens Museum*** (Di-Fr 10-16, Sa 12-16, So 12-17 Uhr, Eintritt frei) mit verschiedenen Ausstellungen und dem ***Svenska Skidmuseum***, wo man nicht nur den mit 5200 Jahren ***„Ältesten Ski der Welt“*** bestaunen kann, sondern auch unzählige Exemplare, wie man sie zu Hause im Keller sammelt und die Ausrüstung samt Anzügen und Mützen von prominenten Wintersportlern wie ***Ingemar Stenmark*** und ***Anja Pärson***. Als feierlichen Abschluss unseres ***Gammlia***-Besuches schauen wir noch bei der bezaubernden, schön ausgemalten ***Helena Elisabeth Kyrka*** (Mo-Fr 13-17 Uhr) vorbei, die einst 1802 auf ***Holmön*** errichtet, dort seit 1891 nicht mehr genutzt und schließlich 1957 hierher umgesetzt wurde. Gleich auf dem Parkplatz zaubert Annegret aus dem noch lauwarmen ***Tunnbröd***, dem Restposten ***Räucherlachs*** aus ***Bjuröklubb*** und reichlich ***Meerrettich-Creme*** fantastische Imbiss-Röllchen, die man zu Hause auf Neudeutsch ***Wraps*** nennen würde, in dieser Rezeptur wohl aber nirgends bekommt.

Nun wollen wir noch zum Hafen von **Umeå** hinunter, folgen dazu Hinweisen zum **Centrum N**, sehen den Backstein-Bahnhof, dann Wegweiser zum Hafen und landen in der Caravan-Abteilung vom Avgift-Parkplatz, die sich inzwischen gut als europäischer **WOMO**-Treffpunkt etabliert hat.

(222) WOMO-Stellplatz: Umeå Hafen

GPS: N 63° 49' 29.5" E 20° 15' 26.0". **max. WOMOs:** 5-10.
Ausstattung/Lage: Parkplatzareal direkt am ***Umeälv***, tagsüber (werktags 9-19 Uhr, Wochenende 9-17 Uhr) gebührenpflichtig, citynah.
Zufahrt: Siehe Text, an der V***ästra Strandgatan*** neben dem ***Hamnmagasinet***, nahe der ***Tegsbron***.

Hier liegen die Ausflugs- und Gastro-Schiffe, man hat nur wenige Fußminuten zur City und damit einen prima Ausgangspunkt für den Stadtrundgang gefunden. Wir ziehen aber weiter, verlassen die ***„Stadt der Birken“*** auf der **E 12/Mo i Rana** und rollen auf dem ***Blå vägen*** durch das Tal des ***Umeälv***, eine grüne Wiesen-Welt mit bewaldeten Hängen. Bei der Abfahrt nach **Norrfors** und **Hällristningra** verlassen wir die Piste, folgen den Hinweisen zur (letztgenannten) vielversprechenden Sehenwürdigkeit beharrlich und landen erst einmal auf einem Mini-Parkplatz in der Nähe der Staumauer, um uns schließlich doch den Fahrweg hinab zu wagen, wo uns ein freundlicher Wiesenplatz erwartet.

(223) WOMO-Picknickplatz: Fiskodlingen

GPS: N 63° 52' 48.2" E 20° 01' 30.2".
max. WOMOs: 1-2.
Ausstattung/Lage: Unebenes Wiesengelände mit Schutzhütte, Feuerstelle, Holzvorrat, Trockenklo, Müllbehälter.
Zufahrt: Siehe Text.

Also mal wieder Felszeichnungen aus grauer Vorzeit! Im Jahre 1984 sind etwa 60 davon im trocken liegenden Flussbett entdeckt worden. Sie sollen über 4000 Jahre alt sein und wir sind auch schon auf dem hölzernen Komfort-Weg unterwegs, um

sie zu suchen. Hier ein kleiner Tipp, weil die sicherlich seinerzeit mühsam eingeritzten Urzeit-Tiere so blass sind: am Ende des Weges links.

Zurück zur Tourstrecke rollen wir durch **Norrfors**, passieren Gleise, halten uns **links/Lycksele** und bewegen uns eine ganze Weile parallel zur **E 12**, bevor wir diese bei **Gubböle** wieder Richtung **Mo i Rana** entern. In **Vännäs** queren wir den breiten ***Vindelälv***, wechseln auf die **92/Dorotea**, kreuzen ein letztes Mal den ***Umeälv*** und erfreuen uns auf den folgenden Kilometern auf dem ***Konstvägen Sju Älvar*** an vielen hintersinnigen, meist bizarren Kunstwerken in der Landschaft, von denen leider einige in den letzten Jahren entfernt wurden. Doch hier bei der Zufahrt zum **Vännäs Centrum** finden wir gleich eins: das ***Feuer-Sofa***, eine beheizbare Pausenbank. Wenn Sie also einen kühlen Sommer erwischt haben und nicht wie wir bei 30°C schwitzen müssen, dann nehmen Sie sich die Zeit und heizen das Ding! Unterwegs auf der **92** sieht man dann bald die ***Spiegel-Kirche*** rechts im Sumpf, in **Bjurholm** bleiben wir unserer Straße treu und fahren auf der ***Öreälvsbro***,

der aufwändigsten Brücke weit und breit, über eben diesen Kanu-Fluss, der tief unten dahinfließt. Wenn man 6 km danach an einer Kreuzung links abbiegt, landet man 2 km später beim ***Älgens hus*** (Mitte Juni-Mitte August Di-So 12-18 Uhr, Eintritt [N 63° 54' 41.6" E 19° 05' 13.6"]) links, um in dieser ***Elch-Farm*** ein weiteres Mal mit dem König des schwedischen Waldes auf Tuchfühlung zu gehen. Zu Beginn des Rundganges führt uns der Chef des Hauses ***Christer Johansson*** durch seine kleine Ausstellung, wir sehen Tierpräparate und Rekord-Schaufeln und lernen, dass diese den friedlichen Tieren nur zum Schaulaufen und Imponieren dienen und jedes Jahr im Herbst abgeworfen werden. Nach einigen in gutem Englisch sehr bildhaft

erzählten Episoden aus der schwedischen Tierwelt geht es hinaus ins Gatter, wo dann die Elch-Kinder sofort hingebungsvoll von den Besucher-Mädchen beschmust und mit Bananen-Leckerlies verwöhnt werden. Auch die imposanten Elch-Herren ***Charly*** (13 J.) und ***Isak*** (3 J.) sind handzahm, doch wirtschaftlich wertvoller sind die Elch-Kühe, denn die geben täglich bis zu 2 Liter Milch, aus der dann gleich vor

Ort extra teurer Käse hergestellt wird. Im Shop des Besucher-Blockhauses kann man den dann neben anderen einschlägigen Elch-Souvenirs kaufen und am Warmbüfett leckere ortsübliche Spezialitäten probieren.
Zum nahen Nachtquartier kehren wir zur **92** zurück, nehmen schräg gegenüber die Einfahrt zum ***Balberget Naturreservat***, kommen auf unbefestigtem Fahrweg im 2. Gang gut hinauf, haben rundliche Busen-Berge voraus, erklimmen insgesamt 130 Höhenmeter und erreichen nach 1,8 km den kleinen Wendestellen-Parkplatz.

(224) WOMO-Wanderparkplatz: Balberget Naturreservat

GPS: N 63° 56' 12.1" E 19° 07' 02.3".
max. WOMOs: 1-2.
Ausstattung/Lage: Kleiner, etwas schiefer, geschotterter Parkplatz im Bergwald, Picknickbänke, Feuerstelle mit Holzlager, Trockenklo, Müllbehälter, Info-Tafel zur Natur und zum Rundwanderweg, sehr einsam. Geeignet für Fahrzeuge bis 7 m Länge.
Zufahrt: Siehe Text, 1,5 km nach Abzweig rechts halten.

Auf der **92/Dorotea** schnüren wir nun durch ein Anglerparadies und rechts vor der ***Lögdeälv***-Brücke lädt ein Picknickplatz [**225**: N 63° 59' 27.8" E 18° 47' 55.5"; Foto rechts] samt buntem ***Konstwerk*** zur Pause, die man zu einer Wanderung in die unberührte Landschaft vom ***Ekopark Käringberget*** ausweiten könnte. Direkt hinter dem Fluss geht es links zu lauschigen Plätzen am selbigen und 6,8 km später in einer Rechtskurve (versteckt) nach links zu einem Angelplätzchen am ***Stensjö*** [**226**: N 64° 00' 58.3" E 18° 41' 08.7"].

Unsere Wellenschaukel-Straße führt uns wieder mal nach ***Lappland*** hinein und sogleich reisen wir durch landschaftlich besonders reizvolles Terrain, rechts hinter dem Wald blinkt ein stiller See, doch bevor es auf unsere Genuss-Tour weitergeht, fahren wir erst einmal nach **Frederika** hinein, um uns den liebreizenden Campingplatz anzuschauen, von dem uns berichtet wurde.

(227) WOMO-Campingplatz-Tipp: Frederika

GPS: N 64° 04' 33.3" E 18° 25' 04.4". **Öffnungszeiten:** Ganzjährig. **Ausstattung/Lage:** Familiär geführter Platz (Chefin stammt aus Österreich), schöne Wiesenplätze am See, Badestelle, Gastronomie, Forellenteich zum selber Angeln (Fang wird nach Gewicht bezahlt), gepflegte Sanitärräume; Preise 2011: 140/175 SEK. **Zufahrt:** Siehe Text, vor Ort gut ausgeschildert.

Nun passieren wir ein sumpfiges Grasbüschel-Gewässer und danach im goldenen Abendlicht den Damm über den ***Norrgravsjö***, der mit seinen felsigen Bauminseln links aussieht wie ein Indianer-See. Ganz verzaubert von der Szenerie stoppen wir an

der nächsten Parkbeule beim ***Geweih-Konstverk*** und gehen zu Fuß noch einmal zurück, um diesen ausgesprochen stimmungsvollen Anblick gründlich auszukosten. Schon 4,5 km später verlassen wir die komfortable Straße nach links und poltern auf 24 km Rubbel-Piste dem ***Nationalpark Björnlandet***, unserem nächsten Wanderrevier entgegen, dies gelegentlich sogar mit 50 Sachen und erreichen nach schier endlosen 45 Minuten leicht verstaubt und einigermaßen entnervt unser einsames Quartier am Bären-Wald, doch diesmal gilt: Das Ziel lohnt den Weg! Beim abendlichen Rundgang am See genießen wir die unglaublich friedliche Atmosphäre, ein Schwanenpaar gleitet vornehm über das spiegelglatte Wasser, und über allem liegt eine fast feierliche Stille.

(228) WOMO-Wanderparkplatz: Björnlandet (330 m ü.M.)

GPS: N 63° 58' 10.2" E 18° 03' 31.0". **max. WOMOs:** 2-3. **Ausstattung/Lage:** Busparkplatz links vor der finalen Wendeschleife, dort Info-Tafel mit Faltblättern auch auf Deutsch, Schutzhütte, Picknickbänke und Feuerstellen mit Seeblick, Trockenklo. **Zufahrt:** Siehe Text.

Wander-Tipp: Nationalpark Björnlandet (6 km/2,5 h)
Das verspricht heute wieder ein warmer Tag zu werden, denn schon zum Frühstück haben wir bei wolkenlosem Himmel 20°C, doch bei unserer Rückkehr müsste das **WOMO** hier im Schatten stehen. Tägliche Sorgen eines Nord-Schweden-Urlaubs! Heute geht es auf komfortabel angelegten Wegen durch einen sehr jungen und dazu eher kleinen Nationalpark, eines der wertvollsten Urwaldgebiete Schwedens. Das Gelände wird von Kiefernwald dominiert, der mit gewaltigen Felsblöcken durchsetzt ist. Wir starten bei der Picknick-Station auf dem Bohlenweg nach rechts am ***Angsjö*** entlang, wo gleich rechts ein Bretter-Abzweig zur Quelle führt. Dann stiefeln wir auf roter Ring-Markierung durch den Wald, wieder durch ein Feuchtgebiet und anschließend auf einem steinigen Wurzelpfad stetig aufwärts. Unterwegs sieht man riesige abgestorbene Bäume und kann an markierten Exemplaren Spuren von Waldbränden der letzten Jahrhunderte erkennen. Jetzt geht es durch Heidelbeerwald, ringsum sieht man bemooste Felsen und Bartflechten von den alten Bäumen hängen, eine Kulisse wie aus dem Märchen. Bei der Weggabelung halten wir uns rechts, nun blasen wir zum Gipfelsturm, doch der Anstieg fällt dezent aus, und wir erreichen locker, wenn auch bei nunmehr 30°C komplett durchgeschwitzt den Rastplatz auf dem Felsen-Stapel des ***Björnberget*** (484 m ü.M. [N 63° 58' 56.8" E 18° 02' 11.6"]) und schauen ganz versonnen hinab auf den ***Angsjö***, unseren „Haussee" im Tal. Auf dem Rückmarsch nehmen wir an der Gabelung den rechten Pfad, der uns durch neues Areal mit Sumpfwald und reichlich Moltebeeren zu unserem bekannten Weg zurück bringt, auf dem wir dann wieder zum See und schließlich nach Hause zum **WOMO** gelangen. Bären haben wir keine gesehen, auch nur vereinzelte Zwitscher-Vögel gehört, dafür aber mehr Mücken als nötig angetroffen. Außer uns scheint es hier keine anderen Menschen zu geben, was wir uns bei diesem herrlichen Flecken Erde, zur Hochsaison und bei Sommersonne absolut nicht erklären können.

Mit Blick auf bewaldetes Mittelgebirge fahren wir in angemessenem Tempo zurück zur **92**, halten uns Richtung **Åsele** und stoppen gleich wieder in **Tallsjö** [N 64° 08' 28.3" E 18° 01' 28.0'], um eine Runde im klaren See zu schwimmen. Die nächsten Möglichkeiten für eine gepflegte **WOMO**-Pause bieten sich 14 km weiter in **Borgsjö**: eine zum Baden, eine fürs Picknick und beide am gleichen See.

(229) WOMO-Badeplatz: Borgsjö

GPS: N 64° 11' 30.2" E 17° 47' 02.3". **max. WOMOs:** 1-2.
Ausstattung/Lage: Badestelle mit Sandstrand und Steg, Feuerstelle, Picknickbänke, Trockenklo, gut geeignet für **WOMOs** bis 6 m Länge.
Zufahrt: Dem Abzweig nach **Borgsjö/Nordanås** nach rechts folgen, nach 500 m links auf schmalem Fahrweg in den Wald, nach 200 m Parkbuchten zwischen den Bäumen.

(230) WOMO-Picknickplatz: Borgsjö

GPS: N 64° 11' 36.5" E 17° 46' 25.4". **max. WOMOs:** 2-3.
Ausstattung/Lage: Parkplatz am See mit geschotterten Buchten unter Bäumen, Wasserpumpe (zuletzt ohne Funktion), Picknickbänke, Schutzhütte mit Feuerstelle, Trockenklo, Bademöglichkeit.
Zufahrt: An der **92**, 500 m hinter dem Abzweig **Borgsjö/Nordanås** rechts.

Die **92** windet sich nun leicht bergan wie ein Wurm durch die bewaldeten Berge voraus, die **365** gesellt sich zu uns und wir erreichen **Åsele**, einen alten Handelsplatz in Lappland. Wir queren die **90**, dringen zum **Centrum** vor, sehen unterwegs die lustige Ortswappen-Skulptur mit roter Schwarzwald-Bommel und folgen dem Hinweis nach links zur **Touri-Info**, wo man stets reichlich Parkraum vorfindet. Dann gehts zu Fuß durch den fast menschenleeren Ortskern in die ***Lillgatan*** zur ***Konditori Kronan*** (Mo-Fr 8-17.30 Uhr, Sa 10-14 Uhr), die 1943 gegründet wurde und heute mit ihrer altmodischen Ausstattung, dem besonderen Flair und den ofenfrischen Leckereien aus der Souterrain-Bäckerei bei Gästen aus nah und fern Kultstatus genießt, selbst wenn das Sortiment deutschen Genuss-Ansprüchen nicht ganz genügt. Zuletzt haben wir hier Umbauten registriert: Man hat sich mit dem benachbarten Blumen- und Geschenkeladen zusammengetan.

Vom Café aus sieht man schon die imposante ***Åsele kyrka*** (Mo-Fr 10-16 Uhr), die man von hier aus auf elegantem Weg erreichen kann. Man kann sich kaum vorstellen, dass sich hier in diesem Geister-Ort am 3. Wochenende im Juli um die 100.000 Besucher zu den berühmten ***Åsele Markttagen***, dem größten Volksfest ***Nord-Schwedens*** treffen.

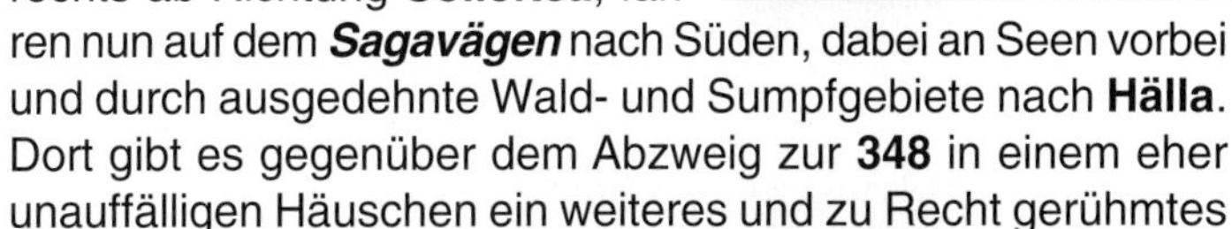

Wir kehren zurück zur **90**, biegen rechts ab Richtung **Sollefteå**, fahren nun auf dem ***Sagavägen*** nach Süden, dabei an Seen vorbei und durch ausgedehnte Wald- und Sumpfgebiete nach **Hälla**. Dort gibt es gegenüber dem Abzweig zur **348** in einem eher unauffälligen Häuschen ein weiteres und zu Recht gerühmtes Ziel für Nostalgiker: das ***Hälla 50-tals Café*** (Juni - August tgl. 10-18 Uhr), seit 2011 engagiert geführt von der Niederländerin ***Christien Fox***. In der originalen Ersteinrichtung von 1953 findet man liebevoll gepflegtes Mobiliar und Stilelemente, die man schon fast vergessen hatte. Der Kaffee wird in Blümchen-Porzellan kredenzt und schmeckt richtig gut, ein Pausenerlebnis, das man nicht auslassen sollte.

In **Hälla** geht es auf der **348/Bredbyn** weiter, wir schaukeln auf kurvenreicher Strecke und welliger 60er-Piste durch recht eintönige Nord-Landschaft mit Sumpf-Seen und freuen uns deshalb über kleine Abwechslungen wie die Sehenswürdigkeiten von **Solberg**. Gegenüber vom Zentralparkplatz wollen wir das vielversprechende ***Guldgrävarmuseum*** sehen, finden den Inhaber im Wohnhaus, der uns aufschließt und sein ‚Klondike"-Traditions-Häuschen präsentiert, wo es aber nur ein Sammelsurium von Alltagsgegenständen und ausgestopfte Tiere zu besichtigen gibt. Nichts richtig Dolles, aber immerhin freier Eintritt. Wesentlich interessanter ist die ***Kirche von Solberg*** (8-20 Uhr), zu der es knapp

300 m weiter links für 300 m steil den Berg hinauf geht, und die uns mit ihrer ungewöhnlichen Architektur überrascht. Sie wurde 1917 im Stil der schwedischen National-Romantik gebaut, den norwegischen Stabkirchen nachempfunden und zeigt innen schlichte Eleganz mit viel Holz.
Wir streben nun weiter auf der **348**, dem ***Sagavägen***, der Küste entgegen, wo uns auf relativ ereignisfreier Strecke mit Wald, Fluss und Oser-Landschaft noch zwei bemerkenswerte Badeplätze auffallen.

(231) WOMO-Badeplatz: Storåskasjön

GPS: N 63° 36' 44.8" E 17° 53' 24.4". **max. WOMOs:** >5.
Ausstattung/Lage: Langer Badestrand, Schutzhütte, Trockenklos, Müllbehälter, Picknickbänke, Feuerstelle.
Zufahrt: 10,5 km hinter **Pengsjö** bzw. 3,7 km hinter dem Abzweig nach **Rödvattnet** nach rechts (ohne Hinweis) auf einen Schotterweg abbiegen, nach 500 m **WOMO**- und Caravan-Treff im Hochwald rechts.

(232) WOMO-Badeplatz: Flärkensbadet

GPS: N 63° 30' 23.8" E 18° 05' 01.1".
max. WOMOs: 2-3.
Ausstattung/Lage: Liebevoll gestaltetes Freizeitareal, Badestrand mit Steg (Badethermometer) und Sprungturm, Picknickbänke, Sport- und Spiel-Anlagen, Buddelspielzeug, Toilette mit Wasserbehälter, Seifenspender und Handtuch, Hundeverbot.
Zufahrt: In **Norrflärke** 400m nach Ortseingang dem Badplats-Hinweis nach links folgen, nach 1 km Badestelle am See.

Die liebliche Landschaft mit bewaldeten Bergen und weiten Wiesen mit roten Holzscheunen ist eine Wohltat fürs Auge, wir fahren an **Bredbyn** vorbei, sehen rechts einen eigenwilligen Schindel-Turm, wollen den von der Nähe betrachten und folgen am nächsten Abzweig dem Hinweis zur ***Anundsjö k:a*** nach rechts. Vom extra prächtigen, 20 m hohen Glockenturm angelockt, schauen wir uns auch die eher unscheinbare Kirche an und entdecken ein wahres Juwel mit wunderschönem Rokoko-

Altarbild, einer farbenfrohen und reich verzierten Holzkanzel und einem sehenswerten Taufbecken aus dem 17. Jahrhundert. Auf Knopfdruck am Pfeiler gibt es sogar Hör-Infos auf Deutsch samt Orgelspiel und Glockengeläut.

Die **348/Örnsköldsvik** verlassen wir schließlich (Achtung! Kurz vor der **E 4**!) nach rechts zur **335/Sollefteå** und sind unterwegs zu einer, zumindest für schwedische Verhältnisse exotischen Sehenswürdigkeit, der ***Straußen-Farm*** (12. Juni - 29. August tgl. 12-19 Uhr, Eintritt 2010: 40 SEK [N 63° 17' 43.9" E 18° 25' 23.7"]) in **Gerdal** , halten uns dazu nach 1,5 und weiteren 6,7 km jeweils rechts und folgen dann den **Strutsfarm**-Hinweisen zum nahen Ziel. ***Mona*** und ***Niklas Persson*** haben hier in den letzten 15 Jahren mit viel Enthusiasmus und Liebe zum Detail ein Kleinod geschaffen, wo man diesen faszinierenden und neugierigen Tieren hautnah begegnen kann, eine besondere Erfahrung, die nicht nur Kinder begeistert. Doch es handelt sich keineswegs nur um einen reizenden Klein-Zoo, denn die Tiere werden nicht nur gezüchtet, sondern auch geschlachtet und ziemlich komplett verwertet, was man im Gäste-Blockhaus auf der Restaurant-Speisekarte (getestet und sehr zu empfehlen: Straußenfilet mit Madeira-Sauce) und den kreativen Souvenirs im Shop sehen kann, wo das Sortiment von Lesezeichen mit Federpuscheln über interessanten Schmuck bis zu Schuhen aus Straußenleder reicht. Der unumstrittene Star der Truppe ist Chef-Strauß ***Atlas***, der wiegt 150 kg und sorgt mit seinen 2 Lieblingshennen fleißig für Nachwuchs, der dann zuerst in der Brutstation aufgepäppelt wird und später im Extra-Gatter zur Schlachtreife heranwächst. Übrigens gibt es das Sinnbild vom „Vogel-Strauß-Prinzip" auch im Schwedischen, doch die Tiere stecken den Kopf nicht in den Sand, um der Realität zu entfliehen, sondern es sieht von weitem nur so aus, wenn sie in der Nest-Grube ihr Gelege umsorgen.

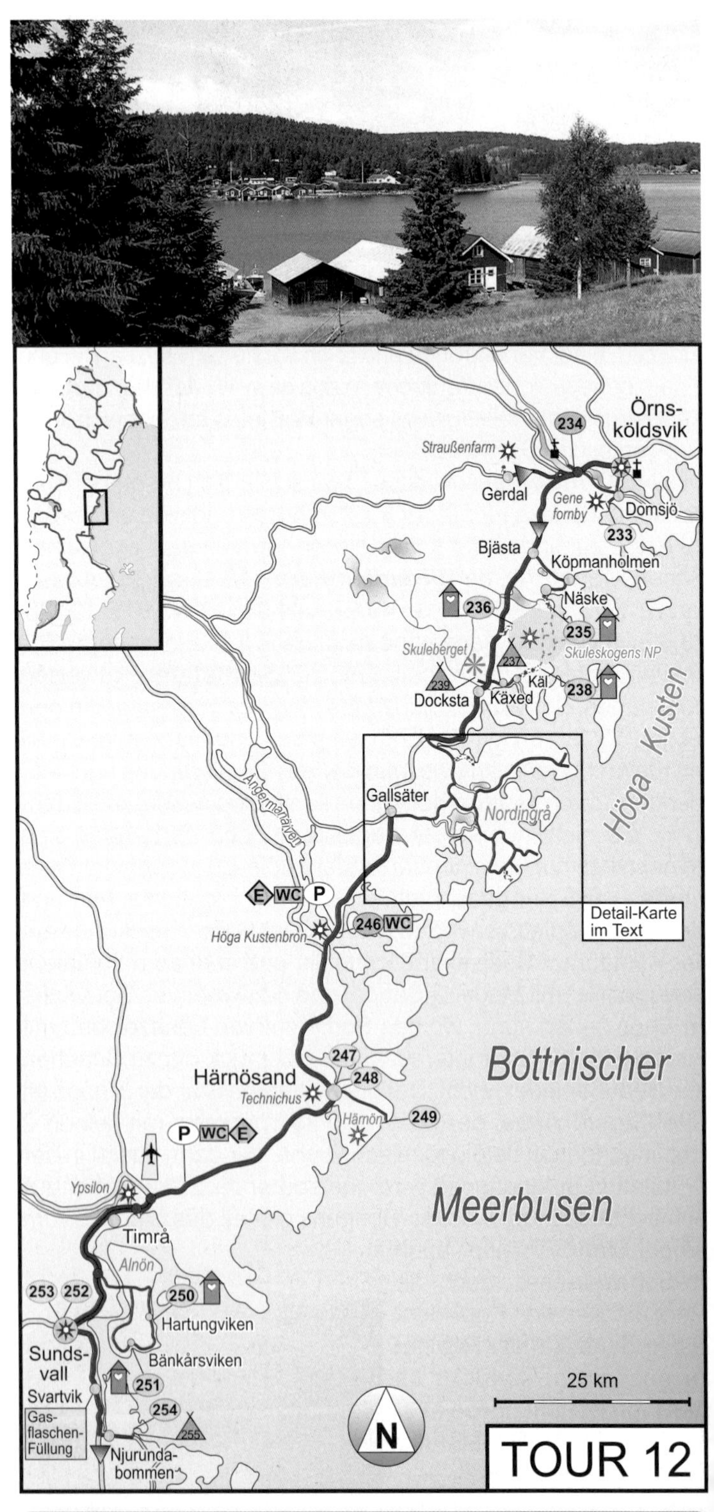
Örns-
köldsvik
234
Straußenfarm
Gerdal
Gene
fornby
Domsjö
233
Bjästa
Köpmanholmen
Näske
236
235
Skuleberget
237
Skuleskogens NP
Käl
239
Docksta
Käxed
238
Höga Kusten
Gallsäter
Nordingrå
Ångermanälven
E
WC
P
246
WC
Höga Kustenbron
Detail-Karte
im Text
Bottnischer
Meerbusen
247
248
Härnösand
Technichus
Härnön
249
P
WC
E
Ypsilon
Timrå
Alnön
253
252
250
Hartungviken
Sunds-
vall
Bänkårsviken
251
Svartvik
254
Gas-
flaschen-
Füllung
255
Njurunda-
bommen
N
25 km
TOUR 12

TOUR 12 (ca. 300 km / 6-8 Tage)

Örnsköldsvik - Skuleskogen - Nordingrå - Härnösand - Alnön - Sundsvall

Freie Übernachtung:	Örnsköldsvik (2), beim Skuleskogen Nationalpark (3), Bönhamn, Naturreservat Rotsidan, Omnebadet, Storsand, Smitingen, Hornöberget, Härnösand (2), Hartungviken, Bänkårsviken, Sundsvall (2), Bergafjärden.
Campingplätze:	Veåsands Naturcamping, Docksta Höga Kusten, Barsta, Norrfällsviken, Bergafjärden.
Baden:	Skuleskogen Nationalpark, Käxed, Bönhamn, Naturreservat Rotsidan, Omnebadet, Storsand, Smitingen, Hartungviken, Bänkårsviken, Bergafjärden.
Besichtigen:	Örnsköldsvik (Stadtbild, Gene fornby, Själevads kyrka), Skuleberget Naturum, Villa Fraxinus, Nordingrå kyrka, Barsta Kapelle, Keramik-Stina, Härnösand (Stadtbild und Technichus), Ypsilon in Timrå, Sundsvall (Stadtbild, Norra Stadsberget).
Wandern:	Skuleskogen Nationalpark , Naturreservat Rotsidan, Smitingen.

Wenn man so aus dem verträumten Binnenland ***Nord-Schwedens*** zurück zur Küste kommt, muss man sich an das vergleichsweise geschäftige Treiben erst einmal gewöhnen. Doch obwohl wir seit **Umeå** nur 100 km „Waterkant" ausgelassen haben und uns immer noch 600 km nördlich von **Stockholm** befinden, spürt man in **Örnsköldsvik**, der Provinzhauptstadt von ***Ångermanland***, deutlich, dass es einen direkten Zusammenhang zwischen Wohlstand, wirtschaftlichem Aufschwung und Umweltbelastung gibt, denn in dieser landschaftlich wunderschön gelegenen Stadt ist es laut und die Industrieanlagen sondern Gerüche ab, die man in den stillen Wäldern ***Lapplands*** nicht vermisst hat. Der berühmteste Sohn dieser „Boomtown" am Schärenmeer, die nach dem verdienstvollen Regierungspräsidenten ***Per Abraham Örnsköld*** (1762-1769) benannt wurde und hier nur **Ö-vik** heißt, ist zweifellos der Eishockey-Profi ***Peter Forsberg*** (geb. 1973), der zu Beginn seiner Karriere beim städtischen Kultverein ***MoDo*** gespielt hat, seit 1995 in der ***NHL*** Dollar-Millionen scheffelte, zu den Weltbesten seiner Zunft gehört und nun seine unglaubliche Karriere in seiner Heimatstadt ausklingen lässt. **Ö-vik** war in den vergange-

nen Jahren einigermaßen gezeichnet durch Großbaustellen für das ehrgeizige Bahnprojekt ***Botniabanan***, der 190 km langen Hochgeschwindigkeitstrasse zwischen **Nyland** und **Umeå**, die nun in der Stadt an zwei neuen Bahnhöfen Station macht. Damit Sie im weit verästelten Städtchen nicht orientierungslos herumirren, führen wir Sie auf getesteter Route zu den Sehenswürdigkeiten. Kurz nach dem ***Strutsfarmen***-Abzweig trifft die **348** auf die **E4**, wer diesen Abstecher auslassen möchte, rollt schon mal Richtung **Sundsvall** weiter, die Teilnehmer der Stadtrundfahrt kommen mit uns Richtung **Ö-vik** und folgen 2,4 km später den **Domsjö**-Hinweisen nach rechts. Nach 4,3 km erreichen wir dort eine Kreuzung mit Statoil-Tanke, wo wir rechts abbiegen und 500 m darauf links den Schildern zum Eisenzeit-Dorf ***Gene fornby*** (ab 8 Uhr frei zugänglich, zuletzt ungepflegt) nachfahren. **WOMO**s parken bequem oberhalb im Sandkessel [**233**: N 63° 15' 07.7" E 18° 41' 56.5"], wir schlendern durch den Hochwald hinunter zur Bucht, wo ein 2000 Jahre alter Bauernhof ausgegraben und rekonstruiert wurde.
Auf gleicher Strecke geht es zurück zur Statoil-Kreuzung, dort geradeaus rüber, kurz durch stinkende Industrie-Abgase und dann in Richtung Kirche zum zentralen Kreisverkehr, wo wir uns zum Bezahlparkplatz bei der ***Touri-Info*** leiten lassen. Hier führt die **E 4** mitten durch die Stadt und wer jemals auch nur im eiligen Küsten-Transit hier lang gekommen ist, wird den Anblick dieser City-Sprungschanze am Hang gegenüber niemals vergessen, deren Auslauf neuerdings unter der ***Botniabana***-Brücke endet. Wir starten unseren Rundgang und gehen dazu rechts am ***Paradisbadet*** (längste Wasserrutschbahn der Welt: 180 m!) vorbei zur Innenstadt, sehen uns im ***Rathaus***-Garten das ***„Lebens-Labyrinth"*** an und trödeln dann die Fußgängerzone Richtung Hafen hinunter. Die auf-

fallend gepflegte Stadt überzeugt uns nun doch, wir staunen über Skulpturen im Stadtbild und bewundern aufwändig angelegte Grünanlagen wie den ***Örnpark*** mit Granit-Adler von 1916 gleich neben dem ***Stora torget***. Wir marschieren zurück zum Parkplatz, schmunzeln unterwegs über eine überdachte Raucherinsel vor dem Uni-Gebäude, nehmen die **E4/Sundsvall** und biegen 5,3 km nach dem City-Kreisel rechts ab zur ***Själevads Friluftcentralen*** [**234**: N 63° 17' 24.4" E 18° 36' 52.0"], einem freundlichen Naturrastplatz am ***Moälv*** mit Bootsverleih, Sommercafé, Picknickbänken und Minigolf. Schräg gegenüber thront die prachtvolle ***Själevads kyrka***

(8-20 Uhr) auf dem Hügel, die man von hier aus nach einem kurzen Fußweg über die Brücke schnell erreicht und das achteckige Schmuckstück aus der Nähe und von innen bewundern kann.

Bevor es wieder auf die Piste geht, könnte man noch im Werksverkauf vom ortsansässigen Outdoor-Ausrüster ***Fjällräven*** individuelle Klamotten-Defizite reduzieren, denn als Nächstes stehen schließlich Wanderungen auf dem Plan.
Hier schließt sich nun unsere **Ö-vik**-Runde, jetzt geht es auf der flott ausgebauten **E4/Sundsvall** aus der Stadt heraus und neuen Abenteuern entgegen. Auf uns wartet die spektakuläre Landschaft der ***Höga Kusten*** (zu Deutsch ***Hohe Küste***), die zum ***UNESCO-Weltkulturerbe*** gehört und mit besonders ausgeprägten Spuren die Landhebung vor Augen führt, denn die

ehemalige Uferlinie liegt extrem hoch über dem heutigen Meeresniveau. Dieses einzigartige Naturphänomen lässt selbst heute, 20.000 Jahre nachdem das 3 km mächtige Inlandeis zu schmelzen begann, das Land 1 cm im Jahr aus dem Meer emporsteigen. Am eindrucksvollsten erlebt man die Landschaft im ***Nationalpark Skuleskogen***, unserem nächsten Ziel. Zwei der drei Eingänge zu diesem faszinierenden Wandergebiet waren im Sommer 2010 neu gestaltet, unsere Lieblings-Basis ist der **Entré Nord**. Wir verlassen genau 10 **E 4**-Kilometer nach dem **348**-Abzweig die hektische Rennpiste in Richtung **Köpmanholmen** und lassen uns über **Näske** dorthin führen.

(235) WOMO-Wanderparkplatz: Skuleskogen Entré Nord

GPS: N 63° 08' 06.6" E 18° 30' 58.1".
max. WOMOs: 3-5.
Ausstattung/Lage: Neu gebauter Zugangsbereich, geschottertes Parkplatz-Rondell mit ausgewiesener **WOMO**-Abteilung, Trockenklos, Schutzhütte, Feuerstelle, Mülltrennung, NP-Info-Tafel mit ***Skuleskogen***-Faltblättern auf Deutsch zum mitnehmen, einsam.
Zufahrt: Anfahrt 12 km: Von der **E 4** rechts auf die Landstraße nach **Köpmanholmen**, dort im Ort nach rechts, wie später auch in **Näske**, beharrlich den Nationalpark-Hinweisen folgen, zuletzt 2,6 km naturell.

Wandertipp 1: Zur Slåttdalsskrevan (11 km / 5 h)
200 m nach Start auf dem Holzbohlen-Weg stoßen wir auf den eigentlichen Wanderweg, es geht zunächst leicht bergab durch den Wald auf die Küste zu, und wir streifen die kleine Sandstrand-Bucht ***Salsviken***, wo man gut baden könnte. Wir sind auf dem ***Höga Kustenleden*** unterwegs, der uns schon mal an düsteren Felsen-Gebilden oberhalb vom Wasser entlang lotst und nach 1,6 km rechts abbiegt, unser Ziel ***Slåttdalsskrevan*** in 2,5 km in Aussicht stellt und auf

rot markiertem Wurzel-Felsen-Stolper-Pfad einigermaßen steil durch den Wald aufwärts führt. Wir queren eine verwunschene, üppig grüne Berg-Bach-Schlucht mit kleinem Wasserfall auf einer Holzbrücke, sind schon lange auf Betriebstemperatur und müssen immer mal ausgiebig trinken. Die Kraxelei geht noch 20 Minuten auf urigem, mit bemoosten Felsen gespickten Parcours weiter, wir treffen auf einen Bergsee, hangeln uns an seinem Steinufer entlang und erreichen schließlich ein zauberhaftes Terrain mit Felsen, dünnem Nadelwald und einer Schutzhütte an einem See namens ***Tärnättvattnen*** und wären in dieser Karl-May-Filmkulisse zu gern Baden gegangen, haben aber nicht einmal ein Handtuch dabei. Zu diesem märchenhaften Areal sind wir nun fast eine Stunde lang aufgestiegen und befinden uns doch noch knapp unterhalb der einstigen Küstenlinie, denn durch das vormalige Ufer-Gelände aus Grobgeröll und rundgeschliffenen Granitblöcken geht es nun das letzte Stück in Richtung „fetter Bergklotz“ hinauf. Man sieht sie erst, wenn man unmittelbar davor steht: Wie mit einem Zaubermesser durch den Bergfels gezogen tut sich die ***Slåttdalsskrevan*** vor uns auf, eine 7 m breite und 200 m lange Schlucht mit 40 m hohen, senkrecht aufragenden Felswänden zu beiden Seiten. Über ein mit Farnbewuchs dekoriertes Stein-Chaos stolpern wir sprachlos durch diese verrückte Rinne weiter aufwärts und streben der finalen Holztreppe entgegen, die zu einer Bank mit Gästebuch führt. Wenn man dann noch rechts auf die Felsen-Plattform hinaufturnt, kommen echte Gipfelgefühle auf, denn die ***Hohe Küste***-Landschaft liegt einem zu Füßen. Ein prima Picknick-Platz mit Aussicht auf das wüste Fels-Areal mit der Hütte gleich unterhalb am See, die zerfurchte Küstenlinie weiter hinten und die Inseln draußen im Meer, einfach betörend schön.

Unten am See gehen wir nicht auf dem rot markierten Hinweg zurück, sondern nehmen die blaue Markierung für den Rückweg, der allerdings für kleine Kinder und unsichere Gelegenheitswanderer zu gefährlich ist. Es geht Richtung ***Grotta***, dazu erst ein Stück um den Bergsee herum, dann links weg zu einem Felsplateau mit schönem Panorama und über einen Steg mit Blick in die gähnende Tiefe, doch die Grotte kommt erst danach. Wir halten uns Richtung **Näskebodarna**, bleiben weiter strikt auf blauer Markierung, gehen respektvoll an einer heiklen Passage um den Felsen herum, bevor wir ganz vorsichtig eine Furcht erregend steile Wackelstein-Rinne hinunterzittern, auf der man auf keinen Fall ins Straucheln kommen möchte. Schließlich führt uns ein Wurzel- Pfad abwärts, wir folgen dem querenden Weg nach links und haben noch 3 km auf vergleichsweise milder Strecke zurück zum Parkplatz **Näske** zurückzulegen.

Hinweis: Stabile Bergschuhe tragen und wenn vorhanden Stöcke benutzen, mehr als reichlich Proviant und vor allem Getränke mitnehmen, Badesachen nicht vergessen und Vorsicht bei Regen mit rutschigen Felsen und glitschigen Wurzeln.

Wandertipp 2: Küstenrunde mit Tärnättholmarna, Näskebodarna und Tärnättvattnen (15 km / 6 h)

Der Tourbeginn gleicht dem von **Wandertipp 1**, unterwegs registrieren wir reichlich frische Spuren von Biber-Aktivitäten am Birkenbestand, bleiben beim ersten Abzweig zur ***Slåttdalskrevan*** in Küstennähe und halten uns Richtung ***Näskebodarna***. Der Wurzelpfad mit seinen kleinen Kletterpassagen lässt sich flott gehen, nach einer Wanderstunde passieren wir den Abzweig **„Slåttdalskrevan 2 km"** mit Steilaufstieg - von uns der „Grausame" genannt - folgen aber dem Hinweis **„Tärnättholmarna 0,8 km"**, denn dort wollen wir zunächst hin. Nun wandern wir auf blauer Markierung, es geht abwärts durch den Wald, der Weg bietet gelegentlich Felsbrockenhindernisse und Bohlenpassagen und man erreicht bald die erste kleine Bucht mit Schutzhütte und Feuerstelle. Dank Landhebung und/oder Niedrigwasser gelangt man trockenen Fußes auf die erste Insel, trifft sogleich auf die nächste Komfort-Hütte im Wald, schnürt auf einem angenehmen Pfad durch den selbigen und stapft auf Strandsand hinüber auf die zweite Insel, die Rasthütte links voraus am Wasser schon fest im Blick. Hier zelbrieren wir unser Picknick, man könnte Feuer machen, die göttliche Ruhe ge-

nießen und ewig verweilen, doch wir haben ja heute noch einiges abzuwandern. Zunächst also eine halbe Stunde lang zurück zum letzten Abzweig auf dem „Festland“ und dort nach links weiter: **„Näskebodarna 1,2 km“**. An dieser Bucht gibt es einige Ferienhäuser mit Booten, eine weitere offene Wanderhütte mit Trockenklo, einen Steg und eine Badestelle mit Sandstrand. Wir folgen nun stets der blauen Markierung erst auf schmalem, bemoostem Waldpfad und später über felsiges Terrain immer dem Ziel ***Slåttdalsskrevan*** folgend hinauf, erfreuen uns an zunehmend schönen Ausblicken auf die Schärenküste und lassen uns schließlich an der Feuerstelle an der Wanderhütte am ***Tärnettvattnen*** für eine ausgiebige Pause nieder, dieses Mal mit der kompletten Zeremonie: Baden im Bergsee und anschließender Brotzeit mit ***Köttbullar*** am Spieß am Trapperfeuer. Herrlich!
Den Aufstieg zur ***Slåttdalsskrevan*** lassen wir heute aus, denn zunehmende Bewölkung beeinträchtigt nun die Aussicht. Der Rest der Wanderung entspricht dem Anmarsch von **Wandertipp 1**, nur eben rückwärts: Immer Richtung **Näske** zunächst am steinigen Ufer des nächsten Sees entlang, dann über Bohlen durch den Sumpf, dann den Wurzel-Stolperstein-Weg bergab, auf der Brücke über den Rauschbach, weiter hinab zur Küstenlinie und schließlich auf bekanntem Weg zum **WOMO** zurück.

Wir kehren auf bekannter Strecke über **Näske** und **Köpmanholmen** zur **E 4** zurück, biegen Richtung **Sundsvall** auf, düsen durch Wald- und Wiesengebiet und sehen alsbald die Abfahrt zum **Skuleskogen Entré Väst**. Fährt man diesem Hinweis nach, erreicht man nach 3 km Schotterpiste das nächste, ebenfalls neu gestaltete **WOMO**-Basislager [**236**: N 63° 07' 16.5" E 18° 25' 25.4"] am Rande des Nationalparks. Nun sehen wir voraus schon den prägnanten Bergklops ***Skuleberget*** liegen, der vor 10.000 Jahren als Felseninsel gerade mal 9 Meter aus dem Meer ragte. Direkt bei diesem Alpinisten-Paradies kann man sich zum Picknick niederlassen, das ***Skuleberget Natur-***

um besichtigen oder gegenüber zum dritten Wanderstartpunkt vom ***Skuleskogen Nationalpark*** hinein fahren und unterwegs sogar noch ein freundliches Plätzchen am See finden.

(237) WOMO-Campingplatz-Tipp: Veåsands Camp

GPS: N 63° 03' 56.0" E 18° 21' 44.2". **Öffnungszeiten:** Sommersaison
Ausstattung/Lage: Der Parkplatz auf der Schotterwiese gegenüber der Badestelle in **Käxed** ist nun gebührenpflichtig. Preise 2010: 60 SEK, 2 Nächte 100 SEK, Trockenklos, Wasserhahn, Picknickbänke, Feuerstelle. **Zufahrt:** Siehe Text, nur 300 m Luftlinie neben der **E 4**.

(238) WOMO-Wanderparkplatz: Skuleskogen Entré Syd

GPS: N 63° 04' 54.8' E 18° 27' 56.8". **max. WOMOs:** 3-5.
Ausstattung/Lage: Geschotterter Parkplatz mit Abteilungen am Wald, ziemlich dunkel, gelegentlich einsam, Trockenklo, Müllbehälter, 100 m zur NP-Info-Tafel: 4,3 km bis zur ***Slåttdalsskrevan***.
Zufahrt: Anfahrt 7,6 km ab Abzweig von der **E 4**, immer den Nationalpark-Hinweisen folgen, die letzten 3,2 km ab **Käl** Naturpiste.

Keine 1,5 km auf der **E 4** weiter finden Familien mit Kindern Hinweise auf eine große Vielfalt an Zerstreuung. Verlassen Sie die Turbo-Piste und schauen Sie sich mal um im ***Rövarbyn***, dem Räuber-Dorf an der südlichen ***Skuleberget***-Basis. Ein wahres Kinderparadies mit Labyrinth, Spielplätzen im Freien und unter Dach, Minigolf und Badesee. Hier könnte also die verdiente Kinderbelohnung für tapferes Wandern vorgenommen werden und auch die Eltern dürfen auf dem kleinen, gepflegten Camping-Areal mal einen Tag lang ausspannen.

(239) WOMO-Campingplatz-Tipp: Docksta Höga Kusten

GPS: N 63° 03' 56.1" E 18° 20' 07.3". **Öffnungszeiten:** Sommersaison
Ausstattung/Lage: Platz mit Rasen neben der Straße, gute Ausstattung, sauberer Sanitärbereich, Duschen mit 10-SEK-Münzen.
Zufahrt: Siehe Text, 900 m Luftlinie abseits der **E 4**.

Es geht dann durch **Docksta** und erst recht hinter **Sjöland** wunderschön am Wasser entlang mit herzerfrischender Aussicht auf bewaldete Hänge und rote Häuser. Als nächstes steht ein ausschweifender Ausflug über die ***Nordingrå-Halbinsel***, einer beliebten Sommerfrische, auf dem Programm. Wir verlassen die **E 4** genau 12,5 hinter der Preem-Tanke von **Docksta** nach **links/ Nordingrå** und vertrauen uns auf unserer 130-km-Schlaufe erst einmal dem Rundkurs-Blümchen an, dem wir sogar nach links auf Natur-Piste folgen und uns in **Hyndtjärn** zu einem besonderen Gartenparadies führen lassen, zum Pilger-

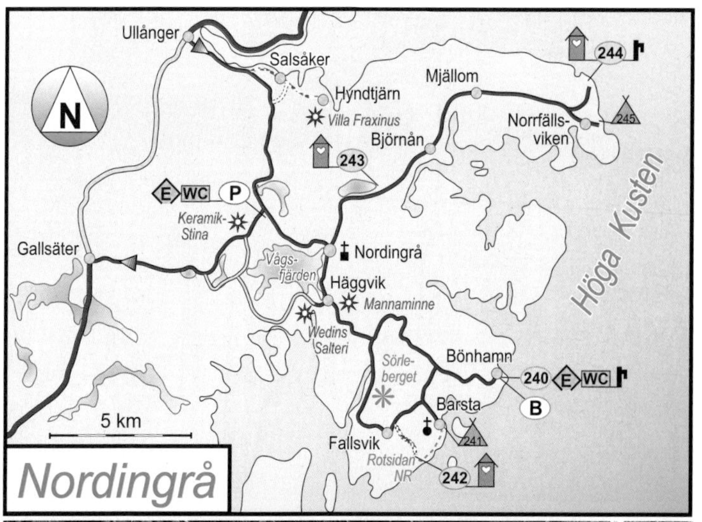

ziel für ambitionierte Hobbygärtner, der ***Villa Fraxinus*** (Anf. Juli bis Mitte Aug. 9-19 Uhr, Nebensaison verkürzt, Eintritt). Hier ist nun Lustwandeln angesagt, denn auf dem akribisch gestalteten Hügel-Areal fügt sich Natur und Architektur zu einem harmonischen Ganzen, es grünt und blüht nach Herzenslust, die Blumen-Pracht ist ein Fest für die Sinne und auch in der sehenswerten Villa schaut es aus wie im Gewächshaus. Es gibt ein bezauberndes Restaurant am Hang und am Eingang einen Shop mit dem Erfolgsdünger, den sich ehrgeizige Besucher mit nach Hause nehmen.

Nun geht es auf gleicher Strecke wieder 4 km zurück und dort links zum Zentralörtchen **Nordingrå** weiter, wo wir unterwegs einen neuen Info-Picknickparkplatz mit Latrine registrieren und

uns dann direkt der ***Nordingrå kyrka*** zuwenden, die innen wesentlich mehr zu bieten hat, als man von außen vermutet. Uns überrascht ein freundlicher heller Innenraum mit viel Gold an der Kanzel, einem faszinierenden Altarbild mit filigran geschnitzten Figuren und wertvollen Holz-Statuen. Der gut gelaunte wie beflissen agierende Kirchen-Guide führt uns ausgiebig die variable Bank zu Füßen der Madonna vor, deren Lehne wahlweise nach beiden Seiten geklappt werden kann und draußen schreiten wir anschließend noch die Parade der falunroten Kirchenstallungen ab, von denen Nr. 7 zur Besichtigung geöffnet ist.
Wir halten uns nun Richtung **Bönhamn/Häggvik** und haben rechts den ***Vågsfjärden***, eine abgeschnittene Meeresbucht, die noch vor 150 Jahren durch einen schmalen Sund mit der Ostsee verbunden war und jetzt im Ergebnis der Landhebung zum Binnensee geworden ist. Vom beliebten Ausflugsziel ***Mannaminne*** (Gastronomie, Kunst, Museen, alte Eisen- und Straßenbahnen u.v.m.; www.mannaminne.se) kommt man zu Fuß schnell auf den ***Stortorget*** hinauf, um diese Laune der Erdgeschichte von oben zu betrachten. Nun bleiben wir strikt Richtung **Bönhamn**, es geht auf guter Straße durch eine Landschaft mit felsigem Bergwald und ausgedehnten Wiesen, bergauf und bergab und schließlich auf schmaler Schlängelzufahrt zum pittoresken Fischerdorf, wo man sich gleich am ersten Parkplatz rechts mit dem **WOMO** gut aufgehoben fühlt.

(240) WOMO-Stellplatz: Bönhamn

GPS: N 62° 52' 32.3" E 18° 26' 46.4". **max. WOMOs:** 2-3.
Ausstattung/Lage: Etwas schiefer Feinschotter-Parkplatz mit Felsen und Kiefern, Picknickbank, Müllbehälter. Gebühr: 100 SEK. Am 2. Parkplatz 200 m weiter Toilettenhaus mit Außenwasserhahn und Latrine (Rückwand). **Zufahrt:** Siehe Text.

Im reizenden **Bönhamn** herrschte vormals munterer Sommer-Betrieb, wir saßen 2005 noch in ***Arnes Sjöbod*** draußen auf der See-Terrasse, aßen gebratenes Heringsfilet (*Stekt Strömming*) mit Kartoffelbrei, verfolgten dabei interessiert die Manöver der Freizeit-Käpitäne im Bootshafen und das lustige Treiben an der Badestelle. Das war einmal! Das Gasthaus ist schon länger geschlossen, wir streifen im August 2010 mit anderen ratlosen Besuchern umher und suchen vergebens nach irgendwelcher Gastronomie. Echt schade! Bevor Sie Ihr **WOMO** also kostenpflichtig abstellen, schauen Sie nach, ob hier wieder etwas mehr Leben eingezogen ist.
Wir fahren die Stichstraße zurück, folgen dem Hinweis **Nordingrå** nach rechts, dann zwei mal denen nach **Barsta** links, wo uns in der blau schimmernden Bucht voraus ein beliebtes Urlauber-Ziel mit Hafen und Campingplatz erwartet.

(241) WOMO-Campingplatz-Tipp: Barsta Hamn

GPS: N 62° 51' 47.8" E 18° 23' 44.6". **Öffnungszeiten:** Mai-Sept.
Ausstattung/Lage: Schön gelegen, Wiesen-Plätze beim Hafen, im Sommer sehr gut besucht, Restaurant gegenüber, gute Sanitäranlagen, Preis 2010: 150 SEK. **Zufahrt:** Siehe Text.

Im Restaurant ***Skutskepparn*** (geöffnet bis Ende August) gibts leckeres Essen und einen Fischverkauf, oben am Hang die ***Barsta Kapelle*** aus dem 17. Jahrhundert und dort drinnen eine

schlichte, aber liebevoll gestaltete Ausstattung mit umso eindrucksvolleren Malerein zu bewundern. Wir hängen den Schlüssel wieder an den Nagel zurück, verharren noch eine Weile und lassen die Blicke über die malerische Idylle schweifen (Foto S. 218). Wer hier Station macht, kann die 2 km zu unserer nächsten Station im ***Naturreservat Rotsidan*** wandern, doch wir setzen samt **WOMO** dorthin um, kehren zur Rundfahrtstrecke zurück, biegen **links** Richtung **Söder** und dann links zu besagtem Reservat ab. Gleich beim Abzweig werden die Caravans geparkt, denn die Zufahrt ist für Gespanne tabu. Warum das? Zum Ziel-Parkplatz geht es auf schmalem Schotter-Fahrweg über recht steile Auf-und-Ab-Passagen durch den Wald.

(242) WOMO-Badeplatz: Rotsidan

GPS: N 62° 51' 02.8" E 18° 22' 48.8".
max. WOMOs: 3-5.
Ausstattung/Lage: Parkplatz im Hochwald, Trockenklo, Picknickbank, Feuerstelle, Müllbehälter, Info-Tafel, 500 m zum Wasser.
Zufahrt: Siehe Text, 1,8 km vom Abzweig.

Wir folgen den anderen Badegästen durch den Wald, die sich schließlich auf dem weitläufigen Felsenplatten-Areal gut verteilen, einem Refugium für Sonnenanbeter, die sich auf dem war-

men Gestein aalen oder sich in familiären Campinggestühl-Verbänden beim Picknick vergnügen. Kaum jemand badet, was bei dem glasklaren Wasser verwundert, doch beim Selbstversuch wird klar, warum: Es ist eisekalt! Als ich mein mutiges Vorhaben äußerlich ungerührt, aber möglichst vorsichtig umsetzen will und über glitschige Algen-Steine balanciere, kommt es zur überraschenden Blitzabkühlung, dem ein tapferes Kurzbad folgt, so dass es aussieht wie geplant.
Nach 1,8 km sind wir wieder auf der Straße, der wir nach links und dann der Richtung **Häggvik** folgen. Nach einer wunderschönen Strecke am malerischen Fjord entlang schließt sich unsere kleine Südrunde in **Häggvik**, wo wir 300 m hinter ***Mannaminne*** scharf **links/Åsäng** dem **Fisk**-Hinweis nachfahren und hinter dem Café-Pavillon am Hafen ***Wedins Salteri*** [N 62° 54' 37.3" E 18° 17' 23.3"] finden, wo man sich jederzeit im Werksverkauf bedienen kann („Kasse des Vertrauens"), doch vor dem Genuss von ***Surströmming***-Produkten,

der Spezialität dieses Hauses wie der gesamten Region sei ausdrücklich gewarnt. **Vorsicht!** Der vergorene Dosenfisch schmeckt absolut eklig! Selbst für experimentierfreudige Fisch-Fans wie uns eine glatte Zumutung! **Igitt!** Nach dem Stink-Fisch-Abstecher geht es auf der Tourstraße nach links weiter, wieder nach **Nordingrå** und dort rechts Richtung **Mjällom** weiter, denn wir wollen uns auch im Norden der Halbinsel umschauen, Ziel: **Norrfällsviken**. Zunächst bergauf führt die Route am Wasser entlang und gegenüber zeigen sich schöne Felsenberge mit Waldsaum. Dieses Terrain lässt sich komfortabel erwandern, das passende Basislager am See finden wir sogleich beim Örtchen **Omne**.

(243) WOMO-Badeplatz: Omnebadet

GPS: N 62° 57' 02.8" E 18° 20' 59.9". **max. WOMOs:** 2-3.
Ausstattung/Lage: Kleiner Schotterparkplatz 100 m abseits der Straße. Badeplatz: Wiese, Badestrand, Badesteg, Picknickbänke, Müllbehälter, Spielplatz, Feuerstelle, Trockenklo; Wandergebiet ***Naturreservat Omnneberget*** anbei, Gebühr 2010: 50 SEK/24h.
Zufahrt: 4,8 km nach dem Abzweig in Nordingrå, am Ende vom ***Omnesjön*** nach links dem Hinweis zum ***Naturreservat Omneberget*** folgen, 150 m zum Parkplatz.

Diese von uns bislang unbeachtete Ecke von ***Nordingrå*** scheint deutlich besser entwickelt und frequentiert zu sein als der Rest der Halbinsel, die Straße nach **Norrfällsviken** ist breit und glatt, wir gleiten an einer Bucht entlang, queren die lebendigen Örtchen **Björnån** und **Mjällom** und haben dann die Quartier-Wahl zwischen einem Meer-Badeplatz mit einem großem Strand und einem auch jenseits der Hauptsaison gut besuchten, also offenbar sehr beliebten Campingplatz mit richtig viel Platz.

(244) WOMO-Badeplatz: Storsand

GPS: N 62° 59' 16.9" E 18° 31' 38.6".
max. WOMOs: 3-5.
Ausstattung/Lage: Großer Schotterparkplatz am Hochwald, 100 m zum Dünenstrand, Trockenklo, Wasserhahn, Feuerstellen, auch FKK, Hundeverbot am Strand.
Zufahrt: 5,3 km hinter dem Ortseingang von **Mjällom** nach links für 1,7 km dem **Bademännchen**-Zeichen und später den **Havsbad**-Hinweisen folgen.

(245) WOMO-Campingplatz-Tipp: Norrfällsviken****

GPS: N 62° 58' 25.2" E 18° 31' 33.5". **Öffnungszeiten:** 30.4.-1.11. **Ausstattung/Lage:** Komfortabel augestatteter und gut geführter Platz, saubere Sanitäranlagen, Restaurant ***Fiskarfänget*** anbei; Stellplätze in verschiedenen Abteilungen am und im Kiefern-Hochwald, auch ein De-lux-Stellplatz-Areal mit Buchtblick (Steinstrand) und Vollausstattung, Preise 2010 Hauptsaion (28.6.-15.8.) von 195 - 295 SEK. Duschen extra: 10 SEK. **Zufahrt:** Einfahrt 900 m nach dem Abzweig zu **(244)**.

Nun wollen wir diese bemerkenswert vielfältige Halbinsel wieder verlassen, sind schon mal die 20 km zum schon bekannten **Info-Picknickplatz** von **Nordingrå** (Kassetten-Klo voll? Latrine nutzen!) zurückgedüst, halten uns dort Richtung **Gallsäter** und halten schon nach 1,3 km wieder (Annegret schaut schon ganz verzückt) auf dem Parkplatz von ***Keramik-Stina*** (Saison tgl. 11-18 Uhr), wo man wegen des umfangreichen wie liebenswerten Sortiments von Töpferei über Kunst bis hin zu Kleidung einen längeren Stopp einplanen sollte. Die Straße führt dann durch ein Wiesengebiet zur **E 4**, wir beenden unsere spannende ***Nordingrå-Schlaufe*** und rollen nun zügig zwischen all den Transit-Rasern südwärts Richtung **Härnösand** und **Sundsvall**. Einige Seen und Meeresbuchten später sieht man schon über den Baumwipfeln die Spitzen der 180 m hohen Pylonen der ***Höga Kustenbro***, dem gigantischsten Brückenbauwerk der letzten Jahre in ***Schweden*** und eine der längsten Hängebrücken weltweit. **Achtung:** Falls Sie für Ihre volle Klo-Kassette gerade eine Latrine brauchen, nehmen Sie die (erste) Ausfahrt zum Parkplatz. Für eine Pause mit richtig schönem Ausblick hier unser Tipp:

(246) WOMO-Picknickplatz: Hornöberget Ost

GPS: N 62° 48' 15.3" E 17° 57' 04.6". **max. WOMOs:** >10.
Ausstattung/Lage: Asphalt-Parkplatz auf 2 Etagen, oben Logenplätze mit Brückenblick, WC, Picknickbänke, Müllbehälter, Kinderspielplatz, Gastronomie anbei, Verkehrsgeräusche vernehmbar.
Zufahrt: Bei Fahtrtrichtung Süd vor der Brücke direkt nach der Parkplatzzufahrt rechts abfahren, unter der Brücke durch, dann rechts.

Bei der genüsslichen Überfahrt schaut man dann wie aus dem Flugzeug auf die riesige ***Ångermanälv***-Mündung hinab, jedes mal aufs Neue ein atemberaubendes Erlebnis. Nach einigen Kilometern lieblicher Landschaft mit Wald, Wiesen, Seen und Meeresbucht kündigt sich **Härnösand** an, eine hübsche Hafenstadt, die einen Besuch wert ist. Für eine Besichtigungs-Runde mit Pracht-Rathaus, Domkirche und ***Technichus*** (Di-So 11-17 Uhr, Eintritt), dem interaktiven Museum (nicht nur) für Kinder bleibt man mitten im Städtchen und wer einen Badeplatz sucht, fährt raus an die Küste nach **Smitingen**.

(247) WOMO-Stellplatz: Härnösand Technichus

GPS: N 62° 37' 51.9" E 17° 56' 08.0". **max. WOMOs:** 3-5.

Ausstattung/Lage: Asphalt-Parkplatz hinter dem ***Technichus*** bei einem Bootshafen, citynah, Spielplatz, Grünanlagen, ruhig, für **WOMOs** bis 6 m Länge geeignet. Eventuell gibt es demnächst eine neue Parkregelung mit Einschränkungen.

Zufahrt: Mit der **E 4** über die Gleise und dann Richtung **Centrum** nach links, dann direkt hinter der Hebebrücke links hinein fahren.

(248) WOMO-Stellplatz: Härnösand Caravanplatz

GPS: N 62° 37' 40.1" E 17° 56' 36.9". **max. WOMOs:** >5.

Ausstattung/Lage: Asphalt-Parkplatz mit Caravan-Zeichen bei einem Bootshafen, Boulebahn, Grünanlagen, Picknickbänke, Müllbehälter.

Leserhinweis: Zuletzt Baustelle, Perspektive ungewiss.

Zufahrt: An der Einfahrt zu Platz **(247)** vorbei, an der nächsten Kreuzung wie auch am folgenden Kreisel rechts weg (Simhall), nach 200 m rechts in die Straße namens ***Prästgränd*** abbiegen, nach 100 m rechts.

(249) WOMO-Badeplatz: Smitingen

GPS: N 62° 36' 01.6" E 18° 01' 38.6". **max. WOMOs:** >5.

Ausstattung/Lage: Schotterparkplatz in leichter Hanglage am *Havsbad* mit breitem und sehr schönem Sandstrand, Wanderweg-Netz mit ***Geologistig*** und ***Grottstig***, Café, Picknickbänke, Schutzhütte.

Zufahrt: An der Einfahrt zu **(247)** und Zufahrt zu **(248)** vorbei, nach 450 m links, nach 600 rechts, dann 3,9 km geradeaus, dort **rechts/ Naturreservat/Smitingen** und dann noch 1 km zum Ziel.

Gerade noch rollen wir auf der flotten **E 4** durch bezaubernde schwedische Küstenlandschaft, steuern noch den freundlichen **Rastplatz Bölesjön** (mit Latrine+Wasserhahn) an, doch dann kommts wieder dicke: rauchende Schlote voraus künden von Wirtschaftskraft. Das Ballungsgebiet **Timrå-Sundsvall** begrüßt uns! Wir steuern geradewegs auf die unübersehbare ***Touri-Info*** von **Timrå** zu und fahren Richtung **Midlanda/Flugplatz** runter, um dieses ***Größte Ypsilon der Welt*** (Sommersaison werktags 11-19 Uhr, So/Fei 11-18 Uhr) von der Nähe zu bewundern.

Das nach Entwürfen von ***Bengt Lindström*** im Jahre 1995 fertiggestellte knallbunte 30,5 m hohe Monstrum erinnert eher an eine sehr grob gestutzte Eiche, wiegt etwa 700 t und diente wohl auch als Leistungsschau für kreativen Beton-Bau. Nun rauschen wir an der Eishockey-Hochburg **Timrå** vorbei, sehen moderne Neubauten auf dem Berg und links voraus auch schon die große Brücke, die wir gleich überqueren werden, denn vor unserem Besuch in **Sundsvall** drehen wir noch eine Runde auf der benachbarten Insel ***Alnö***, der „Badewanne" der Stadt. Nachdem uns noch die bizarre Szenerie mit schmucker Kuppelkirche vor Papierfabrik und Ski-Hang geboten wird, folgen wir den **Johannedal-** und **Alnön-**Hinweisen, nehmen flugs die Sund-Brücke, fahren geradeaus durch Pferdeland Richtung **Grönviken** und genießen das Traumbild vom offenen Meer mit kleinen Inseln. Auf der Uferstraße geht es im Uhrzeigersinn nun rund um den Südzipfel von ***Alnön***, wo sich zwischen all den Privat-Grundstücken seltene Alibi-Badestellen zur öffentlichen Nutzung finden lassen, die auch für **WOMO**-Gäste geeignet sind.

(250) WOMO-Badeplatz: Hartungviken

GPS: N 62° 23' 29.8" E 17° 31' 02.8". **max. WOMOs:** 1-2.
Ausstattung/Lage: Kleiner geschotterter Parkplatz nahe der Straße, schöner Sandstrand, DIXI-Klo, Müllbehälter, nachts ruhig. Für **WOMOs** bis 6 m, ruppige Einfahrtsrampe, Caravans und Hunde verboten.
Zufahrt: 300 m nach Ortseingang **Hartungviken** links.

(251) WOMO-Badeplatz: Bänkårsviken

GPS: N 62° 22' 00.8" E 17° 27' 10.0". **max. WOMOs:** 2-3.

Ausstattung/Lage: Wenig ebene Stellplätze auf dem Parkplatz, schöner Sandstrand, Trockenklo, Mülleimer, Caravans/Camping verboten, straßennah, nachts ruhig. Wärmstens empfohlene Alternative: Parkplatz vom ***Sommargård*** im Birkenhain gegenüber, siehe Foto rechts.

Zufahrt: 600 m nach Ortseingang von **Bänkårviken** Badebucht links.

Hinter **Raholmen** ist es dann vorbei mit der Inselidylle, links am gegenüberliegenden Ufer zeigen sich fette Industrieanlagen und riesige Baumstamm-Lager, wir registrieren noch nette Einkaufs- wie Einkehr-Möglichkeiten, verlassen die Insel ***Alnö*** Richtung **Sundsvall** wieder über die Brücke und lassen uns zum **Centrum** führen, wo wir schließlich auf dem Avgift-Parkplatz **Fisketorget** landen. In den nächsten 3 Stunden wird die „Steinstadt" erkundet, die mit einer Vielzahl von prunkvollen Bürgerhäusern ihrem Namen alle Ehre macht. Schauen Sie sich nur einmal diese Backstein-Giganten am ***Stora torget*** an, lassen Sie sich verzaubern von dem harmonischen Stadtbild mit einem Springbrunnen-Park wie aus dem Bilderbuch, gehen Sie mutig hinein ins Nobel-Hotel ***Knaust*** (Storgatan 13), vormals das Stadtpalais eines reichen Holzbarons, und bestaunen sie dieses prächtig ausgeschmückte Treppenhaus mit seinen Marmorstufen. Auf der Fußgängerzone lässts sich nett flanieren, vielfältig shoppen und für jeden Geschmack findet sich ein passendes Lokal mit Lunch-Büfett. Ein besonders gut gelungenes Beispiel für modernen Städtebau, mit dem auch der Stadtkon-

servator glücklich ist, kann man im ***Kulturmagasinet*** besichtigen. Restaurierte Lagerhäuser vom Ende des 19. Jahrhunderts sind unter einer Glaskuppel vereint und beherbergen verschiedene Kultureinrichtungen wie das städtische Museum, die Bibliothek, ein Kino und Gastronomie.

Nun geht es von unserem Parkplatz aus immer den Hinweisen **N Stadsberget** nach, das **WOMO** muss den steilen Hang hinauf, der Ausblick weitet sich und wir erreichen schließlich den ***Norra Stadsberget***, den nördlichen „Hausberg" der Stadt mit einem riesigen Volkspark. Auch hier gibt es ein „Trachten-bespieltes" Freiluftmuseum mit 40 historischen Gebäuden wie den ***Torpsgård***, man zelebriert Tunnbröd-Backen, für Kinder gibt es Schweine und Ziegen zu streicheln und auf dem Spielplatz eine Rutsche in Form eines riesigen ***Skvader***, dem Sundsvaller Wolpertinger: vorn Hase, hinten Auerhuhn. Fährt man vom unteren zum oberen Parkplatz, kommt man an der Jugendherberge, dem komfortablen Picknickgelände, dem Handelshof ***Vinfabriken***, dem ***Handwerks-Museum*** und diverser Gastronomie vorbei und findet am Ende nicht nur das gepflegte Restaurant ***Grankotten*** (12-20 Uhr), sondern daneben einen luftigen, blütenweißen und 22 m hohen Aussichtsturm. Geschwind sind wir die 112 Stufen hinaufgestürmt und oben ganz beseelt von der irren Aussicht auf die gesamte Stadt, über die Meeres-Bucht bis hin zu den Schornstein-Batterien der Industrie-Peripherie.

(252) WOMO-Stellplatz: Norra Stadsberget unten

GPS: N 62° 23' 58.9" E 17° 18' 08.7". **max. WOMOs:** >5.
Ausstattung/Lage: Gleich an der Einfahrt; geschotterter Großparkplatz mit Abteilungen beim Hochwald, Picknickgelände, viele Attraktionen. **Zufahrt:** Siehe Text.

(253) WOMO-Stellplatz: Norra Stadsberget oben

GPS: N 62° 23' 56.3" E 17° 17' 38.3". **max. WOMOs:** >5.
Ausstattung/Lage: Asphaltierter Parkplatz beim Aussichtsturm.
Zufahrt: Links vom unteren Parkplatz der Straße bis zum Ende folgen.

Unten haben wir uns dann schnell zur **E 4/Stockholm** durchgehangelt, am ***Casino*** und den Dockanlagen vorbei die Stadt verlassen und anschließend noch 5 Aluminium-Fabrik-Schlote passiert, bevor wir in **Svartvik** links vor einem ***Industrie-Minne*** der Beschilderung zum ***Gasol Depån*** (Mo-Fr 8-17 Uhr, Sa 8-14 Uhr) folgen, eine der in Schweden höchst seltenen Gas-Füllstationen für die grauen deutschen 11-kg-Flaschen. Der freundliche 1-Mann-Fülldienst hat in den letzten Jahren seine Technik aufgerüstet, die Flaschen rollen jetzt auf dem Laufband zur Füllung und man braucht keinen Euro-Adapter, denn es gibt hier ein spezielles Klemm-Set. Für 11 kg Gas werden 2010 genau 300 SEK kassiert. Selbst getestet! Die Ortsdaten: **Svartvik, Hyvelvägen 8** (N 62° 18' 55.5" E 17° 22' 22.2").
Nun aber mal wieder ein Bad im Meer!?! Bei einem freundlichen ICA-Supermarkt in **Njurundabommen** geht es links weg nach **Bergafjärden**, wir folgen der Richtung **Lörudden/Björkön** sowie den **Bade- und Campingplatz**-Hinweisen zuletzt links rein und finden beim dortigen Super-**Havsbad** tasächlich beides vor. Schön in respektvoller Distanz gelegen.

(254) WOMO-Badeplatz: Bergafjärden

GPS: N 62° 15' 54.4" E 17° 26' 49.4". **max. WOMOs:** >5.

Ausstattung/Lage: Großer Rasenschotter-Parkplatz mit Birkenreihen, Müllcontainer, 500 m Fußweg zum breiten Sandstrand, No Camping.
Zufahrt: Ausgeschildert, 150 m nach dem letzten Abzweig rechts.

(255) WOMO-Campingplatz-Tipp: Bergafjärden***

GPS: N 62° 16' 05.5" E 17° 27' 05.4". **Öffnungszeiten:** Ganzjährig.
Ausstattung/Lage: Direkt an der Sandstrand-Bucht, Restaurant, Minigolf, Spielplätze, gepflegter Platz, Preise 2010: Saison (15.6.-9.8.) 170/210 SEK, sonst 150/190 SEK. **Zufahrt:** 500 m hinter **(254)**.

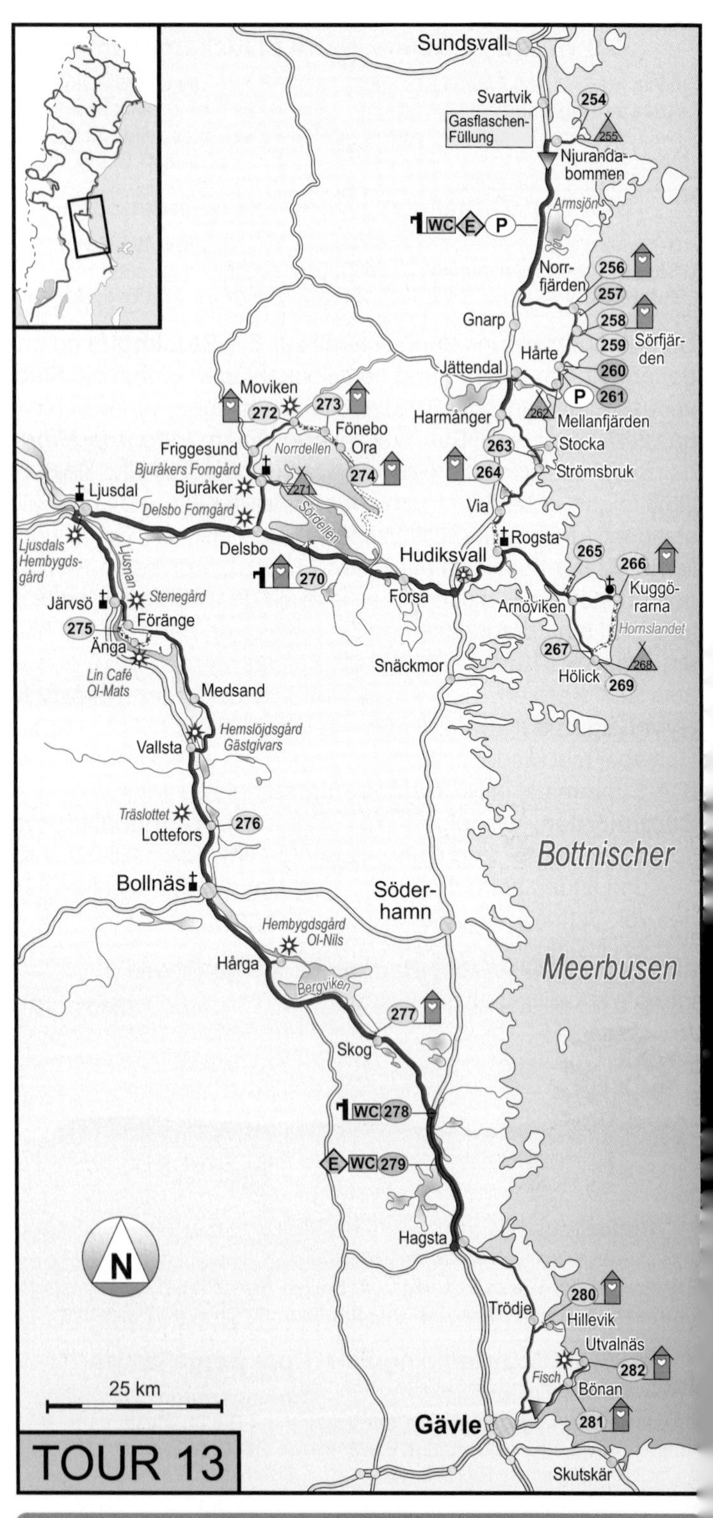
Sundsvall
Svartvik
Gasflaschen-Füllung
254
255
Njuranda-bommen
Armsjön
WC
E
P
Norr-fjärden
256
257
258
259
Sörfjär-den
Gnarp
Hårte
260
261
P
Jättendal
262
Mellanfjärden
Harmånger
Stocka
263
264
Strömsbruk
Via
Rogsta
265
266
Kuggö-rarna
Hornslandet
Arnöviken
267
268
Hölick
269
Hudiksvall
Forsa
Snäckmor
Moviken
272
273
Fönebo
Ora
Norrdellen
274
Friggesund
Bjuråkers Forngård
Bjuråker
271
Ljusdal
Delsbo Forngård
Sördellen
Delsbo
270
Ljusdals Hembygds-gård
Ljusnan
Järvsö
Stenegård
Föränge
275
Änga
Lin Café Ol-Mats
Medsand
Hemslöjdsgård Gästgivars
Vallsta
Träslottet
276
Lottefors
Bollnäs
Söder-hamn
Bottnischer
Meerbusen
Hembygdsgård Ol-Nils
Hårga
Bergviken
277
Skog
WC
278
E
WC
279
N
Hagsta
280
Trödje
Hillevik
Utvalnäs
282
Fisch
Bönan
25 km
Gävle
281
Skutskär
TOUR 13

TOUR 13 (ca. 460 km / 8-10 Tage)

Norrfjärden - Hornslandet - Hudiksvall - Delsbo - Bjuråker - Ljusdal - Järvsö - Bollnäs - Bönan

Freie Übernachtung:	Norrfjärden, Gnarpsbaden, Klasudden, Hårte, Sörsjön, Långsjön, Hörnebukten, Kuggörarna, Storsand, Hölick, Moviken Hamn, Fönebo, Ora, Torön, Änga, Lottefors, Bergviken, Tönnebro, Högbacka, Hillevik, Bönan, Utvalnäs.
Campingplätze:	Mellanfjärden, Hölick, Bjuråker.
Baden:	Norrfjärden, Gnarpsbaden, Hårte, Sörsjön, Långsjön, Hörnebukten, Storsand, Hölick, Sördellen, Norrdellen, Änga, Lottefors, Bergviken, Tönnebro, Hillevik, Bönan, Utvalnäs.
Besichtigen:	Vattingen, Kirche in Rogsta, Kuggörarna, Hölick, Hudiksvall, Delsbo Forngård, Bjuråkers Forngård, Kirche in Bjuråker, Movikens Masugn, Ljusdals Hembygdsgården, Kirche und Stenegård in Järvsö, Ol-Mats in Änga, Gästgivars in Vallsta, Träslottet, Ol-Nils in Hårga, Åkerblom's Fisk & Rökeri, Wahlströms Rökeri.

Fast immer wenn eine ***Meerjungfrau*** oder ***Nixe*** im Spiel ist, geht es um melancholische Affären mit tragischem Ende, denn am Schluss ist das weibliche Fabelwesen meist tot und der verliebte Menschenjüngling nachhaltig unglücklich. Wenn uns auf dem Logo der ***Jungfrukusten***, der nun folgenden 200 km langen Ostsee-Küsten-Touri-Route, ein solch rätselhaftes Geschöpf verlockend anlächelt, dann wollen uns die Erfinder der ***Jungfrauküste*** (englisch: ***Virgin Coast***, auch sehr schön!) aus den Fremdenverkehrsbüros von ***Hälsingland*** und ***Gästrikland*** sicher nicht ins Verderben stürzen, sondern vielmehr einladen, diesen eher jungfräulich unberührten Landstrich zu erkunden, der touristisch gerade behutsam wach geküsst wird. Auf dem komfortabel eingerichteten und zudem schön angelegten **E 4** - Rastplatz **Armsjön** (Latrine, Außenwasserhahn) 12 km südlich von **Njurandabommen** studieren wir die ***Jungfrukusten***-Übersichtstafel und biegen 7,5 km weiter **links** ab nach **Norrfjärden**, wo wir unseren ersten Badeplatz finden.

(256) WOMO-Badeplatz: Norrfjärden

GPS: N 62° 03' 57.7" E 17° 25' 48.2". **max. WOMOs:** 1-2.

Ausstattung/Lage: Kleiner, sandiger Wiesen-Parkplatz an einer netten Badebucht, Trockenklo, Feuerstelle, Müllbehälter, Hundeverbot, nahe bei Ferienhäusern. Nur für kurze/leichte **WOMOs** geeignet.
Zufahrt: Ab **E 4** 12,4 km: Nach der zweiten Gleisquerung **links/Norrfjärden** und nach 7,7 km **links/Badplats** folgen, nach 1,1 km links/rechts-Gekurve rechts in den ***Brännharsvägen*** einbiegen und wenn sich dann der Fahrweg nach links wendet, gehts rechts zum Strand.

Beim Ortseingang von **Norrfjärden** rollen wir nun auf dem ***Jungfrukustväg*** Richtung **Sörfjärden**, riskieren aber nach 600 m erst einmal einen Abstecher nach links und wollen schauen, was es mit dem ***Vattingen Naturreservat*** auf sich hat. Der Schotterweg durch den Wald endet für uns nach 1,6 km auf einem **Kleinst-Parkplatz** [**257**: N 62° 03' 09.8" E 17° 27' 12.1"] und wir lernen, dass es sich hier um ein altes verlassenes Fischerdorf aus dem 18. Jahrhundert handelt, von dem noch einige Spuren wie alte Treppen und Grundmauern zu finden sind. Wieder zurück auf Asphalt geht es links weiter und nach 2,8 km ohne Meer-Blick in **Sörfjärden** links weg, dann rechts über die Brücke an Häuschen vorbei und dann nach links auf dem **Strandvägen** durch das Feriendorf an der lang gestreckten Badebucht entlang. Nach einem nervigen Blumenkübel-Slalom an den Privat-Grundstücken und Sandfallen-Parkflächen vorbei gibt es am Ende der asphaltierten Straße dann auch noch ein Plätzchen für **WOMO**s.

(258) WOMO-Badeplatz: Gnarpsbaden

GPS: N 62° 01' 05.0" E 17° 24' 46.8".
max. WOMOs: 2-3.
Ausstattung/Lage: Kleiner Parkplatz 1,2 km hinter der Brücke am Ende der Straße; schöner Sandstrand, Trockenklo, Kein Camping, keine Caravans.
Zufahrt: Siehe Text.

Beim Picknick am Strand sehen wir am Ende der Landzunge schräg gegenüber weißes Blech blitzen, verorten den Zielpunkt und fahren ihn suchen, denn das interessiert uns sehr. Also den ***Strandvägen*** zurück, wieder über die Brücke und gleich dahinter rechts für rumplige 600 m in die Sackgasse hinein: ***Klasudden Naturreservat***. Klingt gut, gefällt uns. Bingo!

(259) WOMO-Stellplatz: Klasudden

GPS: N 62° 01' 40.0" E 17° 26' 10.0". **max. WOMOs:** 2-3.
Ausstattung/Lage: Steinige Wiese und Schotterrand an der Wendeschleife, Baden am Steinstrand und am Bootssteg. **Zufahrt:** Siehe Text.

Zur dritten Bucht unserer ***Jungfrukusten***-Visite fahren wir an der Brücke vorbei erst kurz Richtung **Gnarp**, dann gleich **links/ Mellanfjärden**, an Camping- und Golfplatz vorbei, rollen auf schmaler wie welliger Asphaltspur durch ansehnlichen Wald und biegen schließlich **links** zu unserer nächsten Station, dem Küstendorf **Hårte** ab. Die etwas unaufgeräumte Siedlung, diese Komposition aus Ferienhäusern und verblasster Fischer-Romantik, macht zwar nicht viel her, bietet aber immerhin zwei **WOMO**-Ziele mit Buchtblick.

(260) WOMO-Picknickplatz: Hårte 1

GPS: N 61° 59' 25.7" E 17° 23' 05.2". **max. WOMOs:** 1-2.

Ausstattung/Lage: Kleiner geschotterter Parkplatz mit Info-Tafel und Picknickbank, Badestelle in der Nähe.
Zufahrt: 400 m nach dem Ortseingang rechts.

(261) WOMO-Picknickplatz: Hårte 2

GPS: N 61° 59' 24.1" E 17° 23' 38.2".
max. WOMOs: 1-2.
Ausstattung/Lage: Naturboden, feste Wiese, Steinufer, schöne Aussicht, Badestelle in der Nähe.
Zufahrt: 600 m hinter **(260)**: der Dorfstraße weiter folgen, an Trockengestellen und Hafen vorbei, dann auf unbefestigtem Fahrweg geradezu Richtung Picknickbank.

Wie es aussieht haben sich die Tourismus-Werber an diesem Küstenabschnitt nur mangelhaft abgestimmt, denn unser folgender Tourabschnitt führt uns sowohl auf dem ***Jungfrukustvägen*** wie auch auf dem ***Kustvägen*** Richtung Süden, konkret auf gefälliger Asphaltpiste nach **Mellanfjärden**. Doch schon

auf dem Weg dorthin gilt es, neue Infrastruktur zu bestaunen und zu nutzen: Ein prächtiger Picknickplatz mit Bank auf einem Podest und Bretterpfade über Steinfelder hinunter zum Wasser wie auch durch dünnen Wald hinauf auf den Hügel. Sehr schön angelegt mit Pausenplätzen samt Grillstellen.

Nach all den fast menschenleeren Küstenorten überrascht uns **Mellanfjärden** nicht nur mit einem gepflegten Fischerdorf-Outfit im klassischen Falunrot mit Kutter- und Bootshafen, sondern vor allem mit bemerkenswerter Ausstattung: Hotel, Laden, Kunsthandwerk-Butik, Kunstmuseum, Fischverkauf, Fisch-Gasthaus ***Sjömärket*** mit vielversprechender Karte und sogar ein preiswertes **WOMO**-Quartier mit Buchtblick.

(262) WOMO-Campingplatz-Tipp: Mellanfjärden

GPS: N 61° 57' 24.4" E 17° 20' 21.7". **Öffnungszeiten:** Sommersaison. **Ausstattung/Lage:** Stellplätze auf Rasenschottter, Picknickbänke, WC im Café, Minigolf und kleiner Badestrand anbei. Preis 2010: 120 mit Strom 160 SEK, Duschen extra: 10 SEK. **Zufahrt:** Beim Bootshafen.

Hinter **Mellanfjärden** wird die Straße breiter, wir gondeln durch Wald mit großen Felsbrocken, die hügelige Landschaft mit blühenden Kuhwiesen und Pferdehöfen erfreut das Auge, wir erreichen **Jättendal**, ein beschauliches Dorf mit See. Dort halten wir uns 600 m nach dem Ortseingang links, erreichen 1,5 km später die **E 4/Hudiksvall**, die wir aber schon nach 4,3 km in **Harmånger** nach **links/Strömsbruk** wieder verlassen, um zwei Badeplätze aus der Transit-Tour vom **Band 21** vom ***WOMO-Verlag*** (***Nord-Norwegen***) zu inspizieren. Den ersten haben wir sogleich erreicht und biegen 250 m hinter dem Abzweig nach **Stocka** nach rechts auf das freundliche Freizeitareal vom ***Sörsjö-Badet*** ab und suchen uns eine Nische zwischen den Bäumen für die Nacht.

(263) WOMO-Badeplatz: Sörsjön

GPS: N 61° 53' 10.9" E 17° 17' 58.7". **max. WOMOs:** 2-3.

Ausstattung/Lage: Sandhang, schöner Badesee, Feuerstelle, Trockenklo, 60 m links vom morschen Badesteg gibts einen neuen, leichtes Grundrauschen von einer Industrieanlage in **Strömsbruk**.
Zufahrt: Siehe Text.

Zum nächsten ***Schulz***-Platz geht's nach rechts weiter auf einem Damm übers Wasser nach **Strömsbruk** hinein, einem gepflegten Ort mit Gastronomie, Galerien und Museen, der eigentlich zu schade ist für eine flotte Transit-Durchfahrt. Wir halten uns **rechts/Hudiksvall**, 7,5 km später **rechts/Långsjö** und dann noch 1000 m auf Schotter zum Badeplatz links.

(264) WOMO-Badeplatz: Långsjön

GPS: N 61° 50' 13.9" E 17° 13' 35.2". **max. WOMOs:** 1-2.

Ausstattung/Lage: Kleiner Parkplatz oberhalb von Badewiese und der kleinen Badebucht. Der Platz sah im August 2010 unbetreut / aufgegeben aus, Trockenklo unbenutzbar, Badesteg weg (Saison-Ende oder Badeplatz-Ende?), unklare Perspektive. **Zufahrt:** Siehe Text.

Zurück zur Tourstraße, dort rechts weg, dann via **Via** und kurz vor der **E 4** links rum: Schon sehen wir den Hinweis zur ***Rogsta k:a***, dem wir konsequent folgen, auch wenn die kleine Asphaltstraße bald zur Naturpiste wird, doch sie führt romantisch durch echte Schweden-Landschaft mit Feldern, Wiesen und roten Häusern. Die stolze ***Kirche von Rogsta*** kommt in Sicht, wir fahren die Rampe hoch, öffnen die Eisentür mit dem Riesenschlüssel und sind überrascht vom freundlich hellen Innenraum mit seinen vielen interessanten Details wie der neoklassizistischen Kanzel und dem uralten Taufstein.

Nach links rollen wir nun auf rötlichem Asphalt zur Halbinsel ***Hornslandet***, die zur Bewahrung der ursprünglichen Naturschönheiten von Wald und Küste durch die Umweltabteilung des schwedischen Staats-Forst-Unternehmens ***Sveaskog*** zum ***Ekopark*** ernannt wurde. Die neuesten Erfolge in diesem touristischen Entwicklungsgebiet spüren wir gleich selbst, denn wir stoßen auf die Straße aus **Hudiksvall** und gleiten nun auf nagelneuer Komfort-Piste entspannt wie erwartungsvoll dem ökologisch wertvollen Areal entgegen, das wir auf einem Rundkurs erkunden wollen. Noch vor der ***Hornslandet***-Schlaufe, genau 1,7 km hinter dem ***Ekopark***-Begrüßungsschild, kann man nach links abbiegen und kommt nach 3 km zunehmend schmalerer Rumpelpiste durch den Wald zu einem einsamen Platz an der Bucht.

(265) WOMO-Badeplatz: Hörnebukten

GPS: N 61° 43' 38.3" E 17° 23' 35.3". **max. WOMOs:** 2-3.
Ausstattung/Lage: Kleiner Parkplatz oberhalb der Badebucht, kleine **WOMOs** finden unten nette Nischen, Mülleimer, Wanderwege, 400 m zur Landspitze ***Hörneudden***, dort Windschutz. **Zufahrt:** Siehe Text.

In **Arnöviken** halten wir uns links, fahren erstmal nach **Kuggören** und das auf schmaler Asphaltstraße in langen Wellen durch den Wald. Zum Schluss landet man am unaufgeräumten Bootshafen und einem hölzernen Fischer auf der Mole, besser man fährt gleich rechts zum alten Fischerdorf, wo man am Ende der Straße neben den vermieteten Anwohner-Plätzen parken kann. Bevor wir zu Fuß durch das straßenfreie **Kuggörarna** streifen, müssen wir erst einmal über dieses unglaubliche ***Klapperstensfält***, einen Hang voller Geröll, zum Wasser hinunter balancieren, die für ***Hornslandet*** typische Küstenform. Beim Dorfrundgang hat man den Eindruck, die Bewohner sind noch ein wenig

irritiert von den neugierigen Gästen in ihrer Mikro-Welt, die Häuser mit den gepflegten Gärtchen schmiegen sich eng an die kleine Bucht und oben auf dem Mondlandschaft-Hügel steht nur die winzige ***Fischer-Kapelle*** aus dem Jahre 1778 (Schlüssel am Haken neben der Tür) mit anrührend schlichter Holz-Ausstattung, wunderschönem Altar und Fenstern ringsum. Gottesfürchtigkeit dürfte sich hier bei einem kräftigen Herbststurm wohl ganz von selbst einstellen. Beim Fischer ist der Räucherfisch heute alle, so nehmen wir ein Riesenstück Lachs, den man hier frisch vom Stück oder auch als Frost-Platte bekommt und freuen uns schon auf das Fischbrat-Fest am Abend.

(266) WOMO-Stellplatz: Kuggörarna

GPS: N 61° 41' 59.3" E 17° 31' 02.6". **max. WOMOs:** 2-3.
Ausstattung/Lage: Am Ende der Straße nach **Kuggörarna** auf beiden Seiten, WOMO-Verbot betrifft (wohl) nur den Picknick-Platz am Stein-Feld; geschotterte Parkstreifen, 300 m zum Fischerdorf, Badestelle und Trockenklo anbei. **Zufahrt:** Siehe Text.

Auf unserem Weg nach **Hölick** am Südzipfel von ***Hornslandet*** rollen wir erfreulicherweise auf ziemlich gnädiger Schotterpiste, es geht durch Wald mit Felsen, wir stoppen 3,7 km nach dem letzten Abzweig in einer Parkbucht links, schnüren auf dem Trampelpfad Richtung Wasser und schauen uns noch ein besonders eindrucksvolles ***Klapperstensfält*** an, ein unbeschreibliches Steinchaos vor dem weiten Meer. An der folgen-

den Kreuzung nehmen wir dankbar die glatte Asphalt-Straße nach links und erreichen nach 500 m den Parkplatz gegenüber dem malerischen ***Storsand***-Dünen-Strand. Kurz darauf trifft man noch auf einen erfreulichen Campingplatz, landet am Ende der Straße beim finalen **Hölick**-Parkplatz und kann auch hier das alte Fischerdorf zu Fuß „erobern", doch wir begnügen uns mit der alten Mole am Hafen, wo es ein gemütliches Gasthaus (Lunch-Büfett) und eine Räucherfisch-Bude gibt.

(267) WOMO-Badeplatz: Hölick Storsand

GPS: N 61° 37' 46.3" E 17° 26' 13.4".
max. WOMOs: 3-5.
Ausstattung/Lage: Geschotterter Parkplatz am Waldrand, sehr schöner Strand gegenüber, Restaurant ***Verandan*** (*„Wine & Dine by the sea"*), Wanderwege durchs Naturreservat (2 und 7 km).
Zufahrt: 1 km nach Abzweig links.

(268) WOMO-Campingplatz-Tipp: Natura Hölick***

GPS: N 61° 37' 36.4" E 17° 26' 25.9". **Öffnungszeiten:** 13.5.-5.9..
Ausstattung/Lage: Gute Ausstattung, nette Stellplätze im Hochwald, Strand, Volleyball, Minigolf. **Zufahrt:** 300 m hinter ***Storsand*** links rein.

(269) WOMO-Stellplatz: Hölick Hafen

GPS: N 61° 37' 32.8" E 17° 26' 20.8". **max. WOMOs:** 2-3.
Ausstattung/Lage: Geschotterter Großparkplatz in Abteilungen, Gastronomie, Bade-Strände und Wanderwege in der Nähe. Nur dezente Kurzzeitnutzung empfohlen, **WOMOs** sollen eigentlich auf den CP.
Zufahrt: 100 m nach dem CP-Abzweig am Ende der Straße links.

Nun schließen wir unsere ***Hornslandet***-Runde, fahren auf der Asphaltstraße bergauf, nehmen Abschied von diesem herrlichen Refugium mit einem Ausblick auf Bucht und Inseln, rollen hinter **Sörbyn** auf schon bekannter Route nach **Rogsta** zurück und von dort immer den Hinweisen **Hudiksvall Centrum** nach. Ursprünglich als Fischerei- und Handels-Platz groß geworden, ließen hier später die reichen Holzbarone die „Puppen tanzen", so dass man damals vom ***„Fröhlichen Hudik"*** sprach, was man jetzt gerne wieder aufgreift und damit die freundliche Gastlichkeit dieses bunten Urlauber-Städtchens meint. Schon vor dem Zentrum kann man sich mit Bio-Backwerk aus deutscher Hand versorgen: bei ***Hudik Bröd*** (www.hudikbrod.se) in der *Djupegatan 47*. In der gläsernen Backstube bei einem ICA-Markt

sind die Chefin und frühere Badenerin ***Dorothea Guth*** und ihr deutscher Bäcker angetreten, die Schweden mit Sauerteig-Spezialitäten, Brezeln und Plunderteilchen zu beglücken. Wir parken schließlich gegen Gebühr vor den Schienen links und gehen auf Stadterkundung. Die hübsche rote Lagerhaus-Zeile am Hafen beherbergt heutzutage einen Touri-Mix von Eisbar über Fisch-Gaststätte bis Kunstgewerbe, wir pilgern Richtung Kirche, kaufen einen stattlichen Posten der viel gerühmten Plätzchen in ***Märtas Hembageri*** (*Lilla Kyrkogatan 8*), und decken uns anschließend bei den freundlichen wie auskunftsfreudigen Damen in der ***Touri-Info*** mit Material zum nun folgenden Tourschwerpunkt ein: die ***Bauernschlösser von Hälsingland***. Besorgen Sie sich unbedingt die jahresaktuelle Broschüre der ***Hälsingegårdar*** oder schauen Sie besser zu Hause schon einmal unter www.halsingegardar.se nach und machen sich mit dem 1997 begonnenen Traditionspflege-Projekt vertraut, das über 40 historische Bauernhöfe der Region für Besucher zugänglich macht. Bei manchen bewohnten Objekten muss man sich telefonisch anmelden, und weil das zu kompliziert ist, enthält unsere kleine Auswahl nur öffentlich zugängliche Höfe und Häuser, die wir nun in temporärer Abkehr von der ***Jungfrukusten*** auf einem Ausflug ins schwedische Binnenland besuchen wollen. Dazu geht es auf der Straße am Bahnhof vorbei zunächst Richtung **E 4**, die wir dann aber queren und uns der **84/Sveg** anvertrauen. Bald schon rollen wir durch bewaldete Hügellandschaft mit Seen und Weiden, sehen in **Forsa** gepflegte Bauernhöfe und dann schiebt sich die riesige Wasserfläche des ***Sördellen*** ins Blickfeld, in dem man zu gerne baden würde, nicht wahr?

(270) WOMO-Badeplatz: Sördellen

GPS: N 61° 47' 02.9" E 16° 41' 26.1". **max. WOMOs:** >5.

Ausstattung/Lage: Badeplatz mit Caravan-Gemeinde, Über-Nacht-Stellplätze auf unebener Wiese gegen Gebühr, Bootseinsatzstelle, Badesteg, Trinkwasser, Trockenklo, Hundeverbot.

Zufahrt: Insgesamt 1,7 km: 3,1 km hinter dem Orts-Schild von **S Sannäs** nach **rechts/N Sannäs** abbiegen, nach 20 m kommt Schotter, durch Wald, über die Gleise, 200 m später dem Fahrweg links folgen, dann noch 300 m zum Ziel.

In **Delsbo** kann man komfortabel einkaufen und tanken, im Ort geht es nun auf der **305/Bjuråker** weiter, und bald sehen wir den Hinweis zum ***Delsbo Forngård*** (werktags 11-17 Uhr, Sa/So 11-15 Uhr), doch hier ist man mit den Vorbereitungen für eine Wochenend-Großveranstaltung beschäftigt, und so bleibt es bei einem Rundgang über das gepflegte Gelände mit historisch wertvollen, aber leider verschlossenen Holzhäusern wie ***Backstuga***, ***Skolmuseum*** und ***Bygdemuseum***. Mehr Glück haben wir 4,5 km später beim nächsten „Heimat-Hof", in ***Bjuråkers Forngård*** (Mittsommer bis Mitte August 12-19 Uhr),

bekunden dort im Café unser aufrichtiges Interesse, schon hat sich eine Kleingruppe von Gleichgesinnten versammelt und die Kurzführung kann beginnen. In der ***Herrstuga*** sind wir von der liebevoll behüteten Ausstattung und den großflächigen Innen-Malereien aus dem 18. Jahrhundert sofort begeistert. Wie Kamele und Giraffen aussehen, das wusste man damals allerdings

Bjuråkers Forngård

noch nicht, so dass deren bildliche Darstellung zu lustigen Ergebnissen führte. Weiter geht's auf dem Gelände zum ***Frisbogård*** in der traditionellen Gestaltung des 19. Jahrhunderts mit Standuhr, den typischen Tapeten (später mehr davon), und dem Gästezimmer für den Pastor. In der ***Sockenstuga***, dem Gemeindehaus, gibt es traditionelle Handarbeiten, alte Schulutensilien mit Bänken und Buchstabentafeln und oben etwas zu Weberei und Schuhmacher-Handwerk zu besichtigen. In der robust gebauten ***Kyrkstuga*** wurden zu Kirchen-Events Gäste untergebracht und das in schlichten Schlafkammern über dem Stall. Ganz am anderen Ende des weitläufigen Areals finden wir später noch die ***Backstuga***, in der regelmäßig Schaubacken für ***Tunnbröd*** stattfinden und gegenüber einen ***Kramladen*** für fast alles, was man so braucht. In ein paar Tagen, am 3. Sonntag im Juli findet hier das ***Bjuråkersstämman***, ein traditionelles Folklore-Festival mit Umzug und viel Musik statt, einige Akteure sind schon angereist und bevölkern in einem bunten Caravan- und **WOMO**-Lager die Wiese gleich nebenan.

Schon in Sichtweite steht die nächste Sehenswürdigkeit: ***Bjuråkers kyrka*** (Mo-Do 14-18 Uhr) mit extra Glockenturm aus schwarzen Schindeln. Drinnen kann man eine herrliche Kanzel, einen wertvollen Altarschrank mit geschnitzten Figuren aus dem Mittelalter und einen geheimnisvollen Ritter zu

Pferd mit kniender Maid davor bewundern. Wer ganz in der Nähe ein Komfort-Quartier sucht, nimmt an der Kreuzung die Straße nach **Norrbo** und findet nach 2,6 km das liebevoll gestaltete **blodMYRAcamp** [**271**: N 61° 51' 25.1" E 16° 36' 27.0"] im Hochwald mit Sandhang-Badestrand und „Abenteuer-Minigolf". Wir bleiben auf der **305** bis nach **Friggesund**, halten uns dort Richtung **Strömbacka** und rollen durch ein ausgeprägtes Pferde-und-Kühe-Revier am riesengroßen ***Norrdellen*** entlang. Dieser See gehört genau wie auch der ***Sördellen*** zum ***Dellenkrater***, den ein unvorstellbarer Meteoriteneinschlag vor 90 Millionen Jahren hinterlassen hat. An der Nordseite vom ***Norrdellen*** geht es später auf Schotterpiste zu zwei Badeplätzen, doch zuvor würdigen wir ausführlich die „*Kunst in der Landschaft*" (Mittsommer bis 3. Augustwochenende) in ***Movikens Hamn*** sowie ***Movikens Masugn***, die alte Eisenhütte und finden sogar einen freundlichen Übernachtungsplatz am See.

(272) WOMO-Stellplatz: Movikens Hamn

GPS: N 61° 55' 34.6" E 16° 38' 59.6". **max. WOMOs:** 2-3.

Ausstattung/Lage: Etwas unebene, aber feste Schotterwiese am Birkenwäldchen, Feuerstellen, Trockenklo anbei.
Zufahrt: Bei der Zufahrt zum Hafenbereich Fahrweg nach links rein.

(273) WOMO-Badeplatz: Fönebo

GPS: N 61° 55' 16.5" E 16° 43' 03.7". **max. WOMOs:** 3-5.

Ausstattung/Lage: Geräumiger Parkplatz am Wald gegenüber der Strand-Bucht, Trockenklo, Müllbehälter, Wanderwege, ruhig. Gut geeignet auch für größere **WOMOs** und für schottermüde Piloten.

Zufahrt: In **Moviken** nach rechts dem Hinweis **Fönebo** folgen, auf Schotter 3,9 km zum Parkplatz links, 300 m hinter dem Campingplatz.

(274) WOMO-Badeplatz: Ora

GPS: N 61° 54' 17.6" E 16° 45' 49.4".
max. WOMOs: 2-3.

Ausstattung/Lage: Gut geeignet für kleine **WOMOs**, Trockenklo in der Nähe, straßennah, aber ruhig.

Zufahrt: 3,2 km nach dem vorigen Platz, vor dem eigentlichen Strand rechts mehrere Park-Separees zwischen Straße und Ufer.

Zur nun folgenden ***Bauernschlösser***-Tournee kehren wir zur **305** und dann auf eben dieser über **Bjuråker** nach **Delsbo** zurück, um dort der **84** westwärts nach **Ljusdal** zu folgen, einer erfreulichen Route durch harmonische Landschaft: bewaldete Hügel, Seen und Wiesen mit Kühen, Pferden und Schafen. Das Städtchen empfängt uns mit seinem Gewerbegebiet, am Bahnhof stehen Waggons mit Holzstämmen, wir bleiben auf der **84/Sveg**, verkneifen uns den ***Leinen-Laden*** links wie auch die sehenswerte ***Kirche*** rechts und lassen uns zu ***Ljusdals Hembygdsgård*** führen. In der Sommer-

Saison (bis 16 Uhr geöffnet) kann man sich hier ausgiebig den historischen Holz-Gebäuden widmen, die restaurierten Decken- und Wandgemälde im ***Per Arvidsgård*** bestaunen und sich in stilvoller Umgebung (auch noch Ende August) dem preiswerten Lunch-Büfett hingeben, was uns offensichtlich viele Berufstätige der Umgebung in ihrer Mittagspause gleichtun. Während in der hiesigen ***Back-Stuga*** die Vorbereitungen für die ***„Tunnbröd-Show“*** noch im Gange sind, ist man im ***Stenegård*** in **Järvsö** schon am Backen. Zu dieser nächsten Station überqueren wir die ***Ljusnan***-Brücke und rollen anschließend auf der **83/Bollnäs** durch das fruchtbare Flusstal südwärts, zweigen in **Järvsö** links ab, besuchen zuerst die imposante ***Järvsö kyrka*** und anschließend den besagten Großhof aus dem 19. Jahrhundert mit dem Flair des Mondänen und vornehmen Gebäuden des Holz-Klassizismus. Hier gibt es neben ***„Tunnbröd-Backen live“*** reichlich Kunsthandwerk, Antiquariat, großräumige Gastronomie, einen romantischen Springbrunnen-Park und eine wunderschöne Gartenanlage mit hölzernen Kurort-Pavillon. Wir bleiben gleich auf der östlichen ***Ljusnan***-Seite, folgen der ***Stenegård***-Zufahrt weiter südwärts nach **Föränge** und verlassen nach 2,3 km die freundliche Asphalt-Straße nach

rechts/Änga, wo es nun auf Schotter-Piste mit Blick auf den Fluss und Kuhwiesen weiter geht. Nach 3,2 km registrieren wir den Parkplatz von ***Toröns sommarrestaurang*** mit Badestelle, zu dem eine Fußgängerbrücke übers Wasser führt. Ein Platz wie für **WOMOs** gemacht.

(275) WOMO-Badeplatz: Torön

GPS: N 61° 39' 43.9" E 16° 12' 02.9".
max. WOMOs: 2-3.
Ausstattung/Lage: Schotterparkplatz am Wasser ohne alles.
Zufahrt: Siehe Text.

Sogleich erreicht man das weit verstreute Dorf ***Änga***, wo wir den Hof von ***Ol-Mats*** besichtigen wollen und folgen dazu den Hinweisen zum dort beheimateten und gut besuchten ***Lin Café*** (Mai-August Di-Sa 12-17 Uhr) nach links. Der Hof liegt sehr idyllisch in grüner Landschaft, doch von der inneren Pracht der Holz-Villa ist kaum etwas zu sehen, denn hier wird unter optimaler Raumausnutzung ein wohl sortiertes Sortiment an geschmackvollen Leinen-Textilien präsentiert, so dass sich die Besucher-Familien ihren Leidenschaften entsprechend trennen: Die Kinder finden auf dem weitläufigen Hof reichlich Zerstreuung, die Frauen gehen Shoppen und die Männer entspannen derweil unterm Sonnenschirm im Garten-Café. Biegt man 700 m weiter nach links ab, erreicht man nach 2,2 km wieder Asphalt, es geht rechts weiter durch Schmeichel-Landschaft nach **Medsand** und anschließend nach rechts mal wieder über eine ***Ljusnan***-Brücke. Links im Hafen liegen die langen Kirchboote, wir biegen in **Vallsta** rechts ab zum ***Hemslöjdsgård/ Gästgivars*** (Mitte Juni-Mitte August Mo-Fr 11-17, Sa 11-14Uhr), unserer nächsten Traditionshof-Station. In nordischer Frische erstrahlt der Herrenhaus-Vorzeige-Raum mit seiner ausgesprochen liebevollen Ausgestaltung vom ***Hälsingland***-Kunstmaler ***Jonas Wallström.*** Hier sieht man auch das typische Tapetenmuster der Region, das sich im Kunstgewerbe-Shop auch auf den Souvenir-Servietten wiederfindet.

Zum letzten Abzweig zurück, nach rechts über die Schienen, gleich darauf links auf die **83/Bollnäs** und schon sind es nur noch 9 km zum gut beworbenen ***Träslottet*** (Mitte Mai - Ende August Mi-Mo 10-22 Uhr, Eintritt), dem „Holz-Schloss“. Unsere gesteigerte Erwartung erfüllt sich dort allerdings nicht ganz, es gibt Glas und Kunst in alten Häusern, eine Kinder-Spiel-Scheune und natürlich ein Café, wo wir uns Eierkuchen mit Beeren und Sahne gönnen. Schon 2,2 km später kann man von der **83** nach **links/Lottefors** abbiegen und erreicht nach 2,1 km eine Badestelle mit kleiner **WOMO**-Parkwiese [**276**: N 61° 25' 20.4" E 16° 24' 55.7"] etwas oberhalb. Wir rollen zügig südwärts Richtung **Bollnäs** voran, dort im Transit hindurch und auf der **83/Gävle** weiter dem vorläufig letzten ***Hembygdsgård*** dieser Reise entgegen: ***Ol-Nils*** (Juli 15-19 Uhr) in **Hårga**. Genau 12,5 km nach der großartigen ***Bollnäs kyrka*** geht es links weg zum Ziel, als späte Gäste haben wir es eilig, doch kurz vor 19 Uhr

erleben wir anstatt Feierabendstimmung geschäftiges Treiben mit Parkplatzanweiser auf der Wiese und überraschendem Besucherandrang: Heute Abend ist Kulturprogramm! Gerade gelingt uns noch ein flüchtiger Rundgang durch das Hauptgebäude, dann sitzt schon Jung und Alt erwartungsfroh vor der Bühne, auf der sogleich die musikalische Darbietung der Freizeit-Combo beginnt. Keine große Kunst, auch keine authentische Folklore, doch die Leute freuts und sie genießen ganz offenbar die willkommene Abwechslung und das gesellige Beisammensein an diesem herrlichen Sommerabend. Als die einzigen Auswärtigen im Publikum fallen wir kaum auf, denn auch wir essen den traditionellen ***Ostkaka*** in rotem Sirup mit großen Löffeln aus tiefen Tellern, doch dieser ***Käsekuchen*** ist gar keiner, sondern eine dicke Scheibe einer geschmacksneutralen, aber sicherlich proteinreichen Masse, von der wir bis zum nächsten Morgen satt sind. Zur Konzert-Pause geht die Musikanten-Sammelbüchse herum, wir verkrümeln uns vorzeitig, kehren zur Tourstraße zurück und verlassen die **83/Gävle** 22 km später hinter einer (unsichtbaren) Kirchen-Ruine und eindeutiger Beschilderung nach links, wo uns nach 500 m ein bemerkenswerter **WOMO**-Platz am unteren Zipfel des großen ***Bergviken*** erwartet. Den sonnigen Abend genießen wir ausführlich auf der von Birken bestandenen Landzunge und lauschen später noch lange der Brandung des Sees.

(277) WOMO-Badeplatz: Bergviken

GPS: N 61° 10' 15.0" E 16° 49' 30.5". **max. WOMOs:** >5.
Ausstattung/Lage: Großer Schotterparkplatz für Caravans und **WOMOs**, Stellplätze auch an der Birken-Zeile am Steinufer, nebenan Badestelle mit Sandstrandbucht und Badesteg, Trockenklo, Müllbehälter, Feuerstelle.
Zufahrt: Siehe Text.

Nun pirschen wir uns langsam wieder an die ***Jungfrukusten*** heran, die **83** bringt uns auf neuer Trasse zur **E 4**, wo die langwierigen Bauarbeiten am Kreuz von **Tönnebro** mittlerweile zu einem eleganten Ende gebracht wurden und man zur legendären Raststätten-Anlage einfach unter der Autobahn hindurch fährt, wo dann robuste Schläfer im gut verschlossenen **WOMO** sogar ein Nachtquartier finden.

(278) WOMO-Picknickplatz: Tönnebro

GPS: N 61° 04' 15.7" E 16° 58' 04.7". **max. WOMOs:** >5.
Ausstattung/Lage: Tankstelle, Brummi-Platz, Rasthaus-Gastronomie mit Reise-Shop, Spielplatz, Badestelle, Picknickareal, Toiletten, **WOMO**-Treffpunkt, recht laut. **Zufahrt:** Siehe Text.

Uns wäre dieses Straßen-Dauerrauschen viel zu nervig, was auch für den schön angelegten und mit Latrine ausgestatteten **E 4**-Rastplatz **Högbacka** [**279**: N 61° 00' 26.3" E 16° 58' 58.6"] 8 km in Richtung **Stockholm** gilt, denn wir lieben eher die stillen Plätze, und so verlassen wir diese Ostsee-Rennpiste knapp 13 km hinter **Högbacka** in **Hagsta** und sind 22,4 km später bei unserem einsamen Spezial-Platz an der Küste und somit endlich wieder am Busen der ***Meerjungfrau*** angekommen.

(280) WOMO-Badeplatz: Hillevik

GPS: N 60° 48' 33.0" E 17° 14' 21.4". **max. WOMOs:** >5.
Ausstattung/Lage: Die **E 4** Richtung **303/Hamrånge** verlassen, am Rastplatz **Hagsta** vorbei, durch **Hamrånge** durch, **rechts/Trödje**, hinter **Trödje** dann **links/Hillevik** und später **links/Hilleviks badet**, nach 400 m Fahrweg großer von Bäumen gesäumter Naturparkplatz auf Rasenschotter vor der Badestelle rechts, dort Badesteg, Uferrasen, Grillplatz, Müllbehälter, Trockenklo. **Zufahrt:** Siehe Text.

Nun wollen wir noch die kulinarischen Kleinodien dieser Region verraten: zwei lukullische Höhepunkte für Freunde ausgefallener Fisch-Spezialitäten. Dazu geht es zunächst zurück zum Asphalt, hier dann nach rechts und nach 2,2 km nach **links/303** weiter Richtung **Gävle**. Nachdem wir eine Aussichtsplattform zum Wasservögel-Gucken und einen Golfplatz passiert haben, halten wir uns strikt an die Hinweise nach **Bönan**. Durch eine gepflegte Freizeit-Landschaft mit Jugendherberge, Bade- und Campingplatz vorbei streben wir unserem Ziel entgegen, fahren in **Bönan** geradeaus weiter und biegen 200 m hinter der Bootsbucht **rechts/Sjöfartsverket**, der Lotsenstation, ab, wo man gleich links einen Parkplatz findet, genau gegenüber von ***Åkerblom's Fisk & Rökeri*** (Di-Fr 11-18, Sa 10-15 Uhr, zuletzt leider immer mal aus unerklärlichen Gründen geschlossen), unserem Pilgerziel mit dem vermutlich besten heiß geräucherten Fisch in ganz Schweden. Nirgendwo sonst freuen wir uns so sehr über beißende Rauchschwaden auf einem **WOMO**-Stellplatz, denn das bedeutet hier Vorfreude pur. Man arbeitet mit frischem Tannengrün, was dem Räucherlachs eine unverwechselbare Note gibt, so dass man anschließend über den ***„Stremel"*** in der heimischen Fischtheke die Nase rümpft.

(281) WOMO-Stellplatz: Bönan

GPS: N 60° 44' 20.8" E 17° 18' 46.9". **max. WOMOs:** 2-3.
Ausstattung/Lage: Feinschotter-Parkplatz gegenüber ***Åkerblom's Fisk & Rökeri***, Trockenklo, 200 m zur Lotsenstation.
Zufahrt: Siehe Text.

Auch die Konkurrenz im Nachbar-Fischerdorf **Utvalnäs** (gegenüber der Bootsbucht rein: 4 km von hier) ist nicht zu verachten: Das beliebte und gut besuchte Fischrestaurant ***Wahlströms Fiskekrog*** (www.wahlstromsfiske.se) mit Hafenblick, kreativer Küche und unschlagbar frischen Zutaten sowie ***Wahlströms Rökeri*** schräg gegenüber (Ende Juni-Ende August Mo-Fr 10-18, Sa 10-14 Uhr). Hier probieren wir verschiedene Fisch-Salate und sind begeistert! ***Heringsfilet in Zitronen-Creme***, eine Delikatesse! Beim nahen Badeplatz mit dem lustigen Namen genießen wir all die Köstlichkeiten ganz ausführlich und rollen uns mit dem ***Tunnbröd*** der letzten Tage ganz neue ***Schweden-Wrap***-Kreationen.

(282) WOMO-Badeplatz: Gammelannabadet

GPS: N 60° 45' 28.3" E 17° 19' 55.1". **max. WOMOs:** 3-5.
Ausstattung/Lage: Badestelle gegenüber, sehr gepflegte Anlage, Badesteg, Picknick-Wiese mit Bank, Feuerstelle, Trockenklo, Müllbehälter, Hundeverbot, Badewasser gelegentlich etwas algentrüb.
Zufahrt: Vom Fischladen zurück, rechts auf die Asphaltstraße abbiegen, nach 600 m erneut rechts weg, dann Parkplatz links.

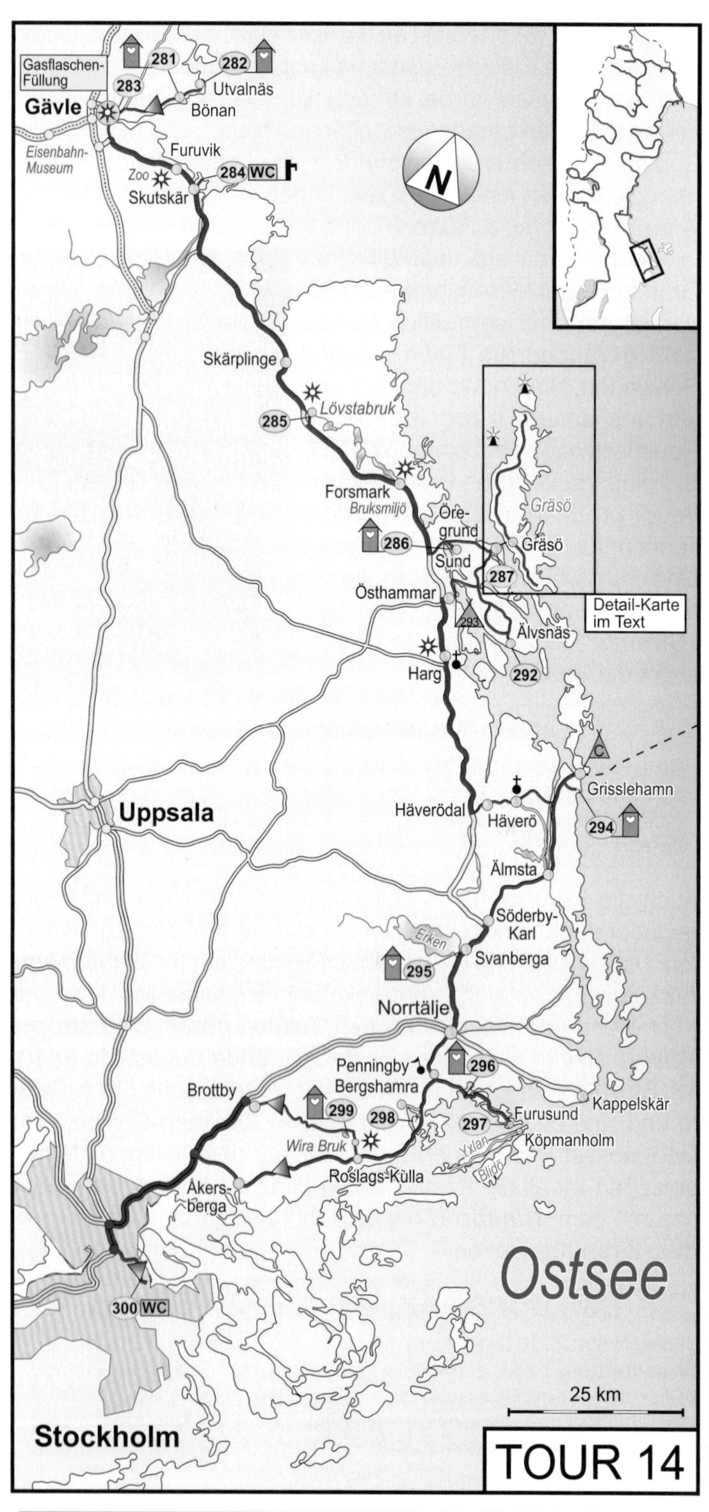
Gasflaschen-Füllung
281
282
283
Gävle
Utvalnäs
Bönan
Eisenbahn-Museum
Furuvik
Zoo
Skutskär
284 WC
N
Skärplinge
Lövstabruk
285
Forsmark
Bruksmiljö
Öre-grund
286
Sund
Gräsö
Gräsö
287
Östhammar
293
Detail-Karte im Text
Älvsnäs
Harg
292
C
Grisslehamn
Häverödal
Häverö
294
Uppsala
Älmsta
Söderby-Karl
Erken
Svanberga
295
Norrtälje
Penningby
Bergshamra
296
Kappelskär
Brottby
299
298
Furusund
297
Köpmanholm
Wira Bruk
Yxlan
Roslags-Kulla
Blidö
Åkers-berga
Ostsee
300 WC
25 km
Stockholm
TOUR 14

TOUR 14 (ca. 350 km / 3-5 Tage)

Gävle - Lövstabruk - Öregrund - Stockholm

Freie Übernachtung:	Sandbankarna, Lövstabruk, Sund, Öregrund, Insel Gräsö (3), Älvsnäs, Fjällbostrand, Svanberga, Solö, Furusund, Bergshamra, Largen, Stockholm.
Campingplätze:	Gräsöbaden, Klackskärs in Östhammar.
Baden:	Sandbankarna, Lövstabruk, Sund, Älvsnäs, Insel Gräsö, Östhammar, Fjällbostrand, Svanberga, Solö, Bergshamra, Largen.
Besichtigen:	Museen in Gävle, Lövstabruk, Forsmark Bruksmiljö, Öregrund, Insel Gräsö, Harg, Häverö Kyrka, Grisslehamn, Penningby Slott, Wira Bruk.

Wie nun? ***Hälsingland*** gehört gerade noch zu ***Nord-Schweden***, der südliche Nachbar ***Gästrikland*** ganz amtlich zu ***Mittel-Schweden***, doch **Gävle**, die Hauptstadt dieser Region mit 3 Ankern im Wappen, gilt als älteste Stadt ***Nord-Schwedens***. Immerhin gehört sie damit noch in diesen Reiseführer, wenn auch ohne detaillierte Würdigung. Diese Rückreise-Tour führt uns nach **Stockholm**, was auf der **E 4** in Windeseile erledigt wäre, doch nicht mit uns! Wir haben noch einige interessante Ziele auf Lager und werden uns gemächlich im Küsten-Bogen an die Hauptstadt heranpirschen. Zunächst aber kommen wir von **Bönan** daher, biegen rechts, dann links ab zur **E 4/Gävle** und halten uns dann konsequent Richtung **Centrum**. Nach einer 3,80-m-Eisenbahnunterführung passieren wir einen Skulptur-geschmückten Kreisel, haben links den innerstädtischen Grünstreifen, erfreuen uns an stolzen Bürgerhäusern samt Stadtgewusel und wollen gleich einem Leser-Tipp nachgehen. Wir fahren direkt zu einem speziell für **WOMO**-Gäste neu eingerichteten Parkplatz am Fluss, ein Luxus, den wir in **Gävle** nie für möglich gehalten haben.

(283) WOMO-Stellplatz: Gävle Sportboothafen

GPS: N 60° 40' 36.3" E 17° 09' 36.2".
max. WOMOs: 2.
Ausstattung/Lage: 2 Parkbuchten für **WOMOs** beim Sportboothafen, am ***Gävleån*** an der ***Södra Skeppsbron***, max. 48 h, zentrumsnah.
Zufahrt: 400 m nach dem Skulpturkreisel links, nach 400 m rechts und nach 500 m links abbiegen, dann nach 400 m Parkplatz links.

Ein Schild am Platz verrät uns eine Gasfüllstation ganz in der Nähe: ***Gasol bei TMT*** (Södra Skeppsbron 21, Mo-Fr 9-14 Uhr), ein schönes Zubehör obendrein.
In **Gävle** kann man sich das historische Holzviertel anschauen, durch die Innenstadt spazieren oder das ***Schwedische Eisenbahn-Museum*** besuchen, ein absolutes Muss für technisch Interessierte. Wir verlassen die Stadt, folgen dazu zunächst weiter der ***Södra Skeppsbron***, fahren einen Rechtsbogen durch ein Gewerbegebiet, biegen am zweiten Kreisel rechts ab und lassen uns dann links auf die **76**, den ***Jungfrukustvägen*** führen. In **Furuvik** lockt ein Vergnügungspark samt Zoo mit Affen und beim ersten Kreisverkehr in **Skutskär** geht's für uns links weg zum Baden an die ***Gävle-Bucht***.

(284) WOMO-Badeplatz: Sandbankarna

GPS: N 60° 38' 37.9" E 17° 25' 41.9". **max. WOMOs:** 3-5.

Ausstattung/Lage: Geschotterter Parkplatz im Wald, 150 m zum herrlichen Dünen-Sandstrand, WC mit Außenwasserhahn, Müllbehälter.

Zufahrt: Anfahrt 1,8 km: Am ersten Kreisverkehr (vor der ***Billisten***-Tanke) links rein Richtung **Idrottsplats**, dann dem Bademännchen nach und am Ende der Asphaltstraße den Waldweg auf 300 m halblinks rein.

Immer weiter auf der **76** schnüren wir durch ländliches Gebiet mit Gehöften und kleinen Ortschaften, hier werden Kartoffeln und Getreide angebaut, Pferde gehalten und manchmal sieht man links in der Ferne sogar die Ostsee blinken. Hinter **Skärplinge** zweigen wir links ab und fahren den Hinweisen zu ***Lövstabruk*** nach, ein „Bypass"-Ausflug, der unbedingt zu empfehlen ist. Wir rollen staunend durch einen vornehmen Torbogen, stellen das **WOMO** ab und schlendern mit zunehmender Begeisterung durch den riesigen Herrengut-Garten, einer unerwarteten Perle unserer Rückreise-Route. ***Lövstabruk*** war die erste der ***Wallonen-Eisenhütten*** in ***Uppland***, benannt nach der südbelgischen Heimat ihres Gründers ***Louis De Geer*** (1587-1625). Das ***Herrenhaus*** von 1720 kann besichtigt werden (Mitte Juni bis Ende August 11-17 Uhr, Führungen), wir begnügen uns mit einem beschaulichen Spaziergang im aufwändig gepflegten Garten, durch den ungewöhnlich tiefen Kies läuft man wie durch Neuschnee (kein Sandalettchen-Belag!), die Kirche

beherbergt eine besonders schöne Barock-Orgel und auch der grazile Glockenturm hat seinen Reiz. Das riesige Gut wird heute bewirtschaftet, es gibt ein Gestüt, Kutschfahrten, Kunstausstellung, Café sowie Hantverk und zu allem Überfluss auch noch eine kleine, aber hochherrschaftliche Badestelle kurz hinter dem Ausgangs-Tor links.

(285) WOMO-Badeplatz: Lövstabruk

GPS: N 60° 24' 11.3" E 17° 52' 56.8'. **max. WOMOs:** 2-3.

Ausstattung/Lage: Kleine gepflegte Badestelle am Mini-See mit Steganlage und Sprungturm, Sprudelfluss, Picknick-Wiese mit Bank, Grillstelle, Spielplatz, Müllbehälter, 50 m vom Parkplatz, über eine kleine Fußgängerbrücke zu erreichen.

Zufahrt: Auf der ***Lövstabruk***-Allee weiter, dann 150 m nach dem Ausfahrtstor links.

Nach 250 m sind wir wieder auf der **76**, nach **links/Östhammar** geht es nun weiter und nach 16 km freundlicher Straße durch den Wald kann man in **Forsmark** gleich das nächste ***Bruksmiljö*** besichtigen. Die sicherlich kostspielige Pflege dieses hübsch gestalteten historischen Areals mit Teich, Restaurant und Sichtachse vom Herrenhaus zur Kirche obliegt dem Energieriesen ***Vattenfall***, wohl auch als eine Art der Kompensation für das nahe Kernkraftwerk des Konzerns an der Küste.
Wir bleiben auf der **76**, sehen links noch eine bemerkenswerte Steinbrücke („*Gammlabro*“) und biegen 7,5 km später zu einem Abstecher nach **Öregrund** links ab, doch schon nach 3 km wollen wir Sie erstmal zur freundlichen Badestelle nach **Sund** (ent)führen.

(286) WOMO-Badeplatz: Sund

GPS: N 60° 18' 34.4" E 18° 20' 14.8".
max. WOMOs: 2-3.
Ausstattung/Lage: Sehr gepflegte Anlage am ***Granfjärden***, kleiner geschützter Kinder-Sandstrand, Spielplatz, Schwimmsteg, Strandwiese, Picknickbänke, Toilette, Müllbehälter, Hundeverbot.
Zufahrt: 2,4 km Anfahrt: vom Abzweig schmale Asphaltstraße durch den Wald nach **Sund**, dort Richtung **Långalma**, nach 1,1 km Badeplatz-Parkwiese rechts.

Über **Sund** gelangen wir nun nach **Öregrund** und sind sofort ganz verzaubert vom Charme dieses quirligen wie sympathischen Urlauber-Magneten, fahren mutig immer geradeaus in die Ortsmitte hinein und biegen schließlich nach links zum Parkplatz **Västerhamnen** ab, unserem idyllischen **WOMO**-Domizil mit Seeblick.

(287) WOMO-Stellplatz: Öregrund Västerhamnen

GPS: N 60° 20' 22.6" E 18° 26' 11.2".
max. WOMOs: 2-3.
Ausstattung/Lage: Asphaltierter Parkplatz mit Mülleimer bei einem haushohen Schären-Felsen, nur 300 m zum Hafen, **Camping verboten**. **Zufahrt:** Siehe Text.

In den Cafés und Restaurants am Yachthafen sitzen fröhliche Menschen, andere pilgern durch die bunten Läden, doch auch die stillen Ecken haben ihren Reiz, wie die alten Häuschen vom ***Hembygdsgård***, der rote Schindel-Glockenturm auf dem Schärenfelsen oder die trutzige weiße Steinkirche.

Besonders interessant wäre ein Ausflug mit der großen gelben Gratis-Kurz-Fähre zur Insel ***Gräsö*** hinüber, wo Strände, geschichtsträchtige Dörfer und Naturschönheiten warten. Dieser Ausflug ist mit den Fahrrädern gut zu bewältigen, doch wir gehen mit dem **WOMO** auf Erkundung und wollen für Sie nachschauen, ob das gut funktioniert (ja, für Fahrzeuge bis etwa 6,50 m Länge) und was es dort zu entdecken gibt. In der ***Touri-Info*** am Bootshafen von Öregrund finden wir das Heftchen *„Fahrradtouren auf Gräsö"* mit drei Vorschlägen vom Kurz-Ausflug bis zur Tages-Rundfahrt, man bekommt hier deutschsprachige Broschüren, wird bestens beraten und sogar mit Spezial-Tipps zur Schäreninsel versorgt. Kurzum: Man kann dort Baden gehen, historische Fischerdörfer besichtigen, einen alten Leuchtturm bestaunen, durch ein Naturreservat streifen, ein sehr spezielles Café besuchen und sogar über Nacht drüben bleiben. Doch der Reihe nach! Die Fähre geht alle halbe Stunde

(0 und 30 zur Insel, 15 und 45 zurück) und braucht gerade mal 5 Minuten für die Überfahrt. Drüben landet man in der Nähe der ***Gräsö k:a***, wir wenden uns nordwärts, fahren auf passablem Asphalt Richtung **Öskärssund** und gleich schon wieder links rein zum ersten Quartier direkt neben einem Badeplatz mit Sandstrand.

(288) WOMO-Campingplatz-Tipp: Gräsöbaden***

GPS: N 60° 21' 04.5" E 18° 26' 56.7". **Öffnungszeiten:** 1.5.-30.8.
Ausstattung/Lage: Gepflegter Platz mit Rasen und Felsen, gute Ausstattung, Gastronomie, Badestrand anbei, zur Hochsaison gut besucht. www.grasobadenscamping.se.
Zufahrt: 900 m ab Fähre 700 m nach links hinein; ausgeschildert.

Die Inselhauptstraße wird hier noch von einem Radweg flankiert und sie führt uns durch Wald und kleine Siedlungen mit roten Häusern. Genau 3,1 km nach dem letztem Abzweig folgen wir dem Hinweis nach **links/Djursten**, parken nach 600 m auf Schotter und stiefeln vor zur Felsenküste zum urigen Leuchtturm (Foto S. 263 oben). Das Sommercafé und die Kunstbutik haben im August schon geschlossen, so dass wir uns auf dem menschenleeren Areal ganz der Natur,dem Blätterrauschen in den Wipfeln, der leichten Felsenbrandung und dem Ausblick auf die Inselwelt mit Leuchtfeuer und Kernkraftwerk hingeben können.

Zurück auf der „Magistrale" gen Norden, die wieder ohne Seeblick durch Wald und schmucke Örtchen führt, bieten sich nun drei lohnende Ziele links der Piste an: Nach 3,9 km eine Badestelle mit sehr kleinem Parkplatz, 6,3 km danach bleibt man in einer Rechtskurve geradeaus und erreicht nach 1,2 km den Fischerhafen von **Söderboda** mit Aussichtspunkt und Picknickbank samt Feuerstelle und biegt man 2,7 km nach dem

letzten Abzweig in einer Rechtskurve nach links ab, gelangt man nach 900 m zum selbigen von **Norrboda**, dem westlichsten Hafen der Insel, wo ein exakter Bootliegeplan aushängt, eine Ordnung, die man hier nicht unbedingt erwartet. Die Zufahrt zu den beiden Häfen ist recht schmal, am Ende findet sich nicht viel Platz zum Parken und man möchte nicht wissen, was hier in der Hochsaison los ist. Fahrradfahrer haben es dann bestimmt einfacher!

Die einzige Ende August auf ***Gräsö*** noch geöffnete Gastronomie finden wir nur auf freundliche wie eindringliche Empfehlung der Touri-Info in **Östergrund**. Nur 500 m nach dem Abzweig nach **Norrboda Hamn** nehmen wir den Fahrweg nach rechts und sind schon nach 250 m beim zurückhaltend beworbenen ***Konst & Kafé Mila*** (Fr-So 11-16 Uhr, www.milakeramik.se) angekommen, wo wir uns im Gartenpavillon mit Kaffee und Sanddornkuchen verwöhnen lassen. Im Bungalow werden Souvenirs sowie kleine und große Kunstwerke angeboten, von denen uns die Kreationen aus Beton vom Herrn des Hauses, vormals Bauarbeiter, am besten gefallen haben.

Nun sind es nur noch 4 km bis zum Nordende der Insel. An der finalen Wendestelle gibt es eine Picknickbank, eine Gedenktafel für ein Schifssunglück von 1877 und Anlegestege an der Felsenküste. Von hier gehen Boote hinüber zur Insel ***Örskär***, einem Naturschutzgebiet mit Leuchtturm und Jugendherberge.

Bis zum Abzweig beim Fährhafen sind es nun 21 km Genussfahrt gen Süden, wir passieren jenen, um nunmehr den Südzipfel von ***Gräsö*** zu erforschen. Jetzt sieht man öfter Wasser und wir zelebrieren nach 4,5 km eine Großpause mit Buchtblick auf einer Landzunge rechts [**289**: N 60° 19' 25.6" E 18° 31' 10.5"]. Auf den restlichen 5 km bis zum Ende der Straße beim Bootshafen **Äspskäret** quert man das ***Naturreservat Idön***, eine spannende Landschaft mit Spuren alter Besiedlung, Urwald, reichlich schützenswerter Fauna und Flora sowie zwei Parkplätze als Basislager für Erkundungen und zum Verweilen.

(290) WOMO-Wanderparkplatz: Idön 1

GPS: N 60° 18' 13.6" E 18° 34' 58.1". **max. WOMOs:** 1-2.
Ausstattung/Lage: Kleiner, leicht schräger Schotterparkplatz, Info-Tafel samt Kasten mit Info-Material. **Zufahrt:** 4,5 km hinter **(289)** links.

(291) WOMO-Wanderparkplatz: Idön 2

GPS: N 60° 18' 05.2" E 18° 35' 27.5". **max. WOMOs:** 2-3.
Ausstattung/Lage: Schotterparkplatz im Wald bei einem Bootshafen, Trockenklo, Müllbehälter. Gelegentlich gut belegt von Autos von Bootseignern. **Zufahrt:** Knapp 500 m hinter **(290)** rechts.

Wir verlassen die Insel mit der Gratis-Fähre nach ***Öregrund*** und resümieren: Ein Ausflug nach ***Gräsö*** ist absolut empfehlenswert, ganz besonders zu besucherarmen Zeiten.
Wenn man am Ortsausgang von **Öregrund** links nach **Älvsnäs** abbiegt, gelangt man dort schließlich zu einem netten **Badplats** am ***Raggaröfjärden*** [**292**: N 60° 13' 19.4" E 18° 33' 00.4"] und falls man die Tourschlaufe durch die Wachholder-Heide zur **76** zurück über **Östhammar** legt, findet man im vergleichsweise blassen Städtchen den schön auf einer Landzunge gelegenen **Klackskärs Camping** [**293**: N 60° 15' 45.4" E 18° 22' 48.7"]. Wieder auf der **76** nach **Norrtälje** kommen wir durch das puppige **Harg**, einem Gesamtkunstwerk mit dem historischen und wunderschön erhaltenen Dorfensemble mit herrschaftlichem

Gutshof, der romantischen Lindenallee, einer Kirche samt Friedhof, einem prächtigen Uhrturm und einer frühen Form von Reihenhäusern. Nehmen Sie sich die Zeit und schauen sich hier mal in aller Ruhe um.
Nach ziemlich genau 21,5 km durch eine Landschaft aus Wald, Feldern und Wachholderheide verlassen wir die **76** für einen weiteren Schwenk nach links, biegen nach **Häverödal** ab, fahren dort Richtung **Älmsta** leicht bergauf und wollen uns im 4 km entfernten **Häverö** die besonders eindrucksvolle, weil uralte und wehrhafte ***Häverö kyrka*** (Mai bis September 8-16 Uhr)

anschauen und biegen dazu noch vor dem Ort links ab. Hier ist aber leider schon geschlossen, deshalb begnügen wir uns mit einem abendlichen Rundgang übers Gelände und um die Feldstein-Kirche herum, der uns zwangsläufig auch durch diesen geheimnisvollen Gang an der Außen-Mauer führt.
Zurück zur Hauptstraße setzen wir unsere Reise nach links fort und folgen in **Häverö** den Hinweisen nach **Grisslehamn**, die nächste Station unserer Küsten-Tournee. Auf der prächtigen ***Trästabron*** queren wir die ***Väddövik***, nehmen die **283** nach links und empfehlen nach 5,4 km einen Abstecher zur Küste nach rechts.

(294) WOMO-Badeplatz: Fjällbostrand

GPS: N 60° 04' 35.4" E 18° 49' 15.9". **max. WOMOs:** 3-5.
Ausstattung/Lage: Schotterparkplatz am Wald (PKW-Zeichen und Campingverbot), 400 m durch den Wald zur Badebucht (steiniger Strand und Steg), Trockenklo, Hundeverbot, Naturreservat, Wanderwege.
Zufahrt: Siehe Text, 1,9 km nach dem Abzweig links, nach 500 m rechts, dann noch 200 m auf Schotter zum Ziel.

In **Grisslehamn** trifft man sich am liebsten an der Hafen-Bucht, denn hier findet man neben entsprechender Romantik auch richtige Fischläden mit all den Spezialitäten, die man so erwartet. Je nach Saison bis zu 3-mal täglich kommt hier richtig Leben rein, wenn die beliebten Fähren der ***Eckerö Linjen*** anlegen, die Besucher von und zu den ***Åland-Inseln*** bringen oder die

Freunde der ***Day Cruises*** wieder ausspucken, die ganz offensichtlich den Taxfree-Dampfer für wenig Geld als Gruppen-Event genutzt und sich nicht nur an den Speisen gelabt haben.
Am anderen Ortsende gibt es noch eine Marina mit Gastronomie und einen schön an der Schärenbucht gelegenen, aber selbst in der Nachsaison überbuchten Campingplatz. Wer sich dann noch zum Inselspringen gen Norden bis nach ***Singö*** hinreißen lässt, wird wie wir sowohl landschaftlicher Schönheit wie auch **WOMO**-feindlichen Rahmenbedingungen begegnen.
Auf der **283** geht es Richtung **Norrtälje** nun gen Süden, die ***Väddövik*** schimmert rechts durch die Bäume und hinter der Klappbrücke ankern wir erst einmal in **Älmsta** beim gut sortierten ICA-Markt rechts, um unsere Vorräte aufzufüllen.
Dann stoßen wir mit unserer **283** in **Söderby-Karl** schließlich wieder auf die **76/Norrtälje**, wo man gleich in **Svanberga** einer ansprechenden **Badestelle** am ***Erken*** [**295**: N 59° 50' 12.8" E 18° 39' 21.1"] mit Terrassenparkplatz und Gasthof begegnet.
Nun erreichen wir die Ankerstadt **Norrtälje**, fahren Richtung **E18/77** durch, biegen schließlich links zu unserer Tourstraße **276** ab, die zur **E 18** führt, auf der man nach **Kapellskär** und von dort mit der Fähre zu den ***Åland-Inseln*** gelangt. Wir unterqueren diesen Zubringer, bleiben erst mal auf der **276/Åkersberga** und empfehlen einen Abstecher zum dicktürmigen ***Penningby slott*** samt leicht verwildertem Englischen Garten (Führungen im Juli Die-So 13 Uhr, auch auf Deutsch) rechts. Gleich 100 m danach gehts links weg, wir nehmen die **278/Furusund**, fahren in langen Wellen in Richtung Schärengarten und finden auf der ersten Insel 100 m nach dem Ortseingang von **Solö** unser Lager rechts unten.

(296) WOMO-Badeplatz: Solö

GPS: N 59° 40' 40.2" E 18° 45' 42.8".
max. WOMOs: 3-5.
Ausstattung/Lage:
Etwas schwierige Abfahrt (vor allem Auffahrt) auf schmalem, unbefestigtem Fahrweg; geräumige Parkplatzwiese, Badesteg, Trockenklo, Müllbehälter, Hundeverbot.
Zufahrt: siehe Text.

Am Ende der 12 km langen Schären-Straße nach **Furusund**, dieser faszinierenden, gelegentlich achterbahnartigen Route über Brücken und Dämme von Insel zu Insel schieben sich die großen Fähren von und nach **Stockholm** durch eine schmale Schären-Gasse. Genau vor dieser Jumbo-Wasserstraße kann man, wenn auch mit zeitlicher Begrenzung, mit dem **WOMO** über Nacht bleiben und spätabends hautnah miterleben, wenn einer der hell erleuchteten Riesenpötte der ***Viking Line*** hier durchfährt, ein echt gespenstisches Schauspiel.

(297) WOMO-Stellplatz: Furusund

GPS: N 59° 39' 49.7" E 18° 55' 28.4". **max. WOMOs:** 2-3.
Ausstattung/Lage: Schotterparkplatz, Einkaufsmöglichkeit, Imbiss, Trockenklo,12-h-Limit. **Zufahrt:** Siehe Text, am Fähranlager links.

Zurück auf der **276/Åkersberga** kommen wir so langsam zum Buch-Finale, hätten aber in **Bergshamra** (Hinweis **Bergshamra Varv** folgen) noch eine verschwiegene **Badestelle** [**298**: N 59° 37' 57.6" E 18° 40' 10.7"] zu vermelden und raten 14 km danach rechts abzubiegen und sich ***Wira Bruk*** (tgl. 11-16 Uhr) anzuschauen. Dieses wunderschöne, an einem rauschendem

Bach gelegene alte Dorfensemble aus dem 18. Jahrhundert verzaubert uns immer wieder aufs Neue, wir schauen bei der wasserkraftgetriebenen Schmiedehalle vorbei, kehren in die urige ***Kaffestugan*** ein, kaufen Souvenirs im verführerischen Kunstschmiede-Shop und bestaunen das historische ***Tingshuset***. Die volle Packung gibt es dann immer in der ersten Juliwoche, wenn zu den ***Wira-spelen*** (www.wiraspelen.se) die alten Zeiten mit Musik und Spiel wieder lebendig werden.

Wer den Stich an ***Wira Bruk*** vorbei weiter Richtung **Largen** fährt, findet nach 3,8 km einen Badeplatz am glasklaren See.

(299) WOMO-Badeplatz: Largen

GPS: N 59° 35' 45.8" E 18° 31' 40.2". **max. WOMOs:** 2-3.
Ausstattung/Lage: 2 Schotterparkplätze, gepflegte Badestelle mit Wiese, Sandstrand und Badesteg, Hundeverbot, Trockenklo, Feuerstelle, Straßengeräusche hörbar, nachts ruhig.
Zufahrt: Siehe Text, 800 m nach dem Ortseingang von **Largen** nach **links/Rumsättran**, nach 300 m links.

Kleinere **WOMOs** können dann gleich von hier aus 22 km durch allerliebste Hügellandschaft mit Wald, Felsen und edlen Pferden auf verschlungenen, schmalen Sträßchen zur **E 18/Stockholm** kurbeln, größere Fahrzeugen sollten das lieber lassen, zur **276** zurückkehren und sich hinter **Åkersberga** besagter Autobahn anvertrauen. Nun geht es sehr flott auf die schwedische Metropole zu und wir landen nach knapp 29 km im ***Djurgård*** beim neuen **WOMO**-Quartier für **Stockholm**-Besucher.

(300) WOMO-Stellplatz: Stockholm Djurgårdsbrunn

GPS: N 59° 19' 53.2" E 18° 07' 58.0". **max. WOMOs:** >5.
Ausstattung/Lage: Gebührenpflichtiger (80 SEK/24 h, nur bargeldlose Bezahlung - VISA o.ä. - möglich) Asphaltparkplatz im Grünen, geschützte Lage, WC, Tagesgastronomie anbei, Gärtnerei und Tennisplatz in der Nachbarschaft, Bus Nr. 69 fährt zum Centrum, nachts ruhig.
Alternative: am ***Kaknästornet***.
Zufahrt: Erst auf der **E 18**, dann **Stockholm C/E20**, später **277**, auf dem Allee-artigen ***Valhallavägen*** bis zum finalen Kreisverkehr, dort ***links/Lindarängsvägen***, dann **rechts/Kaknäsvägen**, später **links/ Djurgårdsbrunnsvägen**, 300 m hinter dem Abzweig zum ***Kaknästornet*** dann Parkplatz links.

Dieser Platz hat sich nach der rüden Sperrung des alten (ganz in der Nähe) schnell als neuer **WOMO**-Treffpunkt etabliert. Im Wohnmobil gegenüber blättert tatsächlich jemand im wohlbekannten ***WOMO-Verlag***-Büchlein ***„Mit dem Wohnmobil nach Süd-Schweden"***, wo in Tour 12 ein Hauptstadt-Besichtigungsprogramm zu finden ist. Wir persönlich empfehlen dringend einen Besuch des ***Vasa-Museums***.

Unsere gemeinsame Rundreise endet hier, für Sie geht es, wenn's beliebt, mit besagtem **Band 54** weiter, wir fahren nach Hause und wünschen noch viele spannende Reisen durch unser geliebtes ***Schweden***.

Man sieht sich!

ADRESSEN

Visit Sweden - Touristeninformation der Schweden-Werbung für Reisen und Touristik GmbH
Michaelisstr. 22, **D-20459 Hamburg**
Fon: 069-22223496 (Mo-Fr 9-18 Uhr) www.visitsweden.com

Hier gibt es Infos zum ***Schweden***-Urlaub, und es kann ein umfassendes Sortiment an Prospekten abgerufen werden wie die jährliche ***Schweden***-Broschüre, die Campingplatz-Übersicht und vieles mehr.
Weitere interessante Websites zu ***Schweden***:
www.infoschweden.de; www.swedengate.de; www.sverige.de.

Schwedische Botschaft in Deutschland
Rauchstr. 1
D-10787 Berlin
Fon: 030-505060
Fax: 030-50506789 www.swedenabroad.com

Deutsche Botschaft in Schweden (Tyske Ambassaden)
Arterelligatan 64
SE-11445 Stockholm
Fon: +46-8-6701500
Fax: +46-8-6701572 www.stockholm.diplo.de

ALKOHOL

Noch immer wird in ***Schweden*** ein Großteil der alkoholischen Getränke (ausgenommen ist Bier bis 3,5% Alkoholgehalt, das gibt's überall) staatlich kontrolliert abgegeben und nur im so genannten ***Systembolaget***, der staatlichen Alkohol-Handelskette an Personen über 20 Jahre verkauft. An diesem Staatsmonopol wird sich auch in absehbarer Zeit nichts ändern.
Nach wie vor ist der gepflegte Rausch in ***Schweden*** ein ausgesprochen teures Vergnügen, doch mit Blick auf die aktuellen Höchstmengen, die man als EU-Bürger nach ***Schweden*** mitbringen darf (siehe **EINREISE / ZOLL**), dürfte man als Urlauber nicht in die Verlegenheit geraten, in diesen „Wucher-Buden“ einkaufen zu müssen.

ANGELN

Manch einer fährt nur zum Angeln nach ***Schweden***, denn für Sportangler gibt es eine Vielzahl hervorragender Reviere. Es ist kein Jahres-Fischereischein erforderlich, doch für die meisten Gewässer muss man vor Ort einen Erlaubnisschein kaufen (***Fiskekort***), die kostet ab 50 SEK am Tag, bei Edelfisch-Revieren bis 240 SEK.
Das Angeln an/auf dem Meer sowie an/auf den großen Seen (***Vänern***, ***Vättern***, ***Hjälmaren***, ***Mälaren***) ist erlaubnis- und kostenfrei.

ARZT Notruf: 112

Das Gesundheitswesen in Schweden wird vom Staat betrieben, die medizinische Versorgung ist auf hohem Niveau sichergestellt. Bei Erkrankungen oder Unfällen wendet man sich an eines der lokalen Ärzte-Center (***vårdcentralen***) oder an die Unfallambulanz (***akutmottangningen***) eines Krankenhauses (***sjukhus***). Zwischen Schweden und den EU-Mitgliedsländern besteht ein Sozialversicherungsabkommen, das im Bedarfsfall die ärztliche Hilfe regelt. Sie benötigen nur noch die Chipkarte ihrer

Krankenkasse. Ein in Schweden ggf. zu zahlender Eigenanteil wird i.d.R. von Ihrer Krankenkasse zurückerstattet. Sprechen Sie vor Reiseantritt mit Ihrer Krankenkasse und lassen Sie sich über die aktuellen Regelungen informieren.
Eine zusätzliche (private) Reisekrankenversicherung ist allerdings sehr sinnvoll, da sich im Ernstfall einiges unproblematischer abwickeln lässt. Bei manchen Kreditkartenanbietern ist das im Paket mit enthalten.

AUSRÜSTUNG

Boot
Mit einem Faltboot im Gepäck oder dem Kajak auf dem Dach eröffnen sich dem **WOMO**-Reisenden in manchen Gebieten traumhafte Möglichkeiten, seinen Aktionsradius auszuweiten. Die vielen Binnenseen und Flüsse, aber auch geschützte Küstenregionen wie die Schärenlandschaft laden den versierten Paddler zu Exkursionen ein.

Fahrrad
Man sollte sich vorher sehr genau überlegen, ob und wofür man seine Fahrräder in einem ***Schweden***-Urlaub gebrauchen könnte. Nur so für alle Fälle lohnt sich die Mitnahme der Räder nach unserer Erfahrung nicht. Für echte Fahrradfahrer gibt es im Land allerdings sehr gute Möglichkeiten von der entspannten Kurztour bis zu Erkundungsfahrten z.B. auf der Insel ***Gräsö*** oder in **Stockholm**.

Zelt
Unser Berg-Zelt ist immer dabei! Sei es für eine Bootstour, eine Bergwanderung mit Übernachtung in der freien Natur oder eine mehrtägige Trekking-Tour, unser Zelt möchten wir nicht missen. Schlafsäcke sind sowieso an Bord und ISO-Matten auch. Dann braucht man nur noch einen Topf für die Feuerstelle, vernünftige Schuhe, für jeden einen Rucksack und geeignetes Wetter!

CAMPINGPLÄTZE
In Schweden gibt es unzählige Campingplätze in unterschiedlicher Lage und Ausstattung, viele davon in landschaftlich reizvoller Umgebung und ansprechender Ausstattung. Schöne ***Touring-Plätze*** entlang unserer Fahrt-Route haben wir im Text benannt und sogar mit GPS-Daten versehen, damit man sie besser findet.
Wer schon vor seiner ***Schweden***-Reise weiß, dass er Camping-Plätze aufsuchen wird, sollte vorbereitet sein. Über **Visit Sweden** (siehe ADRESSEN) oder bei www.camping.se erhalten Sie die ***Campingplatz-Broschüre*** vom **SCR** (Sveriges Camping & Stugföretagares Riksorganisation), dem Dachverband der ca. 600 schwedischen Camping-Platz-Betreiber. Falls Sie noch keine haben, bestellen Sie die für die **SCR**-Plätze obligatorische ***Camping Card Scandinavia***, die mittlerweile auf 14.000 Camping-Plätzen in 20 europäischen Ländern akzeptiert wird und das Ein- und Auschecken beschleunigen hilft. Bei Ihrem ersten Campingplatz-Besuch kaufen Sie für das zunächst kostenlose „Plastik-ID-Kärtchen“ eine Jahresmarke (2011: 140 SEK) und schon sind sie dabei! Die Familie des Karten-Inhabers ist auf den SCR-Camping-Plätzen unfallversichert und kann eine ganze Reihe von Vergünstigungen in Anspruch nehmen: von (etwas) billigeren Fährtickets für die Anreise, über vergünstigte Eintrittspreise zu Sehenswürdigkeiten bis hin zum Einkaufsrabatt bei einigen Touri-Shops.
Manche Camping-Plätze bieten den **Quick-Stop**-Tarif an, der für reine Übernachtungsgäste gedacht ist, für Aufenthalte von abends 21 Uhr bis morgens 9 Uhr gilt und mit dem 30% gegenüber der regulären Gebühr gespart werden können.

EINREISE / ZOLL

Nach dem Schengener Abkommen gibt es innerhalb der EU-Mitgliedländer keine Grenzkontrollen mehr und man braucht weder Personalausweis noch Reisepass vorzuweisen. Bitte nehmen Sie Ihren Personalausweis dennoch mit, um bei sonstigen Kontrollen durch Zoll und Polizei Ihre Identität ausweisen zu können. Auch beim Bezahlen mit VISA (ohne PIN) an der Tankstelle wird regelmäßig der Personalausweis verlangt.
Die ***Grüne Versicherungskarte*** ist nicht zwingend erforderlich, wird aber empfohlen.
Für Besucher aus EU-Ländern gelten für die Einfuhr folgende Richtlinien für den persönlichen Bedarf (pro Erwachsenen ab 20 J.):
10 Liter Spirituosen, 20 l bis zu 22%, 90 Liter Wein, 110 Liter Bier usw.

FERIEN / HAUPTSAISON

Die Ferien- und Sommer-Hauptsaison erstreckt sich in ***Schweden*** von Mitte Juni bis Ende Juli. Das bedeutet aber nicht zwangsläufig Überfüllung von Stränden oder Massenwanderungen im Gebirge. Nein, in ***Nord-Schweden*** merkt man es kaum. Wenn man aber Mittsommerfeiern, gelegentlich einen lebendigen Hembygdsgård oder Märkte sehen will, sollte man sich an diesem Termin-Fenster orientieren, denn spätestens ab Mitte August sind dort oben „alle Messen gesungen" und viele Sehenswürdigkeiten und sogar einige Campingplätze bereits geschlossen. Dann ist man wirklich ganz alleine unterwegs, so dass man glaubt, das ganze „Indian-Summer"-Fjäll nur für sich zu haben.

GAS

Vorab sei festgestellt: Eine komfortable, flächendeckende Lösung, um in ***Schweden*** die in deutschen Wohnmobilen am häufigsten genutzten grauen 11-kg-Flaschen zu tauschen oder füllen zu lassen, gibt es (leider immer noch) nicht! In den Internet-Foren wird dieses Thema permanent diskutiert, es werden viele Vorschläge unterbreitet, die aber unterschiedlich kompliziert sind und nicht immer der Realität entsprechen.
Dazu folgende Hinweise:

Volle Gasflaschen mitnehmen
Bevor Sie zur Urlaubsreise nach ***Schweden*** aufbrechen, lassen Sie sich Ihre Gasflaschen zu Hause füllen. Wenn Ihre „Propan-Tanke" keine halb vollen Flaschen füllen kann oder mag, suchen Sie sich eine andere. Nach unserer Erfahrung reichen zwei volle 11-kg-Flaschen für 4 bis 6 Wochen.

Gas sparen
Verwenden sie Ihren Gasvorrat bewusster! In kühlen Lappland-Nächten können Sie Ihren Kühlschrank getrost ausstellen. Die Heizung muss nicht ständig für T-Shirt-Temperatur im **WOMO** sorgen. Ziehen Sie sich etwas Warmes an! Sie heizen manchmal sogar nachts? Dann brauchen Sie bessere Betten oder dickere Schlafsäcke!

Tankflasche
Eine zunächst kostspielige, aber auf Dauer elegante und wirtschaftliche Lösung ist die Anschaffung einer Gastankflasche (z.B. Wynen-Gas, www.wynen-gas.de), die von ihren Abmessungen der „grauen deutschen" entspricht und (europaweit) bei jeder Auto-Gas-Tankstelle gefüllt wird.

Graue Gasflaschen füllen
Man hört und liest oft, dass die „grauen deutschen" in Schweden weder gefüllt noch getauscht werden. **Stimmt nicht!** Neben den Adressen im **Band 54 *„Mit dem Wohnmobil nach Süd-Schweden"*** kennen wir auch in ***Nord-Schweden*** Stationen, die deutsche Gasflaschen füllen:

Gasol bei Piteå Transport AB (Tour 9)
Piteå, Bjälkvägen 4, Mo-Fr. 7-16 Uhr, 11.30 -12.30 Mittagspause

Gasol Depån (Tour 12)
Svartvik, Hyvelvägen 8, Mo-Fr 8-17 Uhr, Sa 8-14 Uhr.

Gasol bei TMT (Tour 14)
Gävle, Södra Skeppsbron 21, Mo-Fr 9-14 Uhr.

Bitte melden Sie uns weitere Stationen!
Für alle Fälle hat man dazu noch den ebenfalls beim Camping-Händler erhältlichen Adapter-Satz vom ***Euro-Füllset*** dabei.

GELD

Schweden ist schon lange Mitglied der EU aber kein EURO-Land, und das wird wohl (wenn man so rumfragt) auf absehbare Zeit auch so bleiben. Deshalb wird man nach wie vor Geld umtauschen müssen.
Die schwedische Währungseinheit ist die **Krone (SEK)**, **1 SEK = 100 Öre**.
Man bringt sich also ein wenig schwedische Barschaft von zu Hause mit, tauscht auf der Fähre oder holt sich die Scheine in ***Schweden*** mit seiner EC-Karte + Geheimzahl aus einem der zahlreichen Geldautomaten.
Letzter Umtauschkurs: **1 EUR = 9,70 SEK**, also etwa **1:10**.
Man kann den Umgang mit schwedischem Bargeld aber recht elegant einschränken, wenn man sich der in ***Schweden*** absolut üblichen Kreditkarten-Zahlung bedient. So bezahlen wir seit jeher z.B. an Tankstellen, Supermärkten und Gaststätten soweit möglich immer mit Karte!
Besonders interessant: Bei unserer **VISA-Card** ist die Auslandskrankenversicherung mit dabei!

GPS / GEOCACHING

Das **GPS** (Global Positioning System) ist ein vom US-Verteidigungsministerium entwickeltes Satellitensystem zur weltweiten Standortbestimmung. Man kann sich sehr schnell daran gewöhnen, sich täglich dieser faszinierenden Technik zu bedienen und sich bei Nacht und Nebel zu einem Ort führen zu lassen, von dem man die Koordinaten kennt.
In diesem Reiseführer sind für alle Übernachtungsplätze und einige sonstige Ziele die Koordinaten im Kartenbezugssystem **WGS 84** im Positionsformat **hddd°mm'ss.s''** angegeben. Wir haben zur Daten-Erfassung ein **Garmin iQue 3600** und zuletzt ein **Garmin nüvi 255** verwendet. Geräte, die man sehr variabel einsetzen kann: für die sprachgeführte Navigation in der Großstadt wie für die optimale Orientierung bei Wanderungen und Bootsfahrten mit Geschwindigkeitsmessung und Höhenangaben.
Die in diesem Buch enthaltenen Koordinaten sollten vor dem Urlaub in das eigene GPS-Gerät eingelesen werden, was recht elegant über den PC und kostenlose Programme aus dem Internet (z.B. www.easyGPS.com) erledigt werden kann. Wer es noch bequemer haben möchte, erwirbt beim **WOMO-Verlag** die „GPS-CD zum Buch" und alle GPS-Daten werden automatisch vom PC auf das GPS-Gerät überspielt.
Geocaching ist ein neues Spiel für GPS-Freunde!
Man versteckt einen „Schatz" (wettergeschützt in einer Plastik-Schachtel) und veröffentlicht die Koordinaten des Versteckes. Wer den Schatz findet, trägt sich im beiliegenden Heftchen ein, entnimmt dem „Schatz" ein Teil, legt etwas aus seinem „Fundus" hinein, verschließt alles wieder sorgsam und versteckt das Ganze wieder an der gleichen Stelle.
Wir haben für Sie zwei „Schätze" in ***Nord-Schweden*** versteckt.

HAUSTIERE

Nach den neuen, EU-einheitlichen Regeln ist bei Reisen innerhalb der Europäischen Union für Hunde, Katzen und Frettchen(!) seit 1. Oktober 2004 ein **EU-Heimtierpass** vorgeschrieben. Dieser Pass muss dem Tier eindeutig

zugeordnet werden können, das Tier muss also mittels Tätowierung oder Mikrochip gekennzeichnet und die Nummer im Pass eingetragen werden. Der Pass muss neben Angaben zum Besitzer und seinem Haustier außerdem insbesondere den tierärztlichen Nachweis erhalten, dass ein gültiger Impfschutz gegen Tollwut besteht.
Infos (auch auf Deutsch) unter www.sjv.se, bei der Schwedischen Botschaft in Berlin oder beim Tierarzt Ihres Vertrauens.
Um Überraschungen zu vermeiden: Klären Sie mit der Fährgesellschaft Ihrer Wahl, ob Haustiere auch tatsächlich befördert werden.
Hinweis: Beachten Sie bitte, dass in ***Schweden*** teilweise andere Sitten für den Umgang mit Hunden herrschen. So werden Hunde normalerweise an der Leine geführt und Hundekot vom Halter aufgenommen und entsorgt. Und: Auf einigen Campingplätzen, vielen Badestellen, in schwedischen Restaurants und den meisten Läden sind Hunde verboten!

KARTENMATERIAL / LITERATUR

Neben einem hinreichend genauen Europa-Atlas bzw. extra Karten der Transit-Länder für die Hin- und Rückfahrt empfehlen wir für ***Schweden***:

Michelin Nr. 711: ***Skandinavien / Finnland*** 1:1,5 Mio (gibt's bei **WOMO**)
Freytag & Berndt: ***Schweden*** 1:600.000 (gibt's bei **WOMO**)
Bil- & Touristkarta: ***Schweden*** auf 6 Karten (1:250.000 und 1:400.000)
Lantmäteriets Fjällkarta: ***Fjällregion*** in 23 Karten 1:100.000

Lesern aus der Region in und um **Berlin** sei noch unser Lieblingskartenladen ans Herz gelegt:
SCHRO*PP*, Hardenbergstr. 9a, 10623 Berlin, www.schropp.de.
Außer dem Büchlein ***„Mit dem Wohnmobil nach Nord-Schweden"***, in dem Sie gerade schmökern, möchten wir Ihnen noch weitere Literatur empfehlen, die Sie zur optimalen Vorbereitung hinzuziehen sollten.

WOMO-Reihe: Dänemark, Süd-Schweden, Süd-Norwegen, Nord-Norwegen, Finnland (gibt's bei **WOMO**)
Rother Wanderführer: ***Schweden*** (gibt's bei **WOMO**)
Kauderwelsch: ***Schwedisch Wort für Wort*** (gibt's bei **WOMO**)
OUTDOOR (Stein-Verlag): ***Schweden Kungsleden*** + ***Schweden Sarek***
Kosmos NaturReiseführer: ***Skandinavien***
Langenscheidt: ***Taschenwörterbuch Schwedisch***

LOPPIS

Lange haben wir gerätselt, was diese Hinweise am Wegesrand zu bedeuten haben, nun wissen wirs: **Loppis** ist **Trödel**. In Scheunen und Garagen gibt es also stationäre Flohmärkte, wo all der Hausrat feilgeboten wird, den man nicht mehr braucht. Da hat man schnell ein originelles Souvenir gefunden.

MITTERNACHTSSONNE

Die charakteristischen hellen Sommernächte in ***Nord-Schweden*** sind wohl verantwortlich für den besonderen Zauber, der viele deutsche Besucher immer wieder wie magisch hier hoch lockt: 100 Tage ohne Nacht! Am Polarkreis bleibt die Sonne an **Mittsommer** (21. Juni) zu Mitternacht (Sommerzeit: 1 Uhr) am Horizont, weiter nördlich lacht sie nachts wie zu Hause an einem Spätsommer-Nachmittag.

MÜCKEN

Dem böswilligsten aller wilden Tiere ***Schwedens*** begegnet man für gewöhnlich nur im Zeitraum von Anfang Juni bis Ende Juli. An Seen, in Sümpfen und Wäldern wird es dann ungemütlich, wenn diese Plagegeister ihre blindwütigen Angriffe zum hemmungslosen Blutsaugen starten. Viele der üblichen Abwehrmaßnahmen helfen wenig, wir verbrauchen dann immer große Mengen von ***Autan*** als Spray aus der Pumpflasche. Man sollte in dieser Zeit eher die offenen und windigen Fjälls bevorzugen und sich lieber erst Ende Juli in die Mücken-Gebiete begeben, nachdem die ersten Nachtfröste deren Aktivitäten schlagartig beenden.

NATIONAL-FLÜSSE

In ***Schweden*** gibt es 4 Nationalflüsse, die in ihrer Ursprünglichkeit belassen wurden und nicht zur Stromerzeugung dienen:
Vindelälven, ***Piteälven***, ***Kalixälven und Torneälven***.
Wir haben sie alle im Programm und sind nachhaltig beeindruckt von der wilden Urgewalt der Wassermassen.

NATURSCHUTZ / ALLEMANSRÄTTEN (JEDERMANNSRECHT)

Für den Aufenthalt in der freien Natur gibt es ein allgemeines (ungeschriebenes) Nutzungsrecht: das **Allemansrätten**, zu Deutsch **Jedermannsrecht**, ein Grundrecht in ***Schweden***, das zur nationalen Tradition, zum Kulturerbe gehört. Diese oft zitierte Regelung enthält neben einigen Rechten (wilde Blumen pflücken, Pilze und Beeren sammeln, Baden, geschützt Feuer machen, aber nur mit aufgesammeltem Holz, und Zelten) auch Pflichten, die den Naturschutz und den Schutz der Privatsphäre betreffen. Es ist nicht erlaubt, die Natur zu zerstören, mit Motorfahrzeugen im Gelände zu fahren, Hausgrundstücke zu betreten (am besten außerhalb der Sichtweite bleiben) und Abfälle in der Natur zurückzulassen. Man darf keine Tiere stören, auf keinen Fall Vogelnester mit- oder Eier entnehmen (oder gar ohne Lizenz jagen) und auf Felsen, Klippen oder bei Waldbrandgefahr kein Feuer machen. Für Nationalparks und Naturreservate gelten spezielle Regelungen.

PORTO

Sie schreiben noch Ansichtskarten aus dem Urlaub? Sehr löblich! Das Porto für Brief oder Postkarte innerhalb Europas beträgt **12 SEK**.

SAMI

Schon seit Urzeiten bewohnt das Volk der ***Sami*** (vormals als ***Lappen*** bekannt, diese Bezeichnung wird aber heute als herabwürdigend empfunden) den nördlichen Teil ***Skandinaviens***, ***Finnlands*** und der ***Kola-Halbinsel***. Insgesamt leben heute noch an die 60.000 ***Sami*** in diesem Gebiet, davon etwa 17.000 auf dem schwedischen Staatsgebiet. Nur noch 3.000 von ihnen leben direkt von der angestammten Rentierzucht und vom Fischfang, zwei der Bereiche, in denen sie noch Privilegien genießen. Die schwedische Regierung ist sehr bemüht, Tradition und Kultur der ***Sami*** schützen zu helfen, doch die ***Sami*** selbst fühlen sich gelegentlich diskriminiert und zunehmend vom Fortschritt überrollt.

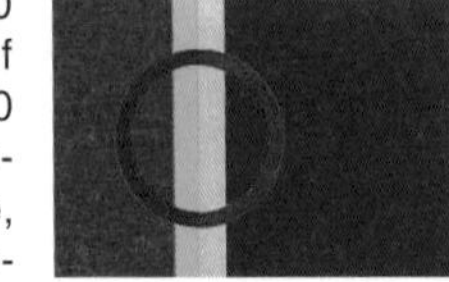

Sámi Duodji ist eine Stiftung zur Information, Förderung und Vermarktung des samischen Kunsthandwerks. Das Kulturerbe der Urbevölkerung soll damit bewahrt, und Techniken zur Herstellung von Schmuck und Gebrauchsgegenständen wieder entdeckt und praktiziert werden. Was ist schon ein billiges Urlaubs-Souvenir gegen eine kunstvoll gearbeitete Tasche aus Rentier-Leder oder eine phantasievolle Silber-Brosche.

SEHENSWÜRDIGKEITEN

Das in Europa weit verbreitete Zeichen markiert auch in ***Nord-Schweden*** interessante Objekte der Kulturgeschichte, Naturdenkmäler und sonstige Sehenswürdigkeiten.
Ein Abstecher lohnt sich fast immer!

SPRACHE / GRAMMATIK

Schwedisch ist eng mit dem Deutschen verwandt, viele Schilder braucht man bloß laut vorzulesen, um sie zu verstehen. Die Aussprache ist allerdings oftmals überraschend anders als angenommen. Großschreibung findet nur am Satzanfang statt. Bis auf ***hej*** (Hallo) und ***tack*** (Danke) sprechen wir kein Schwedisch, ansonsten klappt die Verständigung auf Englisch ganz gut, manchmal sogar auf Deutsch.

Ein besonderes Kapitel ist die Grammatik. Der Artikel wird im Schwedischen immer an das Hauptwort angehängt: **See** = ***sjö***, aber **der See** = ***sjön***, oder **Fluss** = ***älv***, aber **der Fluss** = ***älven***. Wir haben versucht, dies auch in unseren Texten zu beachten. Wundern Sie sich also nicht, wenn auf dem Schild ***Vindelälven*** steht und wir schreiben „Wir fahren am ***Vindeläl*v** entlang". Das ist Absicht! Klappt aber nicht immer. ***Ursäkta*** (**Tschuldigung**) schon mal vorab!

STRASSENVERKEHR

Autofahren in ***Nord-Schweden*** macht Spaß, denn die Straßen sind weitgehend gut bis sehr gut ausgebaut, es gibt wenig Verkehr, also keine Staus

oder irgendwelche sonstige Hektik. Abseits der Hauptstraßen oder in wenig frequentierten Gegenden fährt man auch schon mal längere Zeit auf den ungeliebten Schottersträßchen, die wir „Waschbrett-Pisten" nennen. Bei Trockenheit sind sie staubig, bei Regen schmierig und man saut sich das **WOMO** gelegentlich gehörig ein.

Einige wichtige Verkehrs-Regeln:

- Kraftfahrzeuge müssen ein Nationalitätenzeichen tragen.
- Abblendlicht ist auch am Tage vorgeschrieben.
- Es besteht Anschnallpflicht auf allen Sitzen.
- Die Promille-Grenze liegt bei 0,2 ‰, Alkohol-Sünder werden streng bestraft!
- Straßenbahn hat immer Vorfahrt! (Falls sie irgendwo eine sehen!)
- Langsame Fahrzeuge dürfen auf dem Seitenstreifen fahren, um schnellere Verkehrsteilnehmer komfortabler überholen zu lassen.
- Nehmen Sie die **Elch-Warnschilder** ernst, und achten Sie besonders auf die unberechenbaren **Rentier-Herden**! Langsam vorbei fahren!

Zulässige Höchstgeschwindigkeiten:

In Ortschaften:	50 km/h,
Außerorts:	70-90 km/h gemäß Beschilderung, **WOMOs** über 3,5 t: max. 80 km/h
Schnellstraßen:	90-110 km/h gemäß Beschilderung, **WOMOs** über 3,5 t: 80 km/h
Autobahnen:	110 km/h, **WOMOs** über 3,5 t: 90 km/h

Geschwindigkeitsübertretungen können teuer werden, und 30 km/h zuviel (in 30er Zone 20 km/h zuviel) kann zu Führerschein-Entzug und Fahrverbot in ***Schweden*** führen!

Vorsicht: Bei mündlichen Auskünften werden Entfernungsangaben gelegentlich in schwedischer „Meile" (**1 Mil = 10 km**!) bemessen.

TOILETTEN / ENTSORGUNG

Landesweit gibt es in einer erfreulichen Dichte **öffentliche Toiletten**. Die entsprechenden Häuschen findet man meist an Parkplätzen und Badestellen. Wenn es sich einrichten lässt, sollte man vorzugsweise diese Toiletten benutzen und nicht das Bordklo unnötigerweise behelligen, Ihre Mitreisenden werden es Ihnen danken.

Als besonderen Service für Caravan- und **WOMO**-Touristen findet man an vielen Rastanlagen hinter der Tür mit dem Zauberwort ***Latrin*** eine lupenreine Entsorgungsstation für **Kassetten-Toiletten**. Besorgen Sie sich beim Besuch der ersten schwedischen ***Touri-Info*** oder schon vorher bei www.trafikverket.se die jährlich aktualisierte **Rastplatskarta** von ***Travikverket***, dem schwedischen Straßenverkehrsamt mit Angaben zur Lage und Ausstattung (mit ***Latrin*** oder ohne) aller Rastplätze, so dass eine regelmäßige und komfortable Toiletten-Entsorgung gewährleistet ist. Nehmen Sie täglich die Entsorgungs-Möglichkeiten wahr, auch wenn das Bord-Klo noch nicht bedrohlich voll ist. Auf vielen dieser WC-Komplexe findet man zudem einen Außenwasserhahn: Das ist die Luxus-Ausführung.

Auch **öffentliche Toiletten** (außer Mulch-Trockenklos) sind bei sorgsamen Handling zur Entsorgung von Kassetten-Toiletten geeignet, wenn Sie auf chemische Zusätze verzichten. Probieren Sie doch einmal eines der Tankentlüftungssysteme oder benutzen Sie Schmierseife. Chemie im **WOMO**-Klo haben wir noch nie gebraucht. Wenn Sie solche Zusätze unbedingt verwenden müssen, dann dosieren Sie wenigstens gewissenhaft und entsorgen Sie auf einem **Campingplatz** oder bei den o.g. ***Latrinen***. **WOMO**-Mieter lassen sich zum **Thema Toilette** bitte alles ganz genau erklären.

Kippen Sie niemals den Inhalt Ihres Bordklos verstohlen in die freie Natur, denn das ist schlichtweg eine Schweinerei!

TRINKWASSER / ABWASSER

Die **Trinkwasser-Versorgung** ist völlig unproblematisch. Außer den öffentlichen Wasserhähnen an manchen Rastanlagen kann man an fast jeder **Tankstelle** Wasser bunkern. Wir haben vorsichtshalber immer um Erlaubnis gefragt und wurden niemals abgewiesen. Zum eleganten Befüllen des Bordtankes ist das Mitführen eines eigenen Wasserschlauches sowie von 1/2 - und 3/4 -Zoll Adaptern nützlich. Für ungewöhnliche Hahn-Dimensionen verwenden wir einen im Durchmesser variablen Anschluss-Stutzen aus dem Garten-Center und für „schwere" Fälle hat man den von ***Reinhard Schulz*** erfundenen ***Fahrradschlauch-Adapter*** dabei! Manchmal kann man beim besten Willen nicht an die „Wasserstelle" heranfahren. Für diese Variante haben wir einen 20-Liter-Wasserkanister an Bord, mit dem man dann schrittweise seinen Tank füllen kann.

Die **Abwasser-Entsorgung** stellt sich etwas schwieriger dar. Außerhalb der Campingplätze, die i.d.R. über praktikable Entsorgungseinrichtungen verfügen, gibt es in Schweden kaum **WOMO**-gerechte Abwasserentsorgungs-Stationen. Da es in ***Schweden*** verboten ist, wird es hier keine Empfehlung zum Abwasser-Ablassen auf Ödland geben, man kann das nur gering verschmutzte Abwasser aber in die Abflüsse von Autowaschanlagen leiten oder eimerweise in die ***Latrinen*** der Rastanlagen kippen.

ÜBERNACHTUNGSPLÄTZE

Für das „Freistehen" von **WOMO**s sind uns für ***Schweden*** keine klaren Regelungen bekannt. Grundsätzlich gilt als Erlaubnis das an anderer Stelle erörterte **Allemansrätten**, das **Jedermannsrecht**, ohne die damit verbundenen Pflichten zu vergessen. Wir interpretieren dieses schwedische Gewohnheitsrecht für uns **WOMO**-Touristen wie folgt:

- Das Abstellen von **WOMOs** (und das Übernachten darin) ist für einzelne Tage auf Parkplätzen und Straßenrändern erlaubt.

- Bei öffentlichen Parkplätzen ist das Übernachten im **WOMO** überall dort erlaubt, wo es nicht ausdrücklich verboten ist.
- Schilder mit ***Caravan-Verbot*** oder Hinweisen wie ***Gäller ej husvagn*** gelten nicht für **WOMOs**, sondern sollen die in ***Schweden*** übliche Unsitte unterbinden, Wohnwagen die gesamte Saison an Badestellen oder anderen schönen Plätzchen als Wochenend-Quartiere abzustellen.
- ***Camping förbjuden*** bedeutet, dass man kein Campingleben entfalten sollte, Markise und Möbel bleiben drin. Über Nacht ***Parken*** ist erlaubt. Schilder mit durchgestrichenen Zelten verbieten das Zelten, oder?
- Bei Plätzen bei oder auf privatem Land sollte man die Erlaubnis des Eigentümers (also ggf. des Museums oder der Sehenswürdigkeit) einholen.

In diesem Reiseführer werden jedenfalls ausschließlich Übernachtungsplätze an der Tourenstrecke beschrieben, an denen bei der Recherche keine für **WOMOs** zutreffenden Verbote erkennbar waren. Das bedeutet aber nicht, dass nicht irgendwo von heute auf morgen neue Schilder aufgestellt werden können, was aber speziell in ***Nord-Schweden*** eher unwahrscheinlich ist. Mit Veränderungen ist dennoch immer zu rechnen, vor allem dann, wenn **WOMO**-Urlauber vergessen, sich an den Stellplätzen rücksichtvoll und dezent zu bewegen. So können ärgerliche Verbotsschilder vermieden werden, wenn Massenzusammenkünfte unterbleiben und auch keine Müllberge oder gar Schlimmeres zurück gelassen werden.

Pünktlich zur Reisezeit gibt es jedes Jahr für ***Schweden*** Warnungen zu Gasüberfällen und Berichte als auch Gerüchte über nächtens ausgeraubte **WOMOs** (zumeist deutsche), verbunden mit der Empfehlung, zur Übernachtung Campingplätze aufzusuchen. Wir wissen aus dem Freundeskreis, dass es in der Vergangenheit in den Ballungsgebieten Süd- und Mittel-Schwedens in der Tat Einbruchs-Serien gegeben hat, doch für die Weiten Nord-Schwedens ist nichts dergleichen bekannt. Von dort oben gibt es dann eher mal die Nachricht, dass bei **Jokkmokk** ein Bär einen Jäger erschlagen hat.
Allgemeine Sicherheitsvorkehrungen gelten aber natürlich auch für den Norden: Keine Wertsachen sichtbar im Fahrzeug liegen lassen und auch bei kurzzeitiger Abwesenheit das **WOMO** **immer** verschließen. Haben Sie schon einen **WOMO-*Knackerschreck***? Gibt's beim **WOMO-Verlag**! Die gut sichtbare wie wirksame Einbruchssperre sichert die Fahrkabine der gebräuchlichen Basis-Fabrikate und ist in Sekunden angelegt.

UNFALL / PANNE

Der Universalnotruf für Notarzt, Polizei und Feuerwehr ist die **112**.
Bei einem Unfall sollte **immer** die Polizei gerufen werden, bei Personenschäden auf jeden Fall, doch auch nach einer Wildkollision und/oder einem beteiligten Rentier.
Pannenhilfe-Telefon: 020-910040 (*Larmtjänst*)

ZEITZONE

Schweden hat **Mittel-Europäische Zeit** (MEZ) mit Sommer- und Winterzeit, also keine Zeitverschiebung gegenüber ***Deutschland***.
Beachte: Im benachbarten ***Finnland*** gilt **Ost-Europäische Zeit** (+1 Stunde) mit Sommer- und Winterzeit.

Zum Schluss:
IN EIGENER SACHE - ODER DER SACHE ALLER!?

Urlaub mit dem Wohnmobil ist etwas ganz besonderes. Man kann die Freiheit genießen, ist ungebunden, dennoch immer zu Hause, lebt mitten in der Natur - **wo man für sein Verhalten völlig selbst verantwortlich ist!**
Seit mehr als 25 Jahren geben wir Ihnen mit unseren Reiseführern eine Anleitung für diese Art Urlaub mit auf den Weg. Außer den umfangreich recherchierten Touren haben wir viele Tipps allgemeiner Art zusammengestellt, unter ihnen auch solche, die einem WOMO-Urlauber eigentlich selbstverständlich sein sollten. Weil wir als Wohnmobiler die Natur in ihrer ganzen Schönheit und Vielfalt hautnah erleben dürfen, haben wir auch besondere Pflichten ihr gegenüber, die wir nicht auf andere abwälzen können.

Jährlich erhalten wir viele Zuschriften, Grüße von Lesern, die mit unseren Reiseführern einen schönen Urlaub verbracht haben und sich herzlich bei uns bedanken. Wir erhalten Hinweise über Veränderungen an den beschriebenen Touren, die von uns bei der Aktualisierung der Reiseführer Berücksichtigung finden.
Aber: Wir erhalten auch Zuschriften über das Verhalten von Wohnmobilurlaubern, die sich **egoistisch, rücksichts- und verantwortungslos** der Natur und ihren Mitmenschen - nachfolgenden Urlaubern und Einheimischen - gegenüber verhalten.
In diesen Briefen geht es um die Themen Müllbeseitigung, Abwasser- und Toilettenentsorgung. Es soll immer noch Wohnmobilurlauber geben, die ihre Campingtoilette nicht benutzen, dafür lieber den nächsten Busch mit Häufchen und Toilettenpapier "schmücken", die den Abwassertank nicht als Tank benutzen, sondern das Abwasser unter das WOMO trielen lassen, die ihren Müll neben dem Wohnmobil liegenlassen und davondüsen, alles frei nach dem Motto: "**Nach mir die Sintflut!**"

Liebe Leser!

Wir möchten Sie im Namen der gesamten WOMO-Familie bitten: Helfen Sie aktiv mit, diese Schweinereien zu unterbinden! Jeder Wohnmobilurlauber trägt eine große Verantwortung, und sein Verhalten muss dieser Verantwortung gerecht werden.

Sprechen Sie Umweltferkel an, weisen Sie sie auf ihr Fehlverhalten hin und machen Sie mit dem WOMO-fan-Aufkleber deutlich: **Ich verhalte mich unweltgerecht!**
Der nächste freut sich, wenn er den Stellplatz sauber vorfindet, denn auch er hat sich seinen Urlaub verdient!
Vor allem aber: Wir erhöhen damit die Chance, dass uns unsere über alles geliebte Wohnmobil-Freiheit noch lange erhalten bleibt.

Helfen Sie mit, den Ruf der Sippe zu retten! Verhindern Sie, dass einzelne ihn noch weiter in den Schmutz ziehen!
Wir danken Ihnen im Namen aller WOMO-Freunde -

Ihr WOMO-Verlag

Stichworte

NP: Nationalpark
NR: Naturreservat

Der WOMO®-Pfannenknecht

ist die saubere Alternative zum Holzkohlengrill.

* Kein tropfendes Fett,
* Holz statt Holzkohle,
* vielfältige Benutzung –
* vom Kartoffelpuffer bis zur Gemüsepfanne.

Massive Kunstschmiedearbeit, campinggerecht zerlegbar, Qualitäts-Eisenpfanne von Rösle, bequeme Handhabung im Freien, einfachste Reinigung.

Nur 49,90 € – und nur bei WOMO!

Der WOMO®-Aufkleber

* passt mit 45 cm Breite auch auf Ihr Wohnmobil.
* ist das weit sichtbare Symbol für alle WOMO-Freunde.

Nur 2,90 € – und nur bei WOMO!

Der WOMO®-Knackerschreck

* ist die universelle und **sofort sichtbare Einbruchssperre**.
* Wird einfach in die beiden Türarmlehnen eingehängt, zusammengeschoben und abgeschlossen. (tagsüber unter Einbeziehung des Lenkrades, nachts direkt, somit ist Notstart möglich).
* Passend für Ducato, Peugeot, MB Sprinter sowie VW (LT & T4).
* Krallen aus 10 mm starkem (Edel-) Stahl, d. h. nahezu unverwüstlich.

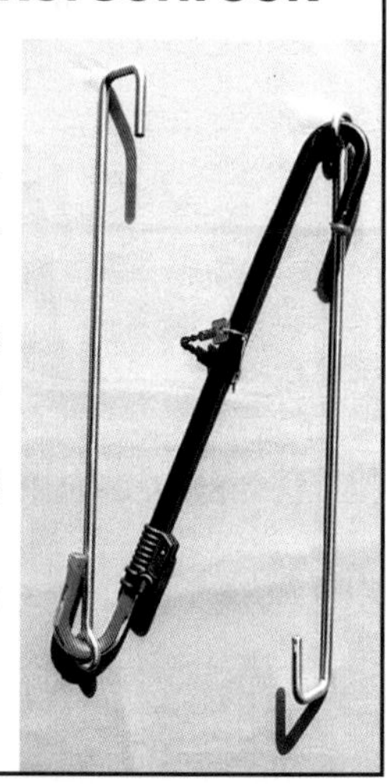

Ab 44,90 € – und nur bei WOMO!

Info-Blatt für das WOMO-Buch: Nord-Schweden '12

(ausgefüllt erhalte ich 10% Info-Honorar auf Buchbestellungen direkt beim Verlag)

Lokalität: Seite: Datum:
(Stellplatz, Campingplatz, Wandertour, Gaststätte, usw.)
unverändert gesperrt/geschlossen folgende Änderungen:

Lokalität: Seite: Datum:
(Stellplatz, Campingplatz, Wandertour, Gaststätte, usw.)
unverändert gesperrt/geschlossen folgende Änderungen:

Lokalität: Seite: Datum:
(Stellplatz, Campingplatz, Wandertour, Gaststätte, usw.)
unverändert gesperrt/geschlossen folgende Änderungen:

Lokalität: Seite: Datum:
(Stellplatz, Campingplatz, Wandertour, Gaststätte, usw.)
unverändert gesperrt/geschlossen folgende Änderungen:

Lokalität: Seite: Datum:
(Stellplatz, Campingplatz, Wandertour, Gaststätte, usw.)
unverändert gesperrt/geschlossen folgende Änderungen:

Lokalität: Seite: Datum:
(Stellplatz, Campingplatz, Wandertour, Gaststätte, usw.)
unverändert gesperrt/geschlossen folgende Änderungen:

Meine Adresse und Tel.-Nummer:

Nur komplett ausgefüllte, zeitnah eingesandte Infoblätter können berücksichtigt werden!

Wir bestellen zur sofortigen Lieferung: (Alle Preise in € [D], Preisänderungen vorbehalten)

- ❑ Wohnmobil Handbuch .... 19,90 €
- ❑ Wohnmobil Kochbuch .... 12,90 €
- ❑ Multimedia im Wohnmobil .... 9,90 €
- ❑ Heitere WOMO-Geschichten ...... 6,90 €
- ❑ Gordische Lüge – WOMO-Krimi . 9,90 €
- ❑ WOMO-Aufkleber "WOMO-fan" .. 2,90 €
- ❑ WOMO-Pfannenknecht .... 49,90 €
- ❑ WOMO-Knackerschreck ab ...... 44,90 €

Fahrzeugmarke/Bj.: ____________

WOMO-Reiseführer: Mit dem WOMO ins/durch/nach....

- ❑ Allgäu .... 17,90 €
- ❑ Auvergne .... 17,90 €
- ❑ Baltikum (Est-/Lettland/Litauen) 18,90 €
- ❑ Bayern (Nordost) .... 19,90 €
- ❑ Belgien & Luxemburg .... 17,90 €
- ❑ Bretagne .... 18,90 €
- ❑ Burgund .... 17,90 €
- ❑ Dänemark .... 17,90 €
- ❑ Elsass .... 18,90 €
- ❑ Finnland .... 18,90 €
- ❑ Franz. Atlantikküste (Nord) .... 17,90 €
- ❑ Franz. Atlantikküste (Süd) .... 17,90 €
- ❑ Griechenland .... 19,90 €
- ❑ Hunsrück/Mosel/Eifel .... 19,90 €
- ❑ Irland .... 18,90 €
- ❑ Island .... 17,90 €
- ❑ Korsika .... 17,90 €
- ❑ Kreta .... 14,90 €
- ❑ Kroatien (Dalmatien) .... 17,90 €
- ❑ Languedoc/Roussillon .... 19,90 €
- ❑ Loire-Tal/Paris .... 17,90 €
- ❑ Marokko .... 18,90 €
- ❑ Neuseeland .... 19,90 €
- ❑ Niederlande .... 19,90 €
- ❑ Normandie .... 17,90 €
- ❑ Norwegen (Nord) .... 19,90 €
- ❑ Norwegen (Süd) .... 19,90 €
- ❑ Österreich (Ost) .... 19,90 €
- ❑ Österreich (West) .... 17,90 €
- ❑ Ostfriesland .... 19,90 €
- ❑ Peloponnes .... 17,90 €
- ❑ Pfalz .... 17,90 €
- ❑ Piemont/Ligurien .... 19,90 €
- ❑ Polen (Nord/Masuren) .... 17,90 €
- ❑ Polen (Süd/Schlesien) .... 17,90 €
- ❑ Portugal .... 17,90 €
- ❑ Provence & Côte d'Azur (Ost) .... 18,90 €
- ❑ Provence & Côte d'Azur (West) . 17,90 €
- ❑ Pyrenäen .... 17,90 €
- ❑ Sardinien .... 19,90 €
- ❑ Schleswig-Holstein .... 19,90 €
- ❑ Schottland .... 17,90 €
- ❑ Schwabenländle .... 17,90 €
- ❑ Schwarzwald .... 17,90 €
- ❑ Schweden (Nord) .... 18,90 €
- ❑ Schweden (Süd) .... 17,90 €
- ❑ Sizilien .... 17,90 €
- ❑ Slowenien .... 17,90 €
- ❑ Spanien (Nord/Atlantik) .... 17,90 €
- ❑ Spanien (Ost/Katalonien) .... 17,90 €
- ❑ Spanien (Süd/Andalusien) .... 17,90 €
- ❑ Süditalien (Osthälfte) .... 17,90 €
- ❑ Süditalien (Westhälfte) .... 17,90 €
- ❑ Süd-Tirol .... 18,90 €
- ❑ Thüringen .... 19,90 €
- ❑ Toskana & Elba .... 19,90 €
- ❑ Trentino/Gardasee .... 17,90 €
- ❑ Tschechien .... 18,90 €
- ❑ Tunesien .... 17,90 €
- ❑ Türkei (West) .... 18,90 €
- ❑ Umbrien & Marken mit Adria ..... 17,90 €
- ❑ Ungarn .... 17,90 €

.... und jährlich werden's mehr!

WOMO *WOMO* *WOMO* *WOMO*
Absender:
Datum
Unterschrift
NS '12
WOMO®-VERLAG
Versandabteilung
Wiesenweg 4-6
98634 Mittelsdorf/Rhön
DIE REISE- UND ERLEBNISFÜHRER
* Bequeme Touren durchs ganze Urlaubsland.
* Viele Plätzchen für freie Übernachtungen mit GPS.
* Genaue Hinweise auf viele Trinkwasserstellen.
* Die schönsten Badeplätze, die nicht jeder kennt.
* Bergtouren und Spaziergänge für groß und klein.
* Die besten Anreiserouten, Fähren, usw.
* 300 Tipps und Tricks – für Ausrüstung, Reisevorbereitung und Urlaub.
* Ausgefeilte Profipackliste.
* Spezialkarten mit supergenauen Einträge der freien Stellplätze, Trinkwasserstellen und Entsorgung.
WOMO-REIHE • BAND 25
ALLGEMEINES WOHNMOBIL KOCHBUCH
DER RATGEBER FÜR DIE URLAUBSKÜCHE
WOMO-REIHE • BAND 5
ALLGEMEINES WOHNMOBIL HANDBUCH
DER RATGEBER RINGS UMS WOHNMOBIL
BAND 7
MIT DEM WOHNMOBIL NACH SARDINIEN
TIPPS • TRICKS • TOUREN • TOLLE STRÄNDE
DAS KOCHBUCH
* Einrichtung der WOMO-Küche.
* Lebensmittel-Grundausstattung.
* Konserven selbst gemacht.
* Backen in der Bratpfanne – Kuchen, Pizza, Brote.
* Viele, viele WOMO-Rezepte für zwei Gasflammen – einfach, schnell und lecker!
* Einkochen im Urlaub.
* Spezialrezepte für den Dampftopf.
* Der WOMO-Pfannenknecht.
DAS HANDBUCH
* Beratung bei Kauf und Miete.
* Gas-, Wasser-, Elektroinstallation.
* Einrichten des Wohnmobils.
* Tipps & Tricks fürs Wochenende.
* 3200 freie deutsche Stellplätze.
* 700 deutsche Entsorgungsstationen.
* Urlaubsvorbereitung, Profipackliste.
* .Stellplatz-Infos für ganz Europa.
* Wohnmobil und Wintersport.
* Der WOMO-Urlaubspartner-Service.
* Gastankstellen in ganz Europa.
Unsere Bücher erhalten Sie in jeder Buchhandlung oder auf Rechnung direkt vom Verlag. Hier gibt's auch die aktuellen Infos über unsere ständigen Neuerscheinungen. (Versandkosten 1,20 €, ab 10 € portofrei / Ausland 4 €, Preisänderungen vorbehalten).
24 Std.-Bestell-Telefon: 036946-20691*Fax: 036946-20692
Internet: www.womo.de *** eMail: verlag@womo.de